앙겔루스 노부스의 시선

앙겔루스 노부스의 시선
아우구스티누스, 맑스, 벤야민. 역사철학과 세속화에 관한 성찰
ⓒ한상원

제1판 1쇄 2018년 02월 20일
제1판 4쇄 2024년 04월 01일

지은이 한상원
펴낸이 연주희
펴낸곳 에디투스
등록번호 제2015-000055호(2015.06.23)
주소 경기도 성남시 분당구 황새울로351번길 10, 401호
전화 070-8777-4065
팩스 0303-3445-4065
이메일 editus@editus.co.kr
홈페이지 www.editus.co.kr

ISBN 97911-960073-5-5 03160
이 도서의 국립중앙도서관 출판예정도서목록(CIP)는 서지정보유통지원시스템 홈
페이지(seoji.go.kr)와 국가자료공동목록시스템(www.nl.go.kr/kolisnet)에서 이용
하실 수 있습니다.(CIP 제어번호: CIP 2018004169)

「이 도서는 2017년 경기도 출판콘텐츠 제작지원사업 선정작입니다.」

앙겔루스 노부스의 시선

아우구스티누스, 맑스, 벤야민. 역사철학과 세속화에 관한 성찰

에디투스

과거가 불우했다고 지금 과거를 원망한다면 불우했던
과거는 영원히 너의 영역의 사생아가 되는 것이 아니냐?

—전태일의 1969년 12월 31일 일기에서

자신의 과거를 강압과 궁핍에서 태어난 산물로
고찰할 줄 아는 자만이, 현재의 순간에 과거를
자신을 위한 최고의 가치로 만들 수 있는
능력을 갖추고 있다 할 것이다.

—발터 벤야민, 『일방통행로』

차례 /

책머리에

발터 벤야민에 이르기까지 서구 역사철학은 두 개의 상이한 역사관 사이의 대립 구도 속에서 전개된다. 하나는 유대-기독교 메시아주의 전통의 구원론적-종말론적 역사관이며, 다른 하나는 역사적 유물론이라는 해방서사로서의 역사관이다. 이 두 사상 조류가 맺고 있는 관계에 관한 성찰은 역사를 억압받는 사람들의 고통의 전개 과정이면서 동시에 해방을 향한 그들의 몸짓으로 이해할 가능성을 제공해 준다. 결국 이 책은 역사가 억압받는 사람들의 전통과 맺고 있는 관계를 세속화라는 주제 속에서 고찰하고, 그 현재적 의미를 추적해 보려 한 것이다.

이를 분석하기 위해 나는 서구 기독교 역사신학의 사유가 역사철학에 반영되어 있는 이중적 전제에서 출발하고자 했다. 여기서 이중성이란 이 사유가 억압받고 고통받는 사람들의 구원이라는 과제를 제시하지만, 동시에 다른 한편으로 이 과제가 오로지 역사의 종말 또는 최종 목적의 실현이라는 미래의 시점으로 이월된다는 사실을 의미한다. 이 이중성과 그것이 이루는 공백은 서구 역사철학의 전개 과정에서 핵심적 요소를 형성한다.

서구 역사철학을 관통하는 시간관의 모체인 아우구스티누스의 기독교 종말론은 직선적 시간을 상정하여 역사를 목적을 실현해 나가는 과정으로 이해한다. 이러한 시간관은 근대 진보사관에서도 수용된다. 즉 근대적 역사 이해는 기독교의 종말론적 역사관을 '세속화'하고자 했으나, 이는 기독교 역사신학의 기본 골격을 그대로 유지하는 가운데 이루어진다. 현재의 의미를 미래에 도래할 최종적인 목적의 실현에서 찾으려는 이러한 관점이 갖는 맹점은 역사적 과정 속에서 희생되는 자들, 고통받고 억압받는 자들의 관점이 소실된다는 데에 있다.

맑스와 엥겔스가 전개한 역사적 유물론은 이러한 목적론적, 변신론辯神論적 역사관에 대해 정당한 항의를 제기한다. 즉 역사를 목적의 실현 과정이 아니라, 억압받는 집단의 해방의 과정으로 이해해야 한다는 것이다. 그런데 역사적 해방 과정의 필연성을 법칙적으로 체계화하고자 했던 이들의 시도 속에는 다시금 진보사관의 요소들과 뒤엉켜 있는 기독교 종말론의 특정한 구조들이 발견된다. 이러한 난점은 어떻게 이해될 수 있을까.

나는 근대 진보사관이 기독교 종말론을, 다시 역사적 유물론이 근대 진보사관을 세속화했던 방식과 그 각각의 문제점을 추적해보고 싶었다. 진정한 세속화는 유대-기독교 메시아주의에서 강조된 억압받는 사람들의 '구원'을 다른 방식으로, 즉 역사적 고통의 '기억'을 통해 반복되는 파국의 굴레에서 벗어나는 것이어야 한다는 성찰로 연결하는 것이다. 발터 벤야민의 독특한 역사적 사유는 이러한 맥락에서 이해될 수 있을 것이다. 이를 고찰하는 가운데 오늘날의 현실 속에서 세속화의 과제란 무엇인지에 관한 질문을 제기하고 싶은 것이다.

'세속화'라는 주제를 정치철학의 논의 과정에서 핵심적인 것으로 만든 것은 조르조 아감벤의 공로라고 할 수 있을 것이다. 그는 하이데거, 슈미트, 벤야민, 아렌트 그리고 푸코의 사유를 종합하면서 현대 주권론을 비판하고, 서구 기독교적 사유 전통이 세속화되어 현대 정치에 미친 영향을 독창적인 문헌학적 분석을 통해 드러내는 가운데 벤야민을 적극 수용하고 재해석한다. 이 과정에서 그간 주로 미학자로 논의되어 온 벤야민을 정치철학 논쟁의 한복판에 서게 만든 것 역시 그의 공로라 할 수 있다.

그러나 아감벤은 벤야민의 정치적-역사적 사유가 맑스주의의 전개 과정과 맺는 관계라는 결정적 부분을 그의 논의 속에서 암암리에 삭제해 버린다. 이 과정에서 그가 정치철학 논쟁의 한복판에 끌어들인 벤야민은 역설적이게도 '탈정치화'된다. 아감벤이 다루는 벤야민은 법과 주권을 넘어서는 논의 지평을 계시한 '정치신학자'로 묘사되지만, 동시에 이것은 벤야민의 다양한 사유를 오로지 '주권으로부터의 메시아적 구원'이라는 종말론적 모티브로 환원하는 것을 통해 이뤄진다. 그런데 이는 거칠게 말해 '정치의 종말'에 관한 사유가 아닌가?

벤야민과 맑스를 분리하고, 벤야민을 오로지 슈미트의 논적이자 카프카적 법 비판가로 환원하는 아감벤에게서 결국 현대성에 대한 거부는 추상적인 것에 머물고 만다. 구체적 사회 '관계'와 그것이 야기하는 구조적 권력에 관한 물음은 다뤄지지 않는 것이다. 그러면서 아감벤은 현대적 주권권력이 언젠가 소멸할 것이며, 아울러 법 역시 가지고 놀 수 있는 장난감이 될 것이라는 식의 (메시아주의적이고) 나이브한 유토피아주의로 자주 회귀하곤 한다. 그는 이러한 '탈정치화된 정치적 사유'라는 역설적 논리를 정당화하는 데 벤야민이라는 기표를 활용할 뿐이다.

하지만 벤야민이 '세속화'라는 주제를 도입한 것은 어디까지나 자본주의라는 '종교적' 체제를 비판하려는 관심에서였다. 보편화된 오이코스의 체제에서 신성불가침한 '사유재산'의 영역에 대한 유사-종교적 믿음이 나오는 것은 어찌 보면 당연한 일이다. 근대 사회가 해방시킨 무제한의 재산 증식의 권리는 그것의 자유주의적 옹호자들이 신봉하는 것과 달리, 더 이상 개인의 자유를 확산시키는 제도적 권리가 아니다. 개인의 이익이 만인의 발전의 전제가 되기는커녕 소수의 사적private 개인이 사회적인 공통의 부commonwealth를 전유하여 이로부터 배제된 타인의 권리를 박탈해 버리는 것이 보편적 교환의 논리 속에서 정당화될 뿐이다.

이러한 맥락에서 우리는 맑스의 정치경제학 비판에도 '세속화'라는 주제가 존재하는가라는 질문을 던져야 한다. 이 책에서는 맑스의 상품-물신주의 분석 속에서 이러한 종교적 체제로서 형이상학적-신학적 기반 위에 서 있는 자본주의적 사회 관계를 그가 어떻게 비판하는가를 살펴보면서, 이를 통해 '맑스와 세속화'라는, 아직 학계에서 진지하게 던져지지 않았던 물음을 제기할 것이다.

신자유주의는 민간 자율의 영역—다른 말로 표현하자면, '시장'이라는 이름을 지닌 자연 상태 또는 자본의 정글—에서는 모든 것이 효율적으로 조화롭게 작동할 것이라는 유사-종교적 믿음에 기반을 둔 경제체제라 할 수 있다. 지난 반세기 가까운 시간 동안 이 믿음이 낳은 파국적 귀결의 끝자락에서, 자본주의라는 종교적 체제가 상정하는 '보이지 않는 손'이라는 예정조화의 섭리가 아니라 '눈에 보이는' 세속적 집단지성의 힘이 필요하다는 사고는 여전히 유효하다.

그런데 동시에 이 세속적 집단지성의 출현은 그 자체로 메시아적 사건이라는 역설 또한 우리 앞에 놓인 현실이다. 우리는 아직 어떻게 기존의 지배 관계를 뚫고 출현하는 대항적 정치 행동이라는 사건이 나타나는지를 논리적 언어로 완벽하게 설명하지 못하고 있다. 1789년에도, 1917년에도, 1968년에도 혁명적 사건의 출현 이전까지 대부분의 혁명가들과 지식인들은 그러한 혁명이 눈앞에 펼쳐질 것이라고 믿지 않았다. 1987년이나 2016년 벌어진 한국의 대중투쟁 역시 그 누구도 예상하지 못한 것이었다. 〈그날이 오면〉이라는 노래에는 독재가 종식된 세상에 대한 희망뿐 아니라, 언제 올지 모를, 과연 올 것인지 자체를 단언할 수 없는 '그 날'에 대한 간절한 (유사-메시아주의적) 기다림의 정서가 녹아 있다. 바로 이러한 사실이 서구 역사철학의 이중성을 통해 이 책이 다루고자 하는 또 하나의 주제를 형성한다.

그 존재를 망각할 때쯤 정치의 한복판에 등장하는 거대한 대중 투쟁의 출현이 우리를 벅차오르게 만드는 순간들은 힘없고 억눌린 사람들이 거리를 점령하고 그곳을 분노하는 사람들의 축제의 장으로 만드는 순간들이다. 거대한 폭력기계 앞에서 '기쁘게' 포효하는 인간, 타자와의 용기 있는 연대 속에서 '자기밖에 모르는 합리적 근대인'의 신화를 부숴버리는 용맹한 인간.

역사는 어쩌면 나약하고 이기적인 인간의 숨겨진 위대함을 증명하는 무대가 아닐까. 나는 이 책을 통해 바로 그러한 숨겨진 위대함을 드러내는 사람들이 그려내는 역사를 사유해 보려 한 것이다.

이 책은 수년 전부터 고민하면서 연구해 왔던 주제를, 유학에서 귀국한 이후 맡게 된 '역사철학 세미나' 과목의 강의를 계기로 더욱 구체적인 윤곽 속에서 계획하며 집필한 것이다. 책의 구상을 듣고는 흔쾌히 출간을 결정해 주고, 책의 원고가 경기문화콘텐츠진흥원의 우수 컨텐츠 지원 사업에 선정되도록 애써 준 에디투스 출판사의 연주회 대표께 먼저 감사의 인사를 드린다.

책의 서론 격인 '역사의 두 천사'라는 글의 초고는 (현재의 최종본과는 다른 형태로) 삼육대학교 신학연구소에서 발생하는 『신학리뷰』 18호에 「역사 속의 신—서구 역사철학과 기독교 신학의 세속화」라는 제목으로 실린 바 있다. 필자는 이후 이 연구소에서 추가적 연구를 위해 제공해 준 소정의 연구 지원금을 토대로 책의 나머지 부분을 완성할 수 있었다. 삼육대학교 신학연구소의 선생님들께도 깊이 감사드린다.

서울시립대 철학과의 이성백 교수님은, 언제나 그러셨듯이, 필자의 연구 활동에 대해 격려를 아끼지 않으셨다. 이 책에 짧게 등장하는 중세도시(코뮨)와 맑스의 관계는 이성백 교수님과 자주 나눈 대화 내용을 토대로 보충 연구를 통해 작성된 것이다. 교수님께 이 지면을 통해 제대로 표현하지 못했던 감사의 마음을 전하고 싶다.

마지막으로 필자가 철학 연구자가 되겠다는 결심을 밝히고 유학까지 다녀오는 동안 언제나 진심어린 응원을 해 주신 필자의 가족과 친지들께 고마운 마음을 전할 수 있어 기쁘다. 병상에 계시는 할머니를 비롯해 부모님과 고모부님을 비롯한 가족 친지들 모두 은총이 가득하시기를 기원한다.

역사의 두 천사

1

여기, 천사에 대한 하나의 이미지가 있다. 기독교 신앙의 교부 성 아우구스티누스가 『신국론』에서 묘사한 "거룩한 천사들"이 그것이다. 천사는 물론 잘 알려져 있다시피 불사의 존재이며 신과 인간 사이를 매개하는, 신이 부여한 임무를 수행하는 존재다.

아우구스티누스는 선한 천사와 선한 인간들이 함께 공존하는 도성을 신의 영광이 군림하는 신의 도성, 신의 나라라고 부르고, 악한 천사와 그들의 꾐에 빠진 악한 인간들이 어울려 사는 도성을 지상 도성, 세속국가라고 부른다. 그는 우리 인간이 현세 속에서 세속국가에 살고 있지만, 기독교인들은 이 세속국가가 신의 도성이 아니라는 사실을 망각해선 안 된다고 강조한다. 언젠가 도래할 신의 왕국은 선한 천사들의 공동체이며, 오로지 신을 믿고 세속적 삶을 단지 신의 도성으로 가는 여정으로만 여기는 참된 신자들만이 이 공동체의 시민권자가 될 수 있다.

이 신의 도성은 "모든 이에게 공통된 선communi omnibus bono"이 구현되는 참된 공동선의 공동체로, 그 안에서 인간은 선한 천사들의 도움 속에 신과의 일치를 누리며 살아갈 수 있다. 세속국가의 인간은 원죄로 인해 결코 만들어 낼 수 없는, 오로지 완벽한 존재인 신에 의해서만 만들어질 수 있으며, 인간이 신과의 합일 속에서 자신의 원죄를 벗어나 완벽한 존재로 거듭남을 통해 그곳에 거주할 수 있는 참된 공동체, 곧 신의 왕국은 지금도 현세 속에서 미약한 형태로나마 가능성을 보존하며 유지되고 있다. 그러나 그것의 완성된 형태는 그 언젠가, 그리스도가 재림하는 순간, 역사가 종말에 이르는 순간 (「이사야서」의 예언과 「요한 묵시록」이 증언하는) '새 예루살렘'이라는 이름으로 도래할 것이다.

아우구스티누스에 따르면 오늘날을 살아가는 그리스도교 신자들은 미래의 어느 순간 도래할 이 종말의 사건을 기다리는 순례자들이다. 그리고 천사들은 우리가 현세에 집착하지 않고 미래를 생각하도록, 끝없는 인내 속에 살아가도록 우리를 인도하는 존재들이다. 거룩한 천사의 시선은 따라서 미래를 향해 있다. 미래는 영원한 것이다. 인간의 시간이라는 의미에서의 미래란 메시아의 재림과 현세의 종말로 끝이 나지만, 그 이후 도래할 신의 도성은 영원히 이어질 것이므로 천사는 이 영원한 미래, 즉 천사들의 공동체로 존재하는 신의 도성의 영원성의 이름으로 현세에 파견되어 신의 섭리를 증거하기 때문에 그의 시선은 언제나 미래를 향해 있다. 그리고 인간들의 시선을 죄와 고통으로 얼룩진 현세로부터 미래의 희망으로 나아가도록 돕기 위해 이렇게 증언한다. "미래에 대한 희망에서 본다면, 지금 아무리 심한 육신의 고난을 겪고 있는 인간도 낙원의 저 인간보다 행복하다."[1]

아우구스티누스의 천사에게 역사란 이렇게 영원한 미래를 향해 나아가는 과정이다. 한번 지나간 사건은 역사 속에서는 되풀이되지 않으며, 오로지 최후의 순간, 종말의 순간에 이르러 인간의 선행과 죄악이 심판을 받게 된다. 미래를 향해 직선적으로 운동하는 시간에 대한 관점은 이렇게 유대-기독교적 시간관, 종말론적 시간관을 체계화한 아우구스티누스에 이르러 역사의 원칙으로 자리 잡는다.

---

1   아우구스티누스, 『신국론』, 성염 옮김, 분도출판사, 2004, 1173쪽.

2

여기, 또 하나의 천사의 이미지가 있다. 그것은 다름 아닌 발터 벤야민이 의미를 부여한 ('새로운 천사'라는 뜻을 갖는) 앙겔루스 노부스Angelus Novus라는, 반복되는 재앙을 확인하며 인간에게 파국을 경고하는 천사를 말한다. 앙겔루스 노부스는 파울 클레가 1920년 그린 그림으로, 벤야민은 1921년 이를 뮌헨의 어느 갤러리에서 구입한다. 그리고 그가 남긴 최후의 글이자 파시즘과 세계대전에 직면한 인류의 역사에 대한 그의 성찰을 집약적으로 표현한 「역사의 개념에 관하여(일명 「역사철학테제」)」에서 벤야민은 이 천사의 이미지를 통해 그의 고유한 시간관을 전개한다.

앙겔루스 노부스라고 불리는 파울 클레의 그림이 있다. 그림에는 한 천사가 묘사되어 있는데, 그는 그가 응시하는 것에서 멀어지려는 것처럼 보인다. 그의 눈은 찢어져 있고, 그의 입은 열려 있으며 그의 날개는 펼쳐져 있다. 역사의 천사는 그러한 모습을 하고 있음에 틀림없다. 그는 얼굴을 과거를 향해 돌린다. 사건들의 연쇄가 우리 앞에 나타나는 곳에서, 그는 폐허들로 뒤덮여 있으며 이 폐허들을 그의 발 앞에 쌓아 놓는 유일한 파국을 본다. 그는 그 자리에 머물러 죽은 자를 깨우고 파괴된 것들을 모으고 싶어 한다. 그러나 천사의 날개를 사로잡은, 그가 날개를 닫을 수 없을 만큼 강한 폭풍이 천국으로부터 불어온다. 천사 앞에 있는 폐허의 더미가 하늘을 치솟을 정도로 쌓여가는 동안, 이 폭풍은 그의 등이 향하고 있는 미래로 그를 끝없이 몰아넣는다. 우리가 진보라고 부르는 것은 이러한 폭풍이다.[2]

이 천사는 아우구스티누스가 묘사한 천사와는 다른 시선을 가지고 있다. 아우구스티누스의 천사가 인간을 미래를 향하도록 인도한다면, 벤야민의 천사 앙겔루스 노부스는 자신의 시선을 과거로 향한다. 그에게는 미래를 향한 시간의 진행은 그를 사로잡은 폭풍과 같은 것이다. 이미 지나가버린 시간의 흐름은 폐허들의 집적으로 나타난다. 즉 시간의 진행은 고통의 축적이며 무너져버린 잔해들이 쌓여 하늘을 향해 치솟는 동안, 천사는 자꾸만 폭풍에 휩싸여 미래로 날아간다. 벤야민의 천사는 폭풍에 떠밀려 '강제적으로' 과거에서 미래로 운동하는 것이다. 그런데 천사의 시선은 과거를 향해 있으므로, 미래를 향한 그의 움직임은 역행이다. 과거를 향한 그의 응시, 무너져 내린 잔해들과 그 속에서 고통받고 억압받는 자들에 대한 그의 시선은 곧 역사를 바라보는 벤야민의 시선이다. 폭풍은 천사를 미래로 떠밀면서 과거를 잊으라고 강요한다. 그러나 천

---

2   Walter Benjamin, *Über den Begriff der Geschichte*, Gesammelte Schriften(이하 GS) Bd. I.2, Frankfurt/M, 1991, p. 697-698.

사는 미래로 떠밀려 가는 동안에도 과거를 응시한다. 망각에 저항하는 것이다.

벤야민이 자신의 역사이론에 '신학'의 요소를 끌어들인 이유는 이처럼 지나간 과거를 기억함으로써 그 안에서 현재의 극복을 위한 의미들을 발견하기 위해서였다. 이 점은 호르크하이머와의 논쟁에서 명시적으로 드러난다. 1937년 3월 16일 벤야민에게 보낸 편지에서 호르크하이머는 과거가 종결되지 않았다는 사고방식은 관념론적이라면서, 지나간 부정의는 이미 발생한 것이고 종결된 것이라고 말한다. 이러한 사고방식에 대해 반론을 제기하며 벤야민은 역사는 단지 과학이기만 한 것이 아니라 "회상의 형식"이기도 하다고 쓴다. 회상Eingedenken이란 단어는 벤야민이 만들어 낸 것으로, 그는 '—를 잊지 않고 기억하다'라는 의미의 eingedenk라는 형용사를 어간으로, 어떠한 사람이나 대상의 내면 속으로 들어가ein 그것을 기억/추모한다gedenken는 의미로 이 단어를 사용한다. 그에게 역사란 단지 발생한 사실을 실증적으로 확인하는 과학이 아니라, 과거의 사실을 기억하며, 그곳에서 벌어진 불의와 수난으로 희생된 자들을 추모하는 것이다.

과학이 '확인'한 것을 회상은 변형시킬 수 있다. 회상은 종결되지 않은 것(행복)을 종결된 것으로 만들고, 종결된 것(고통)을 종결되지 않은 것으로 만든다. 이것은 신학이다. 그러나 회상 속에서 우리는 역사를 근본적으로 反反신학적으로 파악하는 것을 금하는 경험을 한다. 마찬가

지로 우리가 역사를 직접적인 신학적 개념으로 쓰고자 시도하는 것이 가능한 것도 아니지만 말이다.[3]

과거의 무너진 잔해 속에서 고통받은 자들, 희생된 자들을 기억하고 그들의 영혼을 추모함으로써 되살리는 것, 그것이 역사를 사실들의 축적이 아닌, 과거와 현재가 역동적으로 맞부딪히며 벌어지는 사건의 장으로 파악하고자 했던 벤야민이 제기한 과제였다. 초기 기독교 교부 아우구스티누스가 기독교 종말론eschatology을 역사에 도입하여, 역사의 시작과 끝을 신학적 관점에서 체계화했다면, 20세기 사상가 벤야민은 유대 메시아주의의 신학적 요소를 유물론적 역사철학과 결합해 억압받는 자들의 구원과 해방의 서사를 쓰고자 했다. 그러기 위해서는 아우구스티누스에게서 오로지 현세적 역사의 종말과 최후의 심판을 의미하는 '메시아의 재림'이라는 종교적 사건은, 현세라는 세속적 공간에 등장하여 세계의 진행을 (초월적으로) 중단시키고 새로운 질서를 '창조'하는 '메시아적 사건'으로 대체, 세속화될 필요가 있다. 메시아주의는 벤야민에게서 바로 이런 의미를 갖는다.

수전 벅 모스는 벤야민의 역사관에서 메시아주의가 차지하는 역할을 이렇게 기술한다.

메시아적 약속이 신화가 아니라, 실현 가능하다는 의미에서 역사적으

---

3   Walter Benjamin, *Das Passagen-Werk*, GS V, p. 589.

로 '현재적'인 것이라면, 이러한 시점부터 시간은 두 층위들 속에서 존재한다고 말해질 수 있다. 그것은 세속적 역사, 즉 [······] (파국적) 사건들의 연속이면서 또한 혁명적인 '지금시간', 곧 구원의 현실적 기대로 빛을 발하는 모든 순간이다.[4]

이러한 진술 속에서는 아우구스티누스와 벤야민의 공통점 드러난다. 양자는 모두 두 가지 시간, 즉 세속적 시간과 메시아적 시간을 개념적으로 구분하고 있다. 그러나 아우구스티누스가 두 세계(지상도성과 신의 도성)를 이분법적으로 분리한다면, 벤야민은 이 두 세계가 같은 공간 속에서 서로 다른 시간의 원리로 등장한다고 보았다. 즉 파국의 시간으로서의 영원회귀(모든 것의 동일한 반복)와 이 파국적 연쇄의 폭발인 메시아적 시간은 모두 현세적 공간 내에서 벌어지는 서로 다른 원리의 시간들이다. 이처럼 아우구스티누스와 달리 벤야민은 메시아적인 것이 현세의 시간을 뚫고 출현한다고 본다. 이 점은 그가 1921년, 유대교 신학이 그의 사유에 결정적 영향을 형성하던 청년기에 작성한—아도르노와 그의 아내 그레텔은 이 글이 1934년경 씌어졌다고 추정했지만 야콥 타우베스는 강한 어조로 그렇게 주장했다—「신학-정치적 단편」이라는 제목이 나중에 붙은 짧은 메모에서도 드러난다. "세속적인 것의 질서는 행복의 이념을 향해야 한다. 세속적인 것의 질서와 메시아적인 것이

---

4   Susan Buck-Morss, *The dialectics of seeing. Walter Benjamin and the Arcades project*, MIT Press, 1989, p. 242.

맺는 관계는 역사철학의 본질적 가르침들 중 하나다."[5] 행복의 이념
을 향해 나아가는 세속적인profan 것의 질서는 메시아적인 것과 어
떤 관계를 맺는가? 양자는 서로 배치되는 원리, 하나로 통일될 수
없는 원리인가? "하나의 힘이 그것의 길을 거쳐 가며 반대 방향의
길 위에 있는 다른 힘을 촉진할 수 있듯이, 세속적인 것의 세속적인
질서는 메시아 왕국의 도래를 촉진할 수 있다."[6] 벤야민에 따르면
가장 세속적인 것이 가장 메시아적인 것이다. 이 점에서 그는 아우
구스티누스의 역사신학과 갈라진다. 두 개의 시간(세속적 역사성과
메시아적 영원성)과 두 개의 국가(신의 도성과 지상도성) 사이의 화해
불가능한 이분법을 지향한 아우구스티누스의 역사신학은 이렇게
세속적 세계 안에서 메시아적인 사건을 찾으려는 벤야민의 시도
와 대립한다.

영원한 미래를 바라보는 아우구스티누스의 천사와 반복되는 파
국으로서의 과거를 바라보는 벤야민의 천사는 서로 다른 시선을
가지고 있다. 이러한 시선의 차이가 생겨나는 이유는 무엇인가? 그
리고 그것은 역사를 이해하는 데 있어 어떤 현실적 차이를 낳는가?

---

5   Walter Benjamin, *Theologisch-politisches Fragment*, GS II.1, p. 203.
6   같은 책, p. 204.

3

이 책이 보여주고자 하는 바는 첫째로, 초기 기독교 교부 아우구
스티누스에서 20세기의 신학적 유물론자 벤야민에 이르는 역사에
대한 성찰이 이처럼 지속적인 '세속화'의 과정을 거쳐 진행되었다
는 것이다. 역사가 본격적으로 철학적 사유의 대상이 되었던 것은
볼테르와 콩도르세의 계몽주의 시대에 이르러서이지만, 그 기원은
아우구스티누스의 기독교 역사신학이었다. 역사철학의 전개 과정
속에서 그러한 기독교 신학적 요소는 점차적으로 사라져가지만,
역설적으로 기독교적 요소를 제거하면 할수록, '세속화된' 역사철
학은 그 담론 구조와 문제 설정 방식에 있어 기독교적 요소를 더욱
닮아 갔다. 이러한 이유에서 (세속적인) '역사'에 대한 고찰은 언제
나 신학적 사유와의 대결을 거칠 수밖에 없었다는 것이 앞으로의
논의 과정 속에서 드러날 것이다.
　둘째로 이 책은 이러한 역사철학의 전개 과정에서 드러난 신학
적 요소와의 관련성은 어느 정도는 불가피한 이유에서 나타난 것
이라는 점 역시 보여줄 것이다. 그것은 서구 역사철학이 역사라는

대상을 논의하는 문제 제기 방식, 곧 문제틀의 구조상 피할 수 없는 일이었다. 역사가 현재의 '고통'을 어떻게 이해하는지, 그것이 역사의 진보 과정 속에서 어떤 의미를 갖는지를 사변적으로 고찰하는 서구 역사철학의 전통은, 그리스도의 수난과 억압받은 사람들의 수난이 미래에 도래할 신의 도성(하느님 나라)과 어떤 관련성을 갖는지를 이론화한 아우구스티누스의 역사신학이라는 배경 하에서만 이해될 수 있는 것이다. 현재가 보여주는 부정의와 고통 속에서 신의 현시를 확인하고, 이 고통의 역사, 수난의 역사가 결국은 '구원'의 역사임을 증명하는 것이 아우구스티누스 이래 서구 역사철학의 공통된 과제였다.

신의 존재를 이론적으로는 직접적으로 증명 불가능하다고 선언한 칸트 역시 인간의 도덕적 삶을 보장해 주는 자연목적을 확인한다. 역사는 이 자연목적의 원리에 따라 인간이 만들어 가는 과정이다. 그리고 칸트는 이 목적을 설정한 최초의 원인으로서 다시 신의 존재를 호명한다. 아우구스티누스적인, 중세적인 신의 섭리 이론은 '자연법칙의 합목적성'이라는 이름으로 세속화된다. 헤겔은 이러한 칸트식의 자연목적론을 거부한다. 헤겔의 역사적 목적론은 자연목적이나 신의 섭리에서 벗어나 인간의 자유의식의 진보라는 의미로 더욱 세속화된다. 그러나 이러한 역사의 발전이 어째서 필연인가를 증명하기 위해 헤겔은 다시 신학적 논의 구조(세계사적 개인과 이성의 교활함)를 차용한다. 『법철학』에 등장하는 "십자가 위에 피어난 장미"라는 유명한 도식은 고통스런 현재 속에서 이성의 긍정성을 찾으려는 그의 메시지로, 이는 전형적인 기독교 신학적 논증 구조를 닮아 있다.

칸트와 헤겔의 독일 철학 전통에 유물론의 이름으로 도전장을 내민 맑스는 자연목적을 물질적 생산력의 발전으로, 역사 속의 신을 역사적 계급으로 전치시킴으로써 세속화된 역사철학을 급진화한다. 그런데 이러한 유물론적 논의에도 역시 그 구조상 기독교 종말론의 요소가 '최후의 계급투쟁'이라는 형식으로 세속화된 채 남아 있다. 발터 벤야민이라는 이단가에 이르러 이러한 세속화는 본질적으로 방향 전환을 겪는다. 계몽주의에서 맑스에 이르기까지, 세속화된 서구 역사철학 전체가 가지고 있었던 '진보'에 대한 벤야민의 강한 회의는 기독교가 추방해 버린 시간관, 곧 순환적 시간관을 불러오는 것으로 귀결된다. 그에 따르면 역사는 고통과 수난의 반복이며, 자본주의적 일상은 동일한 것의 영원한 회귀다. 이제 벤야민은 이 영원회귀라는 역사의 수레바퀴를 '중단'시키는 것을 메시아적 사건의 본질로 삼는다. 모든 서구 역사철학은 공통적으로 '구원의 희망'과 관련을 맺는다. 그것은 현재를 넘어선 상태, 완성된 미래에 대한 소망의 표현이다.

셋째로 이 책에서는 동시에 이러한 기독교 역사신학의 역사철학적 세속화 과정이 서구 역사철학에 하나의 '신화적 환등상'(벤야민)을 심어 놓는 역할을 했다는 사실 또한 논증할 것이다. 그것은 곧 진보라는 새로운 신화, 진보의 환등상이다. '역사철학'이란 용어를 처음 사용한, 비타협적 반교권주의자이자 계몽주의의 선구자 볼테르에서, 역사를 유물론의 지반 위에 새롭게 정식화했으며 종교는 물론 종교적 환상의 토대가 되는 사회의 물질적 실재를 자신의 투쟁 대상으로 상정한 맑스에 이르기까지, 아우구스티누스의 기독교 역사신학적 '문제틀'(알튀세르)에서 전적으로 벗어난 역사이론은 존재하지 않았다. 볼테르 이후 계몽주의 역사철학은 역사 속에서 '신'의 요소를 제거하는 데 온 힘을 기울인다. 역사가 자체의 법칙을 통해 진보한다는 이러한 견해, 즉 진보사관은 '신의 섭리'에 입각한 기독교 역사신학의 진정한 안티테제였다. 그러나 대립물은 변증법적으로 통일(헤겔)되어 있는 것일까. 근대 진보사관은 기독교 역사관의 영향에서 벗어나지 못했다. 기독교 역사 해석의 관점은 미래라는 확고한 지향점을 가지고 있다. 여기서의 미래란 태초에 설정된 목적이자 현세의 끝을 말한다. 근대 진보사관에서 말하는 역사의 완성이라는 목적론적 구도는 바로 이러한 기독교 신학의 종말론과 유사한 구조를 갖는다.

그런데 여기에는 더 큰 함의가 있다. 역사의 '법칙'의 이름으로 기독교 신을 몰아낸 자리에 등장한 '진보'에 대한 '믿음'은 진보를 다시금 근대적 종교로 만드는 데 일조했다. 이 근대적 종교는 종교 이후의 종교이며, 이성이 실현될 미래와 인류 역사의 완성은 계몽주의적 낙관주의가 만들어 낸 새로운 신앙고백이었다.

물론 모든 진보사관 이론가들이 역사가 무조건적으로 진보한다는 단순하고 소박한 생각을 한 것은 아니었다. 역사는 때로 퇴보하기도 한다. 르네상스 인문주의자들의 시선에는 고대 그리스와 로마 세계가 기독교적이고 봉건적인 중세로 이행한 것은 결코 진보가 아니었다. 그럼에도 계몽주의 진보 사가들은 '궁극적으로' 역사가 진보할 것이라고 믿었고, 그 근거를 찾는 것이 이제 역사철학의 과제가 된다. 중세 연금술사들이 '현자의 돌'을 찾으려 했듯이, 근대 역사철학자들은 역사의 진보를 보증해 줄 무기를 인간이 가진 이성적 능력에서 찾는다. 이러한 과정에서 진보라는 근대 종교는 이성을 신화화한다. 이성은 자기 외부의 정당성 근거를 필요로 하지 않는, 자기 정당성이자 자기 목적으로 고양된다. 역설적으로 이러한 자기 목적화의 과정 속에서 이성은 자연 지배를 통한 문명의 양적 팽창과 생산력 증대를 위한 '수단'으로 전락한다. 이것이 "계몽은 신화로 후퇴"하며, "계몽된 세계에서 신화는 세속성 속으로 침투한다"[7]고 말했을 때 호르크하이머와 아도르노가 의도했던 것이다.

넷째이자 마지막으로, 이 책은 최초로 맑스에 이르러, 그리고 벤야민에 이르러 한발 더 나아가 이 '진보'의 신화를 거부할 수 있는 방식의 세속화가 진행되었다고 주장할 것이다. 맑스는 앞서 논의된 진보사관의 문제틀이 근거하고 있는 '지반' 그 자체를 벗어나 새로운 역사의 지반을 근거 짓는 데 부분적으로는 성공을 거둔다. 그러나 역사적 유물론은 기독교 역사신학의 이론적 구조들을 거의 대부분 유물론적 세속화 과정을 거쳐 되풀이한다. 진정한 '지반 변경'은 자본주의적 교환의 본질을 물신숭배에서 찾는 성숙기 맑스

---

7   Theodor W. Adorno, Max Horkheimer, *Dialektik der Aufklärung*, in: Adorno, T. W.: Gesammelte Schriften Bd. 3, Frankfurt/M, 2003, p. 45

의 정치경제학 비판에서, 그리고 역사의 일직선적 흐름이라는 틀을 깨부수는 데 자신의 모든 노력을 기울인 벤야민에 의해서 이뤄졌다.

맑스의 이론은 두 가지 갈림길 모두에 발을 걸쳐 놓았다. 즉 한편에서는 근대 계몽주의가 기독교 역사신학을 세속화하여 발전시킨 진보사관이 '생산력의 발전'이라는 테제, 그리고 계급투쟁을 통한 '최종적' 해방이라는 이론 구도 속에 녹아 있으면서, 다른 한편 역사적 과정의 불투명성, 그리고 역사적 사건들의 반복에 대한 그의 성찰들은 독창적으로 이러한 진보사관의 문제틀을 분쇄한다. 다시 말해 맑스는 자신의 '새로운' 발견들(계급사회의 연속으로서 역사, 사적 소유를 중심으로 한 모더니티가 역사의 완성이 아닌 새로운 파국이라는 경험)을 '낡은' 개념틀, 즉 진보사관의 문제틀 속에서 서술한다. 벤야민은 이 낡은 문제틀에서 벗어나 '지반 변경'을 행하기 위해 역설적으로 다시 '신학'의 요소를 유물론에 끌어들인다. 기독교 역사신학을 세속화해 왔던 서구 역사철학의 전개 과정에 역행하는 이러한 외견상의 '재신학화'는 '세속화된' 유물론에서 신학적 메시아주의로의 반동적인 방향 전환인가? 나는 본문 마지막 부분에서 이 물음에 답하고자 한다.

4

이 책에서의 논의는 칼 뢰비트와 칼 슈미트에 의해 각기 다른 이론사적 맥락에서 제기된 '세속화 논쟁'의 영향을 반영한다. 칼 뢰비트는 "근대 역사철학은 세속화된 기독교 신학"이라는 도발적인 테제를 1949년 처음 출간된 그의 책 『역사의 의미*Meaning in history*』에서 전개한다(이 영어본은 국내에 번역되어 있다). 이 책이 저자가 그 의미를 더 잘 담아낼 수 있다고 믿었던, 자신의 모국어인 독일어로 『세계사와 구원의 사건*Weltgeschichte und Heilsgeschehen*』이라는 제목으로 1953년 재출간됨에 따라, 그의 테제는 주로 독일어권 역사철학에서 격렬한 논쟁을 일으켰다.

이 책에서 뢰비트는 다음과 같이 주장한다. "기독교는 부지불식간에 세계사의 소용돌이 속으로 휘말려 들었으며, 신의 섭리적 의도를 오로지 세속화된 그리고 합리화된 원칙으로서 하나의 체계 속에 기입하였다."[8] 그리스인들이 영원한 형이상학적 법칙에 몰두하는 사이, 유대인들은 소위 그들의 '선민의식'이라는 형태로 역사

---

8   Karl Löwith, *Weltgeschichte und Heilsgeschehen. Die theologischen Voraussetzungen der Geschichtsphilosophie*, Stuttgart, 1953, p. 176.

에 대한 인식을 선취한다. 이는 그들이 고정된 삶이 아닌 유랑 생활과 노예 생활을 하며 끝없는 고난과 위기를 경험하면서, 이 경험의 끝을 메시아의 도래와 일치시키는 사고방식을 발전시켰기 때문으로 해석된다. 이후 등장한 기독교는 유대교의 메시아주의를 종말론으로 방향 전환한다. 이제 세계사의 끝이 이론화되며, 그리스도의 재림 이후의 모든 시간은 최종시간Endzeit으로, 그리스도 재림은 역사의 종말의 시작으로 받아들여진다.

뢰비트에 따르면, 이러한 방식으로 역사를 "세계사의 종말론적 구원 과정"[9]으로 규정한 것이 바로 기독교 역사관이 서구 사유에 미친 결정적 영향이었다. 그리하여 근대 역사철학은 이러한 기독교 역사관의 영향 속에서, 현재의 역사적 삶의 과정이 미래에 완성될 것이라는 믿음을 세속적으로 표현한다. 따라서 계몽주의적 역사철학이 이성의 이름으로 전제정권과 봉건적 교회에 맞서 투쟁한 결과 탄생한 세속적인 근대 사회체제의 내부에는 기독교 신학의 구조가 비밀스레 감춰져 있는 것이다.

이 때문에 뢰비트는 "근대 세계는 수 세기 간의 세속화 과정의 귀결이며, 따라서 동시에 기독교적이면서 비기독교적"이라고 지적한다.[10] 모더니티의 세계, 신을 몰아내고 화폐와 자본이 물신의 형태로 숭배의 대상이 된 세계는 기독교적 세계관의 여러 요소들을 수용한다. 더 많은 투자와 이윤 창출을 위한 기업가의 '창조적' 열

---

9   같은 책, p. 180.

10   같은 책, p. 183.

성과 새로운 시장의 개척은 기독교적 '창조주' 이미지의 세속화된 버전이다. 부채와 이자, 즉 언젠가, '미래에' 갚아야 할 화폐 관계란 지금의 고난(돈을 남에게 빌려준 대가로 찾아온 시련)이 '미래에 극복' 되고 이자를 되돌려 받아 더 큰 부를 얻게 되는 일이 '미래에 실현' 된다는 점에서 기독교적 '기다림' 모티브의 세속화라 할 수 있다. 종교를 대체한 모더니티는 실은 그 합리적이고 세속적인profan 모습 속에서 이미 세속화된säkularisiert 형태의 종교적 메커니즘을 구현하고 있는 것이다. 창조주 없는 창조, 메시아 없는 구원의 약속은 "그 기원에서 기독교적이며 그 귀결상 반기독교적"[11]이라는 역설의 형태를 띠고 있다.

이러한 '세속화 테제'를 뢰비트에 앞서 정치철학에 도입한 인물은 정치를 세속화된 신학으로 규정하는 보수적 가톨릭주의 법철학자 칼 슈미트였다. 그는 자신의 책 『정치신학』(1922)에서 "현대 국가이론의 모든 현저한 개념들은 세속화된 신학적 개념들이다"[12]라는 명제를 내세우면서, 한 시대의 주권 개념은 그 시대의 주요 신학적, 형이상학적 관점의 반영이라고 설명한다. 예컨대 데카르트의 신학 논의 이후 17세기부터 18세기에 이르는 시기에는 절대주의적, 결단주의적 주권 개념이 부흥하는데, 이는 데카르트가 정식화한 유일신 신학(단 한 명의 건축가 증명)이 "단 한 명의 입법자"를 상

---

11 같은 책, p. 184.

12 Carl Schmitt, *Politische Theorie. Vier Kapitel zur Lehre von der Souveränität*, Berlin, 1993, p. 43.

정하는 주권이론으로 이어졌기 때문이다.[13] 반면 18세기 이래로 정치 논의에서 주권자가 배제되는 경향이 생겼는데, 이는 초월자 없는 세계의 자연법칙(라이프니츠, 말브랑슈)에 대한 논의 이후 세계를 자동기계로 보는 관점이 등장했기 때문이다.

19세기에 이르러 17, 18세기의 신의 초월성 개념이 폐기되고 세계는 내재적이라는 관점이 다수를 이룬다. 그에 따라 새로운 정통성 개념이 형성되는데, 이는 계몽주의자들이 가진 신학적 관점(이신론理神論: 신은 세계를 창조했을 뿐 세계의 운영 원리에는 관여하지 않는다는 입장)이 절대주권을 부정하고, 그것을 공화주의적 인민주권론으로 대체하려 했기 때문이다. 슈미트에게 인민주권론은 진정한 주권론이 아니며, 정치적인 것의 고유성을 상실한 탈정치적 개념이다. 이러한 의미에서 슈미트는 초월적 신에 대한 논의를 통해 주권자의 이론을 정립하려는 시도들이 근대 계몽주의자들의 세속주의적 관점 속에서 해체되는 것을 비판한다. 야콥 타우베스의 지적대로, "슈미트에게 중요한 것은 [……] 가톨릭적 관점에 따라 세속화를 비판하는 것"이었다.[14] 그에게 세속화란 악마적인 것, "적법한 장소에 있었던 것이 적법하지 않은 곳으로 옮겨졌음을 의미"한다.[15]

발터 벤야민은 슈미트와 정반대 방향에서 근대 세계의 세속화

---

13 같은 책, p. 51.

14 야콥 타우베스, 『바울의 정치신학』, 조효원 옮김, 그린비, 2012, 151쪽.

15 같은 책, 160쪽.

과정을 비판한다. 그에게 근대 계몽주의자들이 내세우는 역사의 진보란 실은 동일한 것의 영원한 회귀에 불과하다. 역사의 자동적인 진보, 미래를 향한 시선 속에서 현재의 의미를 규정하는 논의는 궁극적으로는 하나의 신정론(변신론)이며, 신화적 역사관의 반복일 뿐이다. 계몽주의에 의한 기독교 신학의 세속화는 신학의 문제틀을 넘어선 것이 아니라, 오히려 진보에 대한 믿음이라는 '신화'의 요소를 역사 속에 끌어들인 계기로 비판된다. 그렇다면 벤야민에게서 진정한 세속화란 어떤 의미를 갖는가 하는 것 역시 우리가 풀어야 할 과제로 남아 있는 것이다.

5

필자는 이러한 논의 속에서 자신의 관점을 숨기지 않으려 한다. 다시 말해 고통받는 사람들의 관점에서 역사를 어떻게 서술할 것인가라는 관점으로 지금까지의 역사철학을 재검토해 보려는 것이다. 아우구스티누스에서 출발한 서구 역사철학 역시 이러한 관심, 즉 고통과 불의를 신의 관점 속에서 설명하려는 이유에서 '역사의 신'을 발견하고자 했다. 하지만 필자는 '역사의 신'의 존재를 증명함으로써 현재의 고통을 정당화하려는 시도를 비판하고자 한다. 그러한 과정에서 맑스와 벤야민의 역사철학을 옹호할 것이다. 이 과정에서 앞서 언급된 맑스의 이중성 역시 논증할 것이며, 아울러 벤야민에 의해 도입된 새로운 메시아에 대한 관점을 이를 보완하려는 시도로, 역사적 유물론을 일관된 방식으로 억압받는 자들을 역사의 주체로 사유하는 역사철학으로 재설정하기 위한 방향 전환으로 해석해 볼 것이다.

그것은 '역사의 진보'라는 명분으로[16] 과거를 망각하려는 모든

---

16 진보라는 표현은 오늘날 한국적 상황에서는 혼동되기 쉽다. 레드 콤플렉스와 미국식 양당제가 지배하는 한국에서 '진보'라는 단어는 '온건 좌파 정치 성향'이라는 다소 특수한 의미

시도에 저항함으로써 가능할 것이다. 결국 역사철학의 세속화에 관한 이 책의 논의는 미래라는 이름으로 과거를 정당화하고 망각하려는 시도들과 정반대로, 망각에 저항하고 과거를 기억함으로써 미래로 '도약'하려는 모든 형태의 '몫 없는 자들'의 서사를 재구성하기 위한 예비 작업이라 할 수 있을 것이다. 그러므로 이 책은 역사철학에 대한 시론임과 동시에 정치철학적인 고찰을 담고 있다. 이러한 이중성은 실은 모든 역사철학에 공통된 것이며, 앙겔루스 노부스의 시선이 의미하는 바 역시 그러할 것이다.

를 갖는다. 다른 한편으로 한국형 '진보사관'의 분명한 표현은 '성장'과 '화해'라는 기표에서 더욱 명확하게 발견된다고 할 수 있다.

1장

아우구스티누스: 신의 섭리 속에 계시되는 역사

로마의 속지인 북아프리카 누미디아 지역의 타가스테에서 탄생한 아우구스티누스St. Augustinus(354-430)는 기독교 역사철학의 창시자, 나아가 역사철학 일반의 창시자로 불린다. 고대 그리스 철학이 영원하고 불변하는 실재를 탐구하려는 형이상학적 관심의 영향 속에서 역사에 대한 체계적 사유를 남기지 않은 것과 달리, 그는 기독교와 역사의식의 관계를 이론화했으며, 역사 안에서 신의 증거와 구원 계획의 수행을 발견하고자 했다.

그의 대표작인 『신국론De civitate Dei』(413-426)은 410년 서고트족에 의한 로마 정복과 약탈을 배경으로 집필되었다. 기독교를 국교로 받아들인 로마인들에게는 그들이 이교도인이자 야만족이라고 불렀던 서고트족에 패배하고 정복당한 사건은 커다란 상처를 남겼을 뿐 아니라, 기독교 신앙 전반에 대한 회의와 불신을 초래하였다. 신의 존재와 그들이 겪는 불행 사이의 관계가 제대로 해명되지 않는 한, 기독교 신을 믿는 것은 아무런 의미도 없는 행위가 되어버릴 상황이었다. 이렇게 기독교가 내세우는 '신의 구원 계획'에 대한 정당화 가능성에 의문이 제기되는 상황에서, 기독교 신앙의 진리를 역사의 의미에 대한 반성을 통해 밝혀내는 것이 아우구스티누스가『신국론』을 저술한 계기였다.

이 저술을 통해서 아우구스티누스는 이후 서양 역사철학의 기반을 이루는 '직선적(선형적) 역사관'을 전개한다. 그에 따르면 역사에는 시작과 끝이 있고, 그 과정에는 신에 의해 설정된 분명한 목적이 있다. 과거와 미래는 명확히 구분되며, 목적으로 설정된 구원 행위는 일회적이고 최종적인 것이다.[17] 아우구스티누스의 일관된 증명에 따르면 창조 이전(세계 탄생 이전)에는 시간이 존재하지 않았다. 즉 시간은 피조물의 창조와 무관하지 않은 것이며, 따라서 무한한 것이 아니라 시작과 끝, 시원과 종말을 갖는다.

이러한 관점을 통해서 아우구스티누스는 고대 그리스에서의 순환 운동의 시간 표상과 단절한다. 다시 말해, 과거-현재-미래로 이어지는 시간에 대한 표상은 되풀이되는 역사, 순환적 시간에 관한 고대 그리스적 관념과 결정적으로 구분된다. 물론 아우구스티누스에게 과거-현재-미래의 흐름은 근대 뉴턴 물리학이 전제하는 절대 시간 개념으로 이해했던 것과는 다르다.『고백록』11권에서 전개되는 그의 시간 철학에서 과거, 현재, 미래는 그 자체로 존재하는 절대적인 것이 아니라 인간 영혼의 주관적인 지각 방식과 관련을 갖는 것으로 서술되고 있다. "과거의 현재는 기억이요, 현재의 현재는 목격함이요, 미래의 현재는 기다림입니다"[18]라는 표현에서 드러나듯 과거, 현재, 미래는 "영혼의 연장distentio animae"으로 규정될

---

17 에밀 앙게른,『역사철학』, 유헌식 옮김, 민음사, 1997, 68쪽.
18 아우구스티누스,『고백록』, 최민순 옮김, 바오로딸, 2005, 330쪽.

수 있다.[19] 어쨌건 무엇보다도 아우구스티누스가 시간을 창조의 관점에서 해석하고 영원성과 구별 짓는다는 점에서 그는 기독교적 시간관을 철학적으로 체계화한 인물로 평가된다.

여기서 중요한 사실은 아우구스티누스가 구원 행위의 일회성과 최종성(최후의 심판)을 강조하면서, 미래에 발생할 최종적 구원을 현재를 이해하는 근거이자 희망의 근거로 삼는다는 것이다. 이 지점에서 기독교 역사관과 유대교와의 차이 역시 드러난다. 첫째로, 유대교와 달리 기독교는 그리스도가 이미 지상에 탄생했다가 승천했다고 믿기 때문에, 기독교도들에게는 역사의 최종목적을 향한 중간(중심), 즉 그리스도의 탄생과 부활이 구원 계획을 둘러싼 모든 사건의 준거점이 된다. 이는 미래로의 도약을 위한 현세적 근거가 마련되었음을 의미하며, 인간들로 하여금 그들이 이미 경험했던 것(그리스도의 탄생과 부활)의 반복(그리스도의 재림)을 기다릴 수 있게 해 주고, 동시에 이 재림의 지연(카테콘[20])을 견딜 수 있게 해 준

---

19 이종환에 따르면, 여기서 '연장'을 의미하는 라틴어 distentio란 '분산'을 의미하는 dis와 '향하다'를 의미하는 tendere의 합성어로, 아우구스티누스는 이를 통해 영혼이 분산되어 어딘가를 향함으로써 각기 다른 시간이 구분된다는 주장을 전개한다. 예컨대 노래를 부르는 상황을 가정해 보자. 노래를 부르는 상황에서 나의 영혼은 내가 이미 부른 부분에 대한 '기억', 그리고 아직 부르지 않았지만 앞으로 불러야 할 남은 부분에 대한 '기대', 노래의 특정한 부분을 부르고 있는 '현재'를 향하여 분산/분할된다. 이러한 의미에서 과거, 현재, 미래는 객관적으로 존재하는 것이 아니라 인간 영혼의 내부에서 영혼의 흐름이 분산되는 것과 관계되어 이해된다. 이종환, 「창조와 시간에 대한 아우구스티누스의 해석」, 『기독교철학』 제3호, 2006, 89쪽.

20 카테콘Katechon이란 사도 바울의 「테살로니카 신자들에게 보낸 둘째 서간」에 등장하는 다음과 같은 표현에 연원을 두고 있다. "그리고 여러분도 알다시피, 지금은 어떤 것이 그자를 저지하고 있지만, 그자는 자기 때가 되면 나타날 것입니다. 사실 그 무법의 신비는 이미 작용하고 있습니다. 다만, 그것을 저지하는 어떤 이가 물러나야 합니다."(2테살, 2:6-7) 여기서 '그자'란 적그리스도를 의미한다. 「요한 묵시록」이 전언하는 바와 같이, 적그리스도의 등장은 곧 그리스도의 재림과 역사의 최후심판으로 이어질 것이다. 그런데 지상에 존재하는 어떠한 힘

다. 둘째로 이러한 구원은 역사적 사건과 무관한 것, 역사 밖의 것이 아니라, 역사를 '거쳐' 완성된다는 점이 강조된다. 물론 역사는 자립적인 것도, 최종적인 것도 아니다. 역사는 완전한 것으로 귀결될 수 없고, 언제나 불완전한 것으로 남는다. 최후의 구원은 역사의 종말과 동일한 것이며, 그것은 따라서 역사의 해방이 아니라 역사'로부터'의 해방을 뜻한다.

역사를 '종말'의 관점에서 사유하려는 경향은 아우구스티누스의 철학적 체계화를 거치기 이전에 이미 기독교의 주요 교리에서 다뤄지고 있기도 하다. 사도 바울은 세계의 몰락과 종말이라는 시대적 분위기를 전하고 있다. 그리고 여기서 종말이란 단순한 끝을 의미하는 것이 아니라 새로운 시작, 구원과 희망을 의미한다. 그 시작이자 완성을 가리키는 사건은 그리스도의 재림, 즉 파루시아 Parousia로 제시되며, 기독교인들은 이 궁극의 순간을 기다리는 자세로 그들의 현재를 살아가야 한다는 것이다. 이렇듯 최종적인 구원을 향한 '기다림'이라는 파토스는 현재의 비극을 견뎌낼 수 있는 근거가 된다.

"형제 여러분, 내가 말하려는 것은 이것입니다. 때가 얼마 남지 않았습니다. 이제부터 아내가 있는 사람은 아내가 없는 사람처럼, 우는 사람은 울지 않는 사람처럼, 기뻐하는 사람은 기뻐하지 않는 사람처럼, 물건을 산 사람은 그것을 가지고 있지 않은 사람처럼, 세상을 이용하는

이 적그리스도의 출현을 저지하고 있어서 최후 심판과 종말을 지연시키고 있다. 이때 '저지하는 자 혹은 힘'을 카테콘이라고 부른다.

사람은 이용하지 않는 사람처럼 사십시오. 이 세상의 형체가 사라지고 있기 때문입니다."(1코린 7:29-32)

"장차 우리에게 계시될 영광에 견주면, 지금 이 시대에 우리가 겪는 고난은 아무것도 아니라고 생각합니다. 사실 피조물은 하느님의 자녀들이 나타나기를 간절히 기다리고 있습니다. 피조물이 허무의 지배 아래든 것은 자의가 아니라 그렇게 하신 분의 뜻이었습니다. 그러나 그것은 희망을 간직하고 있습니다. 피조물도 멸망의 종살이에서 해방되어, 하느님의 자녀들이 누리는 영광의 자유를 얻을 것입니다. 우리는 모든 피조물이 지금까지 다 함께 탄식하며 진통을 겪고 있음을 알고 있습니다. 그러나 피조물만이 아니라 성령을 첫 선물로 받은 우리 자신도 하느님의 자녀가 되기를, 우리의 몸이 속량되기를 기다리며 속으로 탄식하고 있습니다."(로마 8:18-23)

아우구스티누스에게서도 역사에 대한 서술이란 고통을 기억함과 동시에 구원을 증언하며, 슬픔의 과정을 보여주면서 동시에 위로의 시선을 보내는 것을 의미했다. 이렇듯 부정의 역사와 긍정의 구원사라는 양자의 통일은 기독교 역사관의 새로운 요소였으며, 여기서 우리는 1,400년이 지난 후 헤겔이 그의 역사철학에서 제시한 "이성의 간지奸智/List" 개념이 아우구스티누스에게 선취되고 있음을 확인할 수 있다.

1) 고통 속에 존재하는 신의 증거

현세의 불의와 고통이 언젠가 심판에 직면해 영원한 정의가 펼쳐지고 모든 피조물들이 구원받을 것이라는 사상은 『신국론』의 도입부에서 명시적으로 드러난다.

"하느님의 나라는 시간의 흐름 속에서 신앙으로 살아가면서, 불경스런 자들 틈에서 나그넷길을 가는 나라이기도 하고, 저 영원한 처소의 확고함도 아울러 갖춘 나라이기도 하다. 지금은 '정의가 심판으로 전환될 때까지' 참을성 있게 기다리지만, 그때가 되면 최후의 승리와 완전한 평화 속에서 하느님의 나라가 훌륭하게 성취될 것이다."[21]

이렇듯 아우구스티누스가 언젠가 도래할 신의 왕국을 증언하면서 참을성 있게 기다려야 한다고 말하는 이유는 이교도 서고트족의 정복 이후 고통의 나날을 보내야 했던 로마인에게 신을 증거하기 위해서였다. AD 313년 밀라노 칙령과 325년 니케아 공의회를

---

21   아우구스티누스, 『신국론』, 109쪽.

거쳐 기독교가 공인되고 392년 기독교가 로마의 국교로 제정된 이후, 로마는 지중해 패권을 장악했던 대제국의 영광을 잃어버리고, 급기야 410년 서고트족에게 점령되고 말았다. 이 때문에 많은 사람들이 로마의 국력이 쇠퇴한 이유는 기독교의 도입에 있으며, 따라서 옛 로마의 다신교 전통을 부활시켜야 한다고 주장한 것은 당연한 일이었다. 곳곳에서 신을 원망하는 목소리가 울려퍼지던 시절, 아우구스티누스는 이 모든 고통과 불행은 신의 예정된 섭리 providentia였으며, 그것은 신의 부재를 증명하는 것이 아니라 오히려 신의 현존과 영광을 보여주는 것이라고 논증한다.

섭리를 뜻하는 providentia는 '앞서 본다'는 뜻이다. 이 말은 신이 역사의 과정을 미리 예정한 것이라는 사고를 뜻한다. 따라서 역사적으로 벌어지는 사건들은 모두 신에 의해 예정된 것이며 구원을 향해 나아가는 과정의 일부로 이해되어야 한다. 인간이 겪는 불행과 고통 역시 마찬가지다. 그것은 인간이 신과 화해를 이루도록 하기 위해 설정된 불가피한 과정인 것이다.

"하지만 그들이 올바른 무엇인가를 조금이라도 지각할 수 있다면, 적병들에게 당한 모질고 잔학한 일까지도 하느님의 섭리로 돌려야 마땅하다. 섭리는 인간들의 타락한 습속을 전쟁으로 교정하고 척결하며, 심지어 사멸할 인간들의 의롭고 상찬할 인생마저 그 같은 시련으로 단련시키고, 그렇게 단련된 인생을 더 나은 곳으로 옮겨 주거나 다른 용도로 이 지상에 아직 붙잡아 두거나 한다."[22]

똑같은 고통을 겪더라도 어떤 사람들은 그 모든 불행을 자신에게 안겨준 신을 저주하지만, 어떤 사람은 신에게 애원하고 신을 찬미한다. 즉 인간이 겪는 불행을 바라보는 관점의 차이는 이렇듯 신에 대한 태도의 차이에서 비롯한다. 불행과 고통이 실은 신이 직접 의도한 섭리의 과정의 일부임을 인지할 때, 인간은 그가 겪는 일들의 의미를 이해하고 그 안에서 평온을 경험할 수 있다. 이처럼 인간이 겪는 불행과 고통이 신의 섭리를 실현하기 위한 것이라는 점을 증명함으로써 신을 변호하는 논의를 훗날의 철학자 라이프니츠는 변신론Theodizee이라고 불렀다. 우리는 아우구스티누스를 최초의 체계적 변신론을 전개한 사상가로 이해해도 좋을 것이다.

아우구스티누스는 구체적으로 이교도의 침략에 관하여 4가지 변신론을 전개한다. 첫째로 이교도 점령군의 수탈로 인해 재산을 잃은 경우, 그는 가난해짐으로써 겸손해지고 영적으로 더욱 성숙해질 수 있는 기회를 얻은 셈이다. 그는 재산에 대한 탐욕으로부터 해방되어 그리스도를 추구하는 삶을 살 수 있다. 따라서 그가 재산을 잃은 일은 그가 그리스도에 한발 더 가까이 가기를 원하는 신의 뜻이다. 둘째로 고문의 위협 때문에 재산을 잃은 경우를 고려해 보면 문제는 조금 복잡해진다. 어떤 사람이 고문을 당하면서도 돈을 빼앗기지 않으려 했다면 그는 결코 선한 사람으로 볼 수가 없다. 마

22　같은 책, 113쪽.

몬(화폐의 악마)을 위해 자신의 신체의 고통까지 감수하는 행위는 선한 행위가 아니다. 참된 선인, 그리스도인이라면 마몬이 아니라 그리스도를 위해 고난받는 것을 택해야 하며, 따라서 그런 사람은 기꺼이 이교도들에게 재산을 줘 버리고 가난한 삶을 택할 것이다. 이교도들이 로마인들의 재산을 빼앗기 위해 행한 고문은 로마인들이 '그리스도를 택할 것인가, 마몬을 택할 건인가'라는 선택의 기로에 서게 하여 그들이 그리스도를 택하게 만들었으며, 이러한 의미에서 신의 섭리 하에 행해진 것이라고 볼 수 있다. 셋째로 누군가 믿음 때문에 형벌을 당했다면, 그는 그가 믿음을 지킨 대가로 겪은 일에 대하여 언젠가 천상의 보상을 받을 것이다. 넷째로 이교도의 침략 이후 재화를 빼앗겨 굶주림에 시달려야 했던 로마인들 중 선량한 그리스도의 신자들은 굶주림의 고통을 경건한 심경으로 견뎌냈으며, 이처럼 굶주림은 그들을 더 검소하게 살고 금식하도록 가르침으로써 그리스도의 경건한 삶을 배울 수 있게 해 주었다.

이렇듯 아우구스티누스는 현세에서 인간이 겪는 고통과 불행을 '신의 시험대'라는 이름으로 정당화한다. 그것은 최후의 심판에서의 구원을 위한 현실의 시련을 뜻하며, 따라서 로마인들은 그리스도를 원망할 것이 아니라, 이 모든 악에서 그들을 해방시켜 줄 그리스도의 구원을 기다려야 하는 것이다.

신의 섭리를 사도 바울은 이렇게 정의내린 바 있다. "우리는 하느님의 신비롭고 또 감추어져 있던 지혜를 말합니다. 그것은 세상이 시작되기 전, 하느님께서 우리의 영광을 위하여 미리 정하신 지혜입니다."(1코린 2:7) 인간들이 역사 속에서 겪어 나가는 모든 사건들은 태초에, 즉 역사가 시작하기 전에 이미 신이 예정한 목적을 완주하기 위한 과정들이다. 아무리 불행한 일이라 할지라도 그것은 피조물의 구원을 위한 불가피한 과정이며, 그리스도의 신자들은 그들이 겪는 모든 일에 내재해 있는 신의 숨은 뜻을 헤아려야 한다.

마찬가지로 아우구스티누스에게 시간은 자의적인 것이 아니며, 역사적 사건들 역시 우연적인 것이 아니다. 역사적 사건들의 경과의 배후에는 역사적 시간을 관통하여 궁극적으로 이룩될 구원 과정에 대한 신의 계획이 숨어 있다. 역사에는 '목적'이 있으며, 역사는 영원한 것이 아니라 시작(창조)과 끝(종말)을 가지고 있는 유한한 과정이라는 사고방식은 여기에서 기인한다. 이렇게 역사에는 태초부터 설정된 목적이 깃들어 있기 때문에, 현세에서 우리가 겪는 고통과 불행은 궁극적으로 도래할 최종적인 희망과 구원을 위한 불가피한 과정으로 이해된다. 달리 말하면, 역사가 가리키는 귀결은 희망과 구원이며, 역사 속에서의 고통스런 삶은 우리가 잠시 스쳐 지나가는 과정에 불과하다. 오늘을 살아가는 그리스도 신자들은 미래의 어느 순간 도래할 이 종말의 사건을 기다리는 순례자들이다.

"목적을 향하는 인간과 그가 향하는 목적 사이에 길이 놓여 있다면 목적에 도달하리라는 희망도 있는 셈이다. 그러나 만약 그 길이 없다면, 또 어떤 길을 거쳐서 가야 하는지 모른다면, 어디로 가야 한다는 것을 안들 무슨 소용인가?"[23]

순례자 인간이 걸어가야 할 길, 태초에 설정된 목적을 향하는 인간과 그 끝에 놓인 목적 사이에 존재하는 이 길은 역사적 시공간 속에 인간의 육체 속에 탄생한 예수 그리스도를 말한다. 그리스도인은 이 길이 곧 그리스도임을 알고 있기 때문에 행복하다. 즉 역사적 과정이 구원으로 귀결될 것이라는 것을 알고 있기에 그는 역사의 고통과 불행의 와중에도 신의 구원 계획을 의심하지 않는다. 그런데 이때 그리스도는 목적을 향한 길임과 동시에, 목적 그 자체이기도 하다. 인간의 세계에 도래한 메시아로서 그리스도는 현세의 인간과 역사의 최종목적을 매개하지만, 그렇게 진행되는 역사의 최종적 귀결은 동시에 메시아 그리스도의 재림으로 막을 내린다. 그것은 역사의 종말임과 동시에 영원한 삶의 시작이다. 이러한 구원사의 계획이 태초부터 예정된 것이기에, 역사의 시작과 끝은 그리스도를 매개로 연결되어 있다. 이렇게 하여 아우구스티누스는 그리스도가 "길이요 진리요 생명"(요한 14:6)이며, "알파요 오메가"(묵시 1:8)라는 성서의 메시지를 매우 정교하게 이론적으로 체계화한다(그리고 우리는 2장에서 계몽주의 역사관의 영향 속에서 작성된 맑스와 엥겔스의 『공산당 선언』, 그중에서도 1장에서 근대 사회가

---

23 같은 책, 1139쪽.

어떻게 부르주아 계급의 '알파(시작)와 오메가(끝)'로 그려지는지 살펴볼 것이다).

2) 창조와 영원, 그리고 신의 절대 주권

이렇듯 신에 의한 세계의 창조를 믿는 기독교인으로서 아우구스티누스는 세계는 시원과 목적을 갖는다는 관점을 취한다. 그는 세계가 시초를 갖지 않으며 따라서 영원하다고 주장하는 자들은 모두 오류에 빠져 있으면서 동시에 불경하다고 본다. 이런 맥락에서 고대 그리스의 존재론, 윤회설 등은 모두 그들의 이교도 신앙에서 비롯하는 것이라는 비판을 받는다. 그가 보기에 창조 이전에는 세계가 존재하지 않았듯이 물리적 우주 역시 없었으며, 따라서 시간 역시 존재하지 않았음이 분명하다. 시간, 공간적 운동, 물리적 변화, 역사의 진행 등 이 세계의 모든 가변적인 시공간적 운동은 창조라는 시초를 가지며 따라서 유한한 것이다.

고대적인 시간관인 세계 순환론과 영원회귀설에 따르면 인간의 행복과 불행은 되풀이되는 것이다. 인간은 행복을 겪다가도 다시 불행해질 것이며, 그러다가 다시 행복해지고 또 불행해질 것이다. 이처럼 행복과 불행이 끝없이 순환하는 것이라면, 궁극적인 영원한 참 행복을 설명하는 것은 불가능하다. 그러나 신에 의한 구원은 인간을 영원한 참 행복으로 이끌 것이다. 역사의 궁극적인 최종목적은 영원한 행복을 향하는 것이다.

이렇듯 신은 역사적 시간의 외부에 존재하는 무한한 존재이므로 절대적이다. 그리고 신이 역사의 외부에 존재하므로, 신은 역사 안에서 벌어지는 고통과 불행, 즉 악의 현존에 직접적인 책임을 지지 않는다. 인간들이 만든 세속적인 역사 속에서 자행되는 불의와 폭력, 정치적 억압과 전제적 지배는 인간 자신의 타락에 의해 초래된 악이다. 그러나 역사적 시간 자체는 신에 의해 창조된 것으로, 신은 이 역사적 시간의 밖에 초월적으로 존재하면서 이 시간의 흐름을 관장하는 절대적이고 주권적인 존재다.[24]

이러한 신의 초월성과 절대주권성은 신의 섭리를 이해하기 위한 전제가 된다. 아우구스티누스가 '지상도성'이라고 부르는 역사 속의 세속국가, 역사적 시공간 내에서 인간이 저지르는 악행을 신은 이미 '알고 있었다.' 그리고 이 죄로부터 구원되는 과정 역시 역사 속에 설정되어 있다.

"하느님은 인간이 죄를 지으리라는 것을 모르지 않았고, 죽음에 단죄받을 인간이 역시 죽을 인간들을 낳으리라는 것도 모르지 않았다. [……] 하느님은 당신의 은총으로 경건한 인간들로 이루어진 백성을 양자로 삼아 불러들이라는 것, 또 그 백성이 속죄하고 성령으로 의화

---

24 "아우구스티누스는 신이 시간을 만들었기에 시간 안에 머물지 않고 시간을 초월하여 자신의 뜻대로 역사를 움직여 나가는 절대주권을 지닌 존재임을 강조하고 있다." 전성원, 「아우구스티누스의 종말론적 역사관」, 서울시립대학교 석사학위논문, 2006, 16쪽.

되어 마지막 원수인 죽음을 물리치고서 거룩한 천사들과 더불어 영원한 평화로 결속하리라는 것도 예견했다."[25]

역사는 이러한 신의 '예견', 즉 '미리 봄'으로서의 섭리가 전개되는 신비의 과정이며, 죄악과 고통, 불행은 궁극적인 구원을 향한 필연적인 단계들이다. 우리 인간은 이러한 섭리의 내용을 알지 못하며 이 때문에 고통에 슬퍼하고 힘겨워하며 분노하고 좌절한다. 그러나 우리의 인식을 초월하여 전개되는 섭리를 믿는다면 도래할 구원의 역사, 즉 역사의 최종목적을 기다리며 희망에 찬 생애를 살아갈 수 있다는 것이 기독교적 믿음의 핵심을 이룬다.

그렇다면 이러한 믿음과 기다림의 자세가 갖는 정치적 함의는 무엇인가? 아우구스티누스는 도래할 구원 이후에 등장할 세계(신국)를 인간과 천사들이 이루는 '결속'(연합체)을 통해 이룩될 하나의 공동체 또는 사회로 묘사한다. 그 사회의 근간을 이루는 공동체적 원리가 무엇인지를 살펴보는 것은 기독교 역사신학의 내용들이 어떠한 방식으로 후대의 역사철학에 세속화된 방식으로 영향을 미치는가를 이해하는 데 결정적 단서를 제공할 것이다. 이는 단순히 이성과 정신의 원리에 따른 역사의 최종목적을 상정하는 관념론적 역사철학뿐 아니라, 도래할 코뮌적 관계를 사유했던 맑스의 유물론적 역사관과도 밀접한 관련을 갖는다.

---

25 『신국론』, 1321쪽.

3) 두 개의 왕국, 그리고 공동선의 비밀

아우구스티누스의 기독교 종말론적 역사관은 역사적 시공간 속
에 존재하는 세속국가, 즉 '지상도성'에 대한 비판을 전제한다. 모
든 국가는 국가 자신과 그 국가를 통치하는 국왕의 위엄과 영광을
강조하면서, 국가야말로 지상에 존재할 수 있는 최상의 덕성의 실
현이라고 주장한다. 그리하여 모든 국가는 그 위엄을 드러내는 깃
발, 문양, 장신구 등의 상징을 통해 일종의 종교적 충성심을 백성들
에게 불러일으키고자 하며, 국왕은 인간을 넘어선 존재, 초월적 존
재로 인식된다.

반면 역사를 종말론적 구원의 관점에서 해석하는 아우구스티누
스에게 세속적 국가, 지상도성이란 결코 선에 도달할 수 없으면서
선을 '참칭'하는 지배자들의 무리를 뜻했다. "정의가 없는 왕국이
란 거대한 강도떼가 아니고 무엇인가?"[26] 이러한 일갈은 두 가지를
의미한다. 첫째로 지상도성은 결코 완전한 의미의 선을 실현할 수
가 없다. 그리고 정의가 결여되어 있으므로 그것은 본질적으로는

---

26 같은 책, 433쪽.

강도떼와 원리상 다르지 않다. 그러나 둘째로 세속국가에 정의가 전혀 없는 것은 아니다. 그러나 그것은 강도떼도 마찬가지다. 범죄 집단인 강도떼도 일종의 소규모 국가라고 할 수 있다. 그런 집단도 내부적으로는 일종의 '정의에 따른 분배'를 수행한다. 예컨대 약탈물을 분배할 때 강도짓에 가담한 무리 구성원 중 누군가가 소외된다면 그는 집단에 충성하지 않을 것이고, 강도들 사이의 유대관계는 깨어질 것이다. 강도떼도 집단을 유지하기 위해서는 내부적으로는 (약탈을 통해 획득한) 공통의 몫에 대한 최소한의 정의로운 분배가 필요하다. 따라서 국가에 법이 존재하고 정의가 존재한다고 해도 그것이 완전한 선을 구현하고 있지 않다면 그 논리는 강도떼와 크게 다르지 않다. 알렉산더 대왕에게 사로잡힌 해적은 황제 앞에서 이렇게 일갈했다고 한다. "나는 배 한 척을 가져서 해적이지만, 당신은 대함대를 보유해서 황제가 된 것이오."

이러한 논거는 물론 플라톤의 『국가Politeia』에 등장하는 소크라테스의 트라시마코스 반박으로부터 차용한 것임에 틀림없다. 정의가 강자의 이익일 뿐이라는 트라시마코스를 반박하면서 소크라테스는 강도떼에게도 정의가 존재하듯이, 모든 정의는 공동체를 강하게 만드는 덕을 의미하며 따라서 단순한 강자의 지배 논리를 벗어나는 것이라고 주장한다. 나아가 소크라테스는 최상의 정의, 정의의 참된 실재는 이상국가에서 실현 가능하다고 말한다. 아우구스티누스는 이러한 이상적인 국가가 지상에서는 실현될 수 없다고 본다. 참된 실재의 세계, 이데아의 세계란 아우구스티누스에게는 역사의 종말 이후 등장할 '천상도성(신국)'에서 실현될 것이다.

아우구스티누스에게서 낙원에서 쫓겨난 아담과 하와의 자손 카인은 지상도성을 창시한 인물로 그려진다. 반면 그의 아우이자 신의 사랑을 받은 아벨은 천상도성에 거주할 백성을 나타낸다. 따라서 카인에 의한 아벨의 살해는 역사적 시공간 속에서 벌어지는 천상도성에 대한 지상도성의 박해와 살해를 의미하며, 세속국가란 결국 사적 소유의 욕망이 공동선을 살해한 뒤 탄생한 강도떼에 불과함을 암시하는 사건이다. "지상도성의 최초의 창건자는 형제살해자fratricida였다."[27] 아우구스티누스의 조국인 로마의 창건자 로물루스 역시 형제를 살해한 인물이다. 카인과 로물루스 모두 권력을 독점하려는 야욕으로 자신의 형제를 살해하였다. 이처럼 세속적 권력은 그것을 독점하려는 인간의 욕망을 낳고, 이 때문에 인간을 타락시킨다. 세속국가 속에서 인간이 구원받을 수 없는 이유, 국가가 완전한 선을 구현하지 못하는 이유는 바로 이 때문이다. 국가는 가진 자들의 사유재산을 지키는 수단이고 그들이 공동선을 제 것으로 전유하도록 제도적으로 보장하는 수단이며, 전쟁을 통해 다른 나라 백성들을 살해하고 약탈함으로써 물질적 풍요를 추구하는 강도 집단에 불과하다. 따라서 세속국가들이 이뤄나가는 역사 속에서는 참된 정의뿐만 아니라 참된 평화 역시 불가능하다.

반면 역사의 종말 이후, 세속국가들의 몰락 이후 도래할 천상도성은 공동선의 원리가 완전한 형태로 실현되며, 모든 형태의 갈등

27　같은 책, 1555쪽.

과 적대가 종식된 상태를 말한다. 그곳에서는 모두가 공동체의 선을 공동으로 소유하는 나눔의 공동체가 실현될 것이며, 선을 공동으로 소유할수록 그것은 더욱 커지고 널리 퍼질 것이다.

> "선을 소유하는 데 있어서는 동료가 끼어든다거나 존속한다고 해서 조금도 줄어드는 일이 없다. 오히려 선을 소유하는 것은, 동료들의 개별적 사랑이 서로 화합하여 함께 소유할수록 더욱 널리 소유하기에 이른다. 그것을 공동으로 소유하기 싫어하는 자는 결코 선을 소유하지 못할 것이다. 선의 소유에서는 동료를 더 널리 사랑할수록 그만큼 그 소유가 넓어지는 것을 발견할 것이다."[28]

우리말과 달리 고대 희랍어에서 현대 영어, 불어, 독어에 이르기까지 대부분의 서구 언어는 도덕적 '선'과 물질적 '재화', '유용성'을 하나의 단어로 표현한다. 고대 희랍어인 agathon도 그러했으며, 오늘날 영어 good, 불어 bon, 독일어 gut 역시 마찬가지다. 라틴어 bonum 역시 도덕적인 선과 물질적인 이익, 경제적 재산을 모두 의미한다. 따라서 고대 그리스의 도시국가 정치철학과 로마의 공화주의, 초기 기독교 공동체가 다소간의 차이에도 불구하고 공통적으로 추구했던 '공동선bonum commune'의 이념은 물질적 재화의 정의로운 분배와 도덕적인 선의 공동체적 실현을 동시에 의미했다.
그런데 아우구스티누스는 전자로서의 bonum, 즉 재화의 공동

---

28 같은 책, 1557쪽.

분배란 지상도성에서는 실현되지 않을 것으로 보았다. 물질적인 부는 한정되어 있기에 무한한 욕망을 지닌 인간들은 서로 그것을 차지하기 위해 적대와 폭력을 자행할 것이다. 반면 후자로서의 bonum, 즉 선은 정신적, 추상적인 것이므로 물질과 달리 무한히 증식할 수 있으며 나눠 가질수록 더욱 커지는 특징을 갖는다. 이러한 의미에서의 공동선, 즉 선의 공동체적 실현은 지상도성에서는 불가능하겠지만 신의 왕국에서는 완전한 형태로 실현되어, 로마 공화주의가 내세웠으나 실현하지 못한 참된 공동선을 이룩할 수 있을 것이다.

그런데 이러한 아우구스티누스의 생각을 다소 세속적인 의미로 해석해 보면 어떻게 될까? 만약 위에 인용된 문구에서 '선'이라는 단어를 지우고 '빵'을 넣어 보자. 그렇다면 이 문구는 다음과 같은 표현으로 대체될 것이다.

"빵을 소유하는 데 있어서는 동료가 끼어든다거나 존속한다고 해서 조금도 줄어드는 일이 없다. 오히려 빵을 소유하는 것은, 동료들의 개별적 사랑이 서로 화합하여 함께 소유할수록 더욱 널리 소유하기에 이른다. 그것을 공동으로 소유하기 싫어하는 자는 결코 빵을 소유하지 못할 것이다. 빵의 소유에서는 동료를 더 널리 사랑할수록 그만큼 그 소유가 넓어지는 것을 발견할 것이다."

신약성서는 이미 이처럼 빵을 공동으로 나누면 나눌수록 그것이 더욱 커지고 그리하여 모든 사람들이 배부르게 먹었다는 이야기를 전하고 있다. 오병이어五餠二漁의 기적이 그것이다. 복음사가들은 공통적으로, 예수의 가르침을 들으러 온 군중들이 배가 고파지자 그 가운데 한 아이가 내놓은 보잘 것 없는 보리떡 다섯 개와 물고기 두 마리로 모든 사람들이 배불리 먹었다고 증언한다.

이 기적은 그리스도교 전통이 공동선을 어떻게 이해하고 있는가를 단적으로 보여준다. 나눌수록 커지는 사랑처럼, 인간의 양식 역시 나눌수록 커지고 모두를 배부르게 만들 것이다. 물론 그것은 기적이다. 그러나 그러한 기적이 발전된 생산력 속에서는 물질적 토대를 가질 수 있다고 믿은 사람도 있다. 칼 맑스가 그러했다. 우리는 앞선 인용문에 등장하는 '선'이란 단어를 이번에는 '부'로 바꿔 보기로 하자. 그렇다면 우리는 기독교 사상의 교부 아우구스티누스의 문구에서 유물론자 맑스의 얼굴이 은밀하게 비춰지는 것을 확인할 수 있을 것이다. 그리고 선을 의미하는 라틴어 bonum이 부와 재화를 동시에 의미한다는 점에서 이러한 해석은 근거가 아예 없는 것만은 아닐 것이다.

"부를 소유하는 데 있어서는 동료가 끼어든다거나 존속한다고 해서 조금도 줄어드는 일이 없다. 오히려 부를 소유하는 것은, 동료들의 개별적 사랑이 서로 화합하여 함께 소유할수록 더욱 널리 소유하기에 이른다. 그것을 공동으로 소유하기 싫어하는 자는 결코 부를 소유하지 못할 것이다. 부의 소유에서는 동료를 더 널리 사랑할수록 그만큼 그 소유가 넓어지는 것을 발견할 것이다."

아마도 맑스 자신은 자신의 공동 소유 개념을 이처럼 기독교적 전통과 연결시키려는 시도에 격한 거부감을 보일 테지만, 이처럼 공동선에 대한 기독교적 사상 전통이 '각자의 자유로운 발전이 만인의 자유로운 발전의 필요조건이 되는 연합체'를 지향했던 맑스주의적 코뮨주의에 일정한 영향을 미쳤다는 사실을 완전히 부정하기는 어렵다. 우리는 다시 이 주제로 돌아올 것이며, 아우구스티누스의 세속국가와 사유재산에 대한 비판이 갖는 세속적 의미를 추적해 볼 것이다. 우선 지금은 신의 왕국에서 실현된 궁극적이고 보편적인 선에 대한 아우구스티누스의 생각으로 돌아오기로 하자.

4) 종말과 구원

지상도성에서 자행되는 폭력과 억압, 학살, 갈등과 반목, 적대는 다수의 사람들에게 크나큰 고통을 자아낼 것이 분명하다. 이러한 현세의 비참함, 즉 고통, 가난, 죽음 등은 오로지 내세의 구원의 희망을 가지고 살아야만 행복의 요소로 인식될 수 있다. "지금 누리는 이 현실은 미래에 대한 희망이 없으면 거짓 행복일 뿐 아니라 크나큰 비참일 따름이다."[29] 역사의 종말이 곧 구원인 이유는 그것이 최후의 심판을 동반할 것이기 때문이다.

> "참 하느님의 교회 전체는 그리스도가 산 이와 죽은 이를 심판하러 하늘로부터 오리라는 것을 고백하고 선서하며 고수한다. 그날을 우리는 하느님 최후심판의 날, 다시 말해 마지막 때라고 일컫는다."[30]

> "우리가 하느님의 심판의 날에 당도하면, 그때를 이미 각별한 의미에

---

29 같은 책, 2217쪽.

30 같은 책, 2255쪽.

서 '심판의 날'이라고 일컫고 때로는 '주님의 날'이라고도 부른 그날이 오면, 그때는 모든 것이 확연하게 심판을 받을 뿐 아니라 또한 태초부터 현재까지 심판받은 모든 것, 그 당시까지 아직 심판받아야 할 모든 것이 극히 정의롭게 처리되었음이 드러날 것이다."[31]

이 심판은 산 자와 죽은 자를 구분할 것이며, 지상도성이 세속적 역사의 진행 속에 수행한 모든 종류의 악에 대한 심판이 될 것이다. 그것은 미완의 정의가 비로소 실현되는 순간일 것이다. 불행과 고통 속에 신음했던 그리스도의 선한 신자들은 살아남아 이제 영원한 행복을 누릴 것이다. 따라서 이 마지막 날, 최후의 날이 도래할 것이라는 믿음은 현재 벌어지고 있는 불의와 고통을 이겨낼 수 있는 유일한 희망이다. 유한한 세계, 사멸이 예정되어 있던 세계가 소멸하리라는 믿음, 그리고 영원한 신의 왕국이 도래할 것이라는 믿음이 역사를 이해하는 기독교적 사고방식의 근본 축을 이룬다. 역사의 최종목적이 곧 세계의 종말이라는 사고방식은 그러한 종말을 예언한 요한 묵시록(계시록)의 구체적 증언들 속에서 생명력을 얻는다.

"그때에 나는 어좌에서 울려오는 큰 목소리를 들었습니다. '보라, 이제 하느님의 거처는 사람들 가운데에 있다. 하느님께서 사람들과 함께 거처하시고 그들은 하느님의 백성이 될 것이다. 하느님 친히 그들의

---

31 같은 책, 2261쪽.

하느님으로서 그들과 함께 계시고 그들의 눈에서 모든 눈물을 닦아 주실 것이다. 다시는 죽음이 없고 다시는 슬픔도 울부짖음도 괴로움도 없을 것이다. 이전 것들이 사라져버렸기 때문이다.' 그리고 어좌에 앉아 계신 분께서 말씀하셨습니다. '보라, 내가 모든 것을 새롭게 만든다.'"(묵시 21:3-5)

'새 예루살렘'이라는 이름의 천상도성이 도래한 후에 '다시는 죽음이 없고 다시는 슬픔도 울부짖음도 괴로움도 없는' 영원한 행복과 구원이 찾아올 것이라는 「묵시록」의 증언들은 많은 사람들에게 현재의 비극과 고통이 사라진 이후의 세계에 관한 다양한 상상력을 자극했다. 그러한 상상력은 때로는 정치화되어 폭발적인 방식의 저항운동으로 표현되기도 했다. 「묵시록」 20장에서 다뤄지는 천년왕국이 지상에 실현될 것으로 믿는 '천년왕국설'이 대표적이다. 그에 따르면 하늘에서 내려온 천사가 악마를 붙잡아 천 년 동안 결박하는 데 성공한다. 이때 박해받은 자들, 믿음 때문에 목이 잘린 사람들이 되살아나 그리스도와 함께 천 년간 통치할 것이다. 이러한 천년왕국설은 다양한 형태의 종교적 유토피아주의 정치운동에 상상력을 제공했고, 토마스 뮌처와 재세례파가 이끈 농민 반란은 그 대표적인 사례를 보여준다.

아우구스티누스는 「묵시록」에 기록된 천년왕국에 관한 예언이 이러한 방식의 세속적 정치적 해방운동의 기폭제가 될 것이라는 사실을 짐작했을지도 모른다. 그러한 우려에서였는지 그는 천년왕국의 예언을 문자 그대로 받아들여서는 안 된다고 잘라 말한다. 특히 지상에서 문자 그대로 '천 년'간 그리스도와 박해받은 사람들이 함께 통치할 것이라는 믿음을 그는 부정한다. 그는 오히려 이 천년왕국을 기독교 교회라는 제도적 틀로 설명한다. 즉 지상에서 이루어질 그리스도의 통치는 세속적인 정치적 해방의 형태로 나타나는 것이 아니라 교회의 번성이라는 형태로 나타날 것이며, 그 기간 역시 문자 그대로 천 년을 의미하는 것은 아닐 것이다. 따라서 그는 천년왕국을 이미 존재하는 기독교 교회와 연속성을 갖는 것으로, 궁극적으로 모든 이교도들의 소멸과 기독교의 전 지구적 승리, 기독교의 번성과 군림으로 묘사한다. "지금도 교회는 그리스도의 나라이며 하늘나라이다. 그러므로 지금도 그리스도의 성도들이 그분과 더불어 군림하고 있다. 다만 저때에 군림할 양상과는 다르게 군림한다."[32]

그렇다면 이 천년왕국의 시기가 지난 이후에는 어떤 일이 펼쳐지는가? 그는 (「다니엘서」에 따라) 3년 6개월간 최후의 박해, 전 세계에서 천상도성이 지상도성으로부터 박해를 당할 것이라고 예견한다. 이때 교회는 진지를 이루어 이 대대적인 최후의 박해에서 포기하지 않고 견뎌야만 한다. 그런 뒤에 이 최후의 박해에 대한 신의 심판이 시작될 것이다. "심판이 완료된 다음이라야 하늘과 땅은 존재하기를 그치고, 그때는 새 하늘 새 땅이 존재하기 시작하리라."[33]

---

32   같은 책, 2303쪽.

33   같은 책, 2323쪽.

심판이 마무리되면 현존하는 세계의 소멸과 종말이 찾아올 것이다. 그리고 새로운 영원한 세계가 도래할 것이다.

> 하느님은 그들에게 지성을 주었고, 당신을 관조할 수 있고 당신을 수용하는 능력을 갖는 존재로 세웠으며, 그들을 한 사회로 결집시켰다. 그 사회를 일컬어 우리는 거룩한 도성, 드높은 도성이라고 부르는데, 거기서 영들이 존속하고 행복해지도록 하느님이 몸소 그들에게 생명이 되고 공통된 음식이 된다."[34]

이처럼 새로운 영원한 세계, 거룩한 천상도성은 하나의 '사회'로 묘사된다. 그 사회를 지배하는 원리인 '최고선'은 모두에게 정의로운 분배가 이루어지는 공동선을 의미하며, 이는 구체적으로 신 자신이 그의 백성을 위한 '공통된 음식'이 된다는 것을 뜻한다. 이러한 아우구스티누스의 묘사에는 공동선이란 공통의 이익('공통의 음식')을 의미한다는 공화주의적 사고의 영향이 남아 있다.[35] 즉 공통의 음식인 빵을 나눠 먹는 공동체야말로 최상의 선인 공동선을 실현하는 국가라고 할 수 있다. 그러한 국가civitas는 지상에서는 실현 불가능하며, 오로지 신의 도성civitas Dei에서만 실현 가능하다. 왜냐하면 그곳에서는 신 스스로가 자신을 양식으로서 백성들에게 내

---

34 같은 책, 2561쪽.

35 실제로 그는 키케로 이래 로마 공화국의 원리로 선언된 'res publica, res populi', 즉 '공공의 것이 곧 인민의 것'이라는 사고를 수용한다. 다만 그러한 원리가 지상도성인 로마에서는 실현될 수 없다고 보았다. 진정한 공화국의 원리, 모든 인민이 공공의 몫을 갖는다는 원리는 신이라는 최종적 보증인이 없이는 실현될 수 없다.

어줄 것이기 때문이다. 신이 우리에게 내어줄 영적인 양식, 정신적인 빵만이 물질적인 것이 갖추지 못한 영원한 풍요를 보장해 줄 것이다. 따라서 그러한 사회, 신의 도성에서는 그 누구도 풍요를 얻기 위해 고된 노동을 할 필요가 없다. 노동이 종말을 맞이하는 사회, 모두가 (신이 세계를 창조한 뒤에 쉬었던 것처럼) 최후의 안식(휴식)을 누릴 수 있는 사회, 그 안에서의 끝이 없는, 곧 영원한 사랑과 평화가 도래할 것이다.

"그때 우리는 쉬면서 보리라. 보면서 사랑하리라. 사랑하면서 찬미하리라. 끝 없는 끝에 이루어질 것이 바로 이렇다! 우리의 끝이란 끝이 결코 없는 나라에 도달하는 것이 아니고 또 무엇이겠는가?"[36]

---

36 같은 책, 2731쪽.

5) 아우구스티누스의 공백

지금까지 우리가 본 것처럼 아우구스티누스는 매우 일관된 방식으로 역사 속에 존재하는 신을 증명하려 노력했으며, 역사에서 드러나는 신의 섭리를 표현하고자 했다. 그리고 그는 궁극적인 역사의 종말을 구원과 일치시켰고, 오늘날의 고통받는 사람들은 이 최종적 구원을 기다리면서 그 안에서 내면의 평화를 추구해야 한다고 보았다. 여기서 우리가 던질 수 있는 질문은 어째서 구원이라는 '메시아적 사건'은 반드시 역사의 '외부'에서만 발생하는가 하는 것이다.

아우구스티누스는 세속국가와 역사의 전개 과정 속에서 인간이 겪는 불의와 고통을 강조하는 데 심혈을 기울인 최초의 신학자이자 철학자라 할 수 있다. 그러나 동시에 그는 이러한 고통이 세속적인 방식으로는 극복될 수 없다는 것을 강조한다는 점에서 근본적으로 회의론적이다.[37] 그는 궁극적인 역사의 종말 '이후의' 구원 과정에 관한 믿음을 강조하지만, 어떻게 고통과 억압으로부터의 '해

---

37 Christoph Horn, *Ausgustimus, De civitate Dei*, in: Brocker, Mandred (Hg.): *Geschichte des politischen Denkens*, Frankfur/M, 2007, p. 76.

방'이 이뤄질 수 있는가에 관해서는 무관심하다. 즉 그는 (초월적인) 구원과 (세속적인) 해방이라는 두 축 중에서 오로지 전자만을 가능하고 바람직한 것으로 보았다. 왜냐하면 지상도성이 근본적으로 악한 것이라면, 그 안에서는 아무런 근본적인 해방도 기대할 수 없을 것이기 때문이다.

그리하여 아우구스티누스가 체계화한 기독교 종말론 역사신학은 역사 속에서 전개되는 불의와 억압, 폭력 그리고 그에 따른 인간적 고통으로부터 벗어나야 한다고 주장함으로써 현세의 고통받는 사람들, 억눌린 자들을 '위로'하지만, 그들의 구원이라는 사건을 역사의 '종말' 이후로, 즉 '먼 미래에' 벌어질 그리스도의 재림 이후로 미룸으로써, 현재 벌어지고 있는 고통으로부터 '지금 여기'에서는 벗어날 수 없다고 못박는다. 이것은 '신의 섭리'의 관점에서 그가 전개한 변신론적 역사 이해의 필연적 귀결이다. 그에 따르면 역사속에 존재하는 모든 부정성은 신의 긍정적 현존을 증명하기 위한 불가피한 과정일 뿐이다. 그렇다면 현세적 역사 속에서 고통과 억압에서 벗어나기 위해 수행되는 모든 노력들은 바벨의 후예인 지상도성에서 선을 추구하는 무의미한 행위들이며, 아무런 결실도 맺지 못하는 시시포스의 노동에 불과한 것이 되어버린다.

따라서 역사 속에 현존하는 현세적인 부정성(폭력과 억압, 빈곤)의 극복이라는 문제에 관해 아우구스티누스가 제시하는 답은 구원과 세속적인 해방의 이념을 분리시키며, 이는 지배적 질서의 억압과 폭력으로부터의 세속적인 해방을 목표로 하는 사람들에게는 실망감을 안겨줄 수 있는 일이었다. 그는 내세의 구원 가능성과 역사의 종말에 대한 낙관적 확신을 주장하지만, 이는 동시에 인간이 겪는 고통의 정치적, 역사적 방식의 극복이 근본적으로는 불가능하다는 확신이기도 한 것이다. 이 이중적 축이 남기는 공백이 그의 이론에 따라붙는 것은 따라서 필연적인 것이었다.

20세기에 등장한 해방신학은 이 공백에 대한 답을 제시하려는 시도였다. 특히 해방신학의 창시자로 일컬어지는 구스타보 구티에레즈Gustavo Gutiérrez 신부는 교부 아우구스티누스에 의해 체계적 사유로 자리 잡은 전통적인 기독교 종말론 역사철학을 해방신학적 관점에서 변형한다.

"인간 역사가 무엇보다도 미래를 향한 하나의 개방일진대, 신학의 사명도 인간이 주님과 다른 인간들과 완전히 결정적으로 만나도록 배려하는 데에 있다. 역사가 제시하는 이 초월적 의미를 향하여 인간이 방향을 정하고 자기를 개방하도록 정치적 배려를 하는 것이 신학의 사명이다."[38]

역사 속에 계시되는 신의 섭리와 그에 따른 인간의 소명은 단순히 미래의 구원을 예비하는 것, 그러한 미래를 기다리면서 현재의

---

38 구스타보 구티에레즈, 『해방신학: 역사와 정치와 구원』, 성염 옮김, 분도출판사, 2000, 26쪽.

고통을 참아내는 것과는 무관하다. "세계의 변형"[39]이야말로 신의 섭리이자, 인간의 소명이다. 이러한 관점 하에서, 이제 구원이라는 신의 섭리가 인간의 해방이라는 역사적 과정과 어떤 연관성을 갖는가 하는 것이 신학의 핵심적 물음으로 등장한다. 이것이 해방신학이 출현한 배경이다. 다시 말해, 해방신학이란 해방의 역사적 과정과 구원의 섭리 사이의 관계에 관한 탐구이다. "해방신학을 논한다는 것은 인간의 해방이라는 역사적 과정과 인간의 구원 사이에 무슨 함수관계가 있느냐는 물음에 해답을 모색하는 것이다."[40]

이러한 관점에서 구티에레즈는 기독교의 종말론적 역사관과 맑스의 역사적 유물론 사이의 결합이 가능하다고 본다.

맑스주의 사관에서 역사를 보는 인사들과 접촉하는 가운데 그리스도교의 종말론적 가치들을 재발견할 수 있었다. 종말론적 가치는 역사적 성취가 어디까지나 잠정적임을 강조할 뿐 아니라, 역사는 모든 인간이 하느님과 이루는 완전한 종교를 향하여 열려 있고 또 그리로 진행되고 있음을 깨우쳐 준다."[41]

기독교인들에게 가장 중요한 사건은 신의 세계 창조일 것이다. 이때 구약성서의 사가는 창조라는 단어를 표현하기 위해 bara라는

---

39 같은 책, 같은 쪽.

40 같은 책, 60쪽.

41 같은 책, 152쪽.

히브리어를 사용한다. 그런데 이 단어는 신이 이집트에서 이스라엘을 해방한 것과 동일한 행위를 의미하고, 실제로 이러한 행위들에서도 창조를 의미하는 히브리어 bara가 사용된다. 이러한 의미에서 구티에레즈는 기독교 신학 내에서 (이집트를 비롯한) 압제로부터의 '해방'이란 신의 '창조'에 필적하는 사건으로 인식되어야 한다고 본다. 이집트로부터의 탈출과 이스라엘의 해방과 같은 혁명적, 정치적 사건은 혼돈 속의 창조와 동일한 힘을 표현하는 것이다. 해방신학에서 이 힘은 이집트로부터의 탈출 이후 새로운 사회를 창출해야 할, 그리고 그 가운데 스스로 새로운 존재로 거듭나야 할 인간의 (창조적) 역할이라는 의미로 세속화된다. 즉 성서는 이미 사회변혁, 인간적 사회의 건설, 인간 자신의 변화를 동일한 의미로 기록하고 있다. 그것은 해방 과정이면서 동시에 구원 과정이다.

따라서 기독교의 역사적 종말론은 영성적 구원만을 의미하는 것이 아니라 해방과 연관된 역사적 구원 과정 전체를 포괄해야 한다. "그리스도는 종말론적 약속을 '영성화'하지 않으신다. 그리스도는 종말론적 약속들에 의미를 부여하고 오늘이라는 시점에서 실현시키신다."[42] 예컨대 「루카 복음서」에는 이러한 구절이 등장한다. "예수님께서 그들에게 말씀하기 시작하셨다. '오늘 이 성서 말씀이 너희가 듣는 가운데에서 이루어졌다.'"(루카 4:21) 성서의 예언은 '너희가 듣는 가운데', 곧 인간들이 살아가는 세속적인 세계의 일상 속에서, 역사적 과정 속에서 구원과 해방의 마주침 속에서 실현되어

---

42 같은 책, 192쪽.

야 한다. 따라서 종말론은 미래에 대한 기다림이라는 의미로 현재의 의미를 축소하는 것과 분명히 구분된다.

"종말사상이 현재 생활의 가치를 격하시키는 일은 없다. [⋯⋯] 종말의 '현재성'이란, 여기서 역사 내의 실재를 가리키는 말이다. 따라서 은총과 죄의 기묘한 투쟁, 하느님 나라의 도래, 재림parousia에 대한 기대 등도 필연적이고 역사적이고 현재적이고 지상적인 실재, 사회적이고 물질적인 실재가 아닐 수 없다."[43]

이런 의미에서 "하느님 나라와 사회적 불의는 공존할 수 없다."[44] 불의에서 벗어나고 압제에서 해방되는 것은 영적인 구원을 향한 불가피한 과정이다. 여기서 구티에레즈는 해방의 세 심급을 제시한다. 그것은 1) 정치적 해방 2) 역사를 통해 달성되는 인간의 해방 3) 죄로부터의 해방과 하느님과의 친교의 개시를 의미한다. 이러한 해방의 과정은 성서에서 언급되는 '파스카 축제'[45]와 같은 것이 될 것이다. 그러한 축제는 "그리스도를 역사의 주요, 압제받는 이의 해방자로 고백하는 그리스도교 공동체의 축제"[46]로서, 「루카 복음

---

43 같은 책, 193쪽.

44 같은 책, 194쪽.

45 노예생활에서 벗어났음을 기리는 유대인들의 축제를 의미한다. 기독교에서는 그리스도의 수난, 죽음, 부활을 기념하는 '파스카 성삼일'이라는 의미로 변화가 일어난다. 즉 유대인들은 파스카 기간에 양을 잡아 희생제의를 드리고 그 고기를 함께 먹으며 축제를 지냈는데, 기독교에서는 그리스도가 이 파스카 희생양의 역할을 대신하여 희생됨으로써 우리를 구원으로 이끈다고 본다.

46 같은 책, 237쪽.

서」가 전하는 성모찬가Magnificat에 등장하듯, "통치자들을 왕좌에서 끌어내리시고 비천한 이들을 들어 높이셨으며 굶주린 이들을 좋은 것으로 배불리시고 부유한 자들을 빈손으로"(루카 1:52-53) 내치는 신의 권능을 확인하는 순간이 될 것이다. 이처럼 구티에레즈의 해방신학은 기독교의 종말론적 구원의 역사관과 역사적 과정 속에서 이뤄질 해방이라는 이념을 결합시키며, 억압받는 사람들을 해방의 역사적 주체로 규정한다.

> "역사의 미래는 가난한 사람들과 착취당하는 사람들의 것이 될 것이다. 참다운 해방은 압제받는 사람들 스스로가 이루는 업적이 될 것이다. 주님은 그들 안에서 역사를 구원하실 것이다. 해방의 영성은 아나빔anawim(야훼의 가난한 이들)의 영성을 기반으로 살게 될 것이다."[47]

우리는 이러한 억압받는 사람들, 즉 아나빔의 관점에서 역사를 바라보면서 해방의 과정과 구원을 일치시키고자 했던 사유를 20세기의 발터 벤야민에게서 다시 발견하게 될 것이다. 그러나 그전에 우리는 목적을 향한 역사의 진행과 그 안에서 드러나는 신의 섭리라는 아우구스티누스의 사고방식이 근대인들의 역사에 관한 사유에 어떠한 영향을 미쳤는가를 확인해 보고자 한다. 그 가운데 우리는 아우구스티누스에게 발견되는 공백(구원과 해방의 분리)이 먼 훗날, '미래'를 향한 진보의 관점에서 '현재'의 부정성을 정당화하

---

47 같은 책, 238쪽.

는 방식의 옹호론으로 귀결될 여지를 남겼음을 발견할 것이다. 서구 근대 역사철학에 남아 있는 '아우구스티누스의 공백'을 살펴보는 것은 따라서 신학에서 드러난 그러한 공백이 세속화된 형식으로 재생산되는 이유를 이해하기 위한 필수적 과정이라 할 수 있다. 아나빔의 관점에서, 고통받고 억압받는 사람의 관점에서 이 공백을 재전유하는 사유가 출현하기 위해서는 이러한 공백의 극복이 필요하다. 유물론적 해방의 서사는 그러한 공백을 극복하기 위한 시도들이었다.

　근대라는 시간 속에서 펼쳐진 이러한 논의로 우리의 시선을 이동하기 전에, 먼저 아우구스티누스에게서 확인된 공동선에 관한 기독교적 사유 전통과 중세의 역사적 전개 과정 속에서 드러난 종교적인 혁신운동이 19세기의 코뮨주의 사상에 어떤 영향을 주었는가를 밝혀 보고자 한다. 이러한 논의는 기독교적 사유가 구원과 해방에 관한 서구적 사유에 남긴 흔적들의 복잡성을 이해하기 위한 출발점이 될 것이다. 즉 아우구스티누스가 체계화한 기독교적 역사관은 현세에서 인간이 겪는 고통에서 출발하며, 공동선의 실현을 구원된 세계의 구체적 내용으로 이해한다는 점에서 19세기 이후 유물론적인 해방서사의 출현에 영향을 주었으나, 그것이 미래에 다가올 역사의 종말과 구원을 강조한 나머지 현재의 불의를 극복하기 위한 세속적인 해방 과정에 무관심했다는 이중성을 지니고 있다. 이 책은 이러한 이중성의 구체적 양상을 규명하고자 하며, 이러한 이중성의 규명을 통해서라야 비로소 20세기의 사상가 벤야민이 어째서 맑스로부터 물려받은 유물론적 해방서사를 신학의 언어를 빌려서 완성하고자 했는가를 이해할 수 있다고 주장하려 한다.

[보론1] 코뮨주의와 공동선 이념의 세속화

여기서 제시할 나의 테제는 현대 코뮨주의(공산주의) 사상이 기독교적 '공동선' 이념의 세속화를 통해 형성되었다는 것이다. 물론 이러한 주장은 매우 조심스럽게 전개되어야 할 것이다. 그것은 기독교적 구원의 이념과 코뮨주의가 지향하는 사회의 형태가 일치하는 것이라는 (기독교적 사회주의에서 흔히 주장되는) 설명과 동일한 것이 아니다. 오히려 여기서 의도하는 바는 서구의 근대적 이념들이 신학의 세속화 과정에서 형성되었다는 사실을 뒷받침하는 것에 있다. 코뮨주의 사상 역시 '공동선'이라는 신학적 이념의 세속화된 사용 방식과 관련이 있다. 이러한 설명은 뒤에서 언급될 '현대 정치 속에서의 세속화의 과제'라는 문제를 사유하기 위한 예비적 고찰로 제시될 수 있을 것이다.

코뮨주의 사상의 핵심을 이루는 것 중 하나는 사유재산의 폐해를 극복하는 대안적 공동체 또는 사회적 관계(코뮨)를 이루어야 한다는 것이다. 여기에는 물론 다양한 버전들이 존재하며, 이들은 상호 대립하기도 한다. 19세기에만 해도 오웬, 푸리에 그리고 생시몽의 유토피아 사회주의에서부터 프루동, 맑스, 바쿠닌 등 서로 불일치를 이루는 다양한 코뮨주의 경향들이 서로 경쟁 관계를 이루며 공존했다. 이중에는 직접적으로 기독교적 전통을 따르는 조류도 있었지만, 유대교의 영향을 받은 경향(모제스 헤스), 유물론적인 혁명적 코뮨주의(맑스, 바쿠닌) 등 다양한 입장들이 존재한다. 여기서 필자가 드러내고자 하는 것은 다양한 차이와 경쟁 관계에도 불구하고 근현대 코뮨주의 사상의 발전의 기저에는 기독교 공동선 이념을 세속화하는 흔적들이 발견된다는 사실이다.

기독교적 공동선의 원리는 예컨대 다음과 같은 바울의 서신에서 드러난다. "활동은 여러 가지지만 모든 사람 안에서 모든 활동을 일으키시는 분은 같은 하느님이십니다. 하느님께서 각 사람에게 공동선을 위하여 성령을 드러내 보여주십니다."(1코린 12:6-7) 신약성서에 대한 마르틴 루터의 최초 독어 번역에서는 이 문구를 이렇게 옮겨놓았다.

"Und es sind mancherlei Kräfte, aber es ist ein Gott, der da wirket alles in allen. In einem jeglichen erzeigen sich die Gaben des Geistes zum gemeinen Nutzen[여러 가지의 힘들이 존재한다. 그러나 모든 힘들 안에서 모든 것을 작동하는 것은 하나의 하느님이다. 성령의 은사는 각자에게 공통의 유용함(공동선)을 위해 모습을 드러낸다]."[48]

---

48 Evangelische Kirche in Deutschland (Hrsg.): *Die Bibel. Nach Martin Luthers Übersetzung*, Deutsche Bibelgesellschaft, Stuttgart, 2016, 1. Kor. 12:6-7.

여기서 드러나는 것은 다양성으로서 존재하는 힘들의 '공통의 원인'으로서 하나의 신이 존재한다는 사실이며, 마찬가지로 다양한 모습의 인간들을 결합하는 것은 하나의 공동선이자 공통의 유용성이라는 것이다. 이와 비슷한 생각을 「로마 신자들에게 보낸 서간」에서도 찾을 수 있는데, 여기서 바울은 다음과 같이 적는다. "하느님을 사랑하는 이들, 그분의 계획에 따라 부르심을 받은 이들에게는 모든 것이 함께 작용하여 선을 이룬다는 것을 우리는 압니다."(로마 8:28)

여러 가지 면에서 이 구절들은 존재론적이고 정치적인 관점에서 흥미로운 주제들을 제시해 준다. 바울에게 공동선이란 인간들의 다양한 힘들의 작용이 함께 이루는 공통성으로 드러나며, 이러한 공통성이 가능한 이유는 그들 각각이 자신의 공통의 원인이 되는 하나의 힘에 기반을 두고 있기 때문이다. 알랭 바디우는 이러한 근거에서 사도 바울에게서 지배적 보편성(화폐와 법의 지배)과 특수주의적 파편화(유대 민족주의)에 모두 반대하는 "보편적 개별성"이 발견된다고 말한다.[49] 이처럼 바울의 공동선 개념은 다양성을 (획일화하지 않는 방식으로) 결합하는 공통의 질서와 그에 준거한 공동체의 이념을 나타내고 있다.

우리가 여기서 한발 더 나아가 규명해야 할 것은 공동선 이념이 지니고 있는 여러 해석의 가능성이다. 공동선(라틴어로 bonum commune)이란 한편으로 하나의 공동체에서 통용되는 공통의 도덕

---

49 알랭 바디우, 『사도 바울: 제국에 맞서는 보편주의 윤리를 찾아서』, 현성환 옮김, 새물결, 2008, 32쪽.

적 가치로서 공통의 선common good을 의미하기도 한다. 반면 정치적 관점에서 이 단어는 영어로 대개 공통의 이익을 의미하는 커먼웰스commonwealth로 번역된다. 커먼웰스는 물론 홉스의 사회계약론 전통 이후 국가 또는 정치공동체라는 고정된 의미를 갖는다. 앞서 살펴봤듯이 이러한 이중의 의미 전개가 이뤄지는 것은 고대 희랍어(agathon), 라틴어(bonum), 현대 영어(good), 불어(bon), 독일어(gut) 등 서구권 언어가 대부분 도덕적인 선善과 물질적인 이익 내지 유용성을 한 단어로 표현하고 있기 때문이다.

이러한 맥락에서 서구의 전통 속에서 공동선은 공동체의 공통된 정신적 가치의 원리를 지칭하기도 하지만, 그것이 구현된 보편적 정치공동체를 의미하기도 한다. 아우구스티누스가 말한 신의 도성 civitas Dei 역시 그 안에서 공동선의 나눔이 이뤄질 수 있는 이유는 다양한 힘의 공통의 원인으로서 신의 (비물질적) 현존에 있지만, 동시에 이를 통해 구현되는 도성(국가)의 형태는 그 안에 살고 있는 사람들, 즉 그리스도를 따르는 백성들의 정치적 공동체를 의미한다. 그들은 나눌수록 커지는 신의 사랑을 양식으로 나눔의 공동체를 형성한다.

하나의 정치공동체가 이처럼 공통의 양식을 '나눠 먹는' 자들의 것이라는 생각은 공동선 이념이 지닌 본질적 특징 중 하나였다. '함께 빵을 나눠 먹는 자'들이 하나의 공동체의 구성원을 이룬다. 따라서 하나의 공동체가 갖는 '공통의 선'에 대한 관념은 그들이 이루는 '공통의 물질적 이익(양식)'과 직접적으로 연결된다. 그리스도인들에게 그리스도란 우리 모두의 선善이자 빵을 모두 나타내며, 아우구스티누스는 그리스도가 스스로 파스카 축제의 희생양이 되어 우리 모두를 위한 공통의 음식이 되었다는 사실을 기초로 신의 도성에서 이루어질 나눔의 원리를 설명한다.

이러한 빵을 나눠 먹는 자들 사이의 정치적 공동체라는 사고방식은 현대에도 남아 있으며, 우리는 정치적 혁명가들이 서로를 호칭할 때 사용하는 '동지同志'라는 말에서 이러한 흔적을 감지할 수 있다. 동지라는 표현에 해당하는 영어 단어 comrade는 스페인 단어 camarada에서 유래했는데, 이 단어는 한 방(라틴어 camera)에서 함께 먹고 마시는 사람이라는 의미였다. 이와 유사한 맥락에서 동지를 의미하는 단어로는 영어 companion이 있는데, 이 단어는 라틴어에서 유래한 유사한 어간을 가진 불어(compagnon), 스페인어(compañero), 이탈리아어(compàgno)와 마찬가지로, 빵[pain(불), pan(스), pane(이)]을 나눠 먹는 자라는 의미에서 출발했다. 이들과 달리 독일어에서는 '동지'라는 단어에 라틴어 어원을 갖지 않는다. 그러나 그에 해당하는 독어 단어 Genosse 역시 'genießen'이라는 단어를 어간으로 갖는데, 이 단어는 '즐기다, 향유하다'라는 뜻이다. 즉 독일어에서도 동지란 함께 향유하는 자, 함께 먹고 마시는 사람을 말한다. 이처럼 정치적 '동지'를 의미하는 대부분의 현대어들은 '함께 빵을 나눠 먹는 자들'이라는 의미에서 파생되었다.

이러한 언어적 파생은 그리스도의 최후의 만찬을 기리는 기독교 성찬의 전례와 밀접한 연관성을 보여준다. 예수의 열두 제자들 역시 그리스도가 나누어 준 빵을 함께 먹은 자들이었다. 최후의 만찬에서 그리스도는 빵을 나눠 주며 이를 자신의 몸으로 부르고, 포도주를 나눠 주며 이를 자신의 피라고 부르는데, 빵과 포도주의 형태로 그리스도의 신성을 영접한 자들만이 영원한 생명을 나눌 수 있다는 가르침을 함께 전한다. 이와 같이 양식의 나눔과 종교적 신성이 결합된다는 메시지는 이미 오병이어의 기적에서도 확인할 수 있었는데, 한 아이가 꺼낸 빵 두 개와 생선 다섯 마리로 광야의 군중들을 배불리 먹인 기적은 물질적 양식의 희소성에도 불구하고 그것을 나누어 가질 때 모두가 풍요를 누리는 공동체가 만들어질 것이라는 사실을 시사한다.

기독교 전통은 이렇듯 공통의 정신적 가치뿐 아니라 물질적 재화의 공동 분배 역시 공동선의 원리로서 강조해 왔다. 「사도행전」에서는 초기 기독교 신자 공동체에서 "신자들은 모두 함께 지내며 모든 것을 공동으로 소유하였다. 그리고 재산과 재물을 팔아 모든 사람에게 저마다 필요한 대로 나누어 주곤 하였다"고 기록하고 있다(사도 2:44-45). 그들은 현대적 언어 용법 그대로 동지[comrade(한 방에서 함께 거주하는 자), companion(함께 빵을 나눠먹는 자)]들이었던 셈이다.

중세 기독교 스콜라 철학을 집대성한 토마스 아퀴나스Thomas Aquinas 역시 공동선의 원리를 아리스토텔레스의 철학과 접목하여, 인간의 공동생활과 노동의 정의로운 분배를 강조한다. 그는 "인간은 정치적 동물"이라는 아리스토텔레스의 생각을 이어받아, 인간의 본성 규정을 '사회성Socialitas'과 연결시킨다. 따라서 공동선

은 인간의 본성에 부합하는 것이다. 정당한 통치자는 이처럼 공동
선을 실현함으로써 인간의 본성에 부합하는 공통의 이익을 도모한
다. 여기서 아퀴나스는 아우구스티누스와 달리 공동선을 영적인
의미로만 이해하지 않고, 물질적인 욕구의 만족을 강조한다. 인간
이 물질적 재화의 결여 때문에 서로 싸우지 않아야만 행복을 누릴
수 있기 때문에, 국가의 내적 평화는 정당한 통치의 가장 중요한 목
적이며, 물질적 궁핍의 극복은 이를 달성하기 위한 첫째 조건이다.[50]
이처럼 토마스 아퀴나스에게서 공동선이란 모두에게 유용한 공통
의 이익을 의미했으며, 노동의 분업은 인간의 사회성과 물질적 부
의 공정한 분배를 위한 수단으로 생각되었다. 그에게 이와 같은 공
동선의 실현은 개인적 덕의 실현을 통한 자기실현을 가능하게 해
줄 보편적인 공동체의 덕을 뜻했다.[51]

　반면 우리는 역사적으로 그리스도교 교회가 이러한 초기 교회
공동체의 이념에서 벗어나 부패했고 타락했다는 사실을 잘 알고
있다. 사회 전체를 지적, 이데올로기적으로뿐만 아니라 심지어 물
질적으로도 지배했던 중세 가톨릭교회의 권위주의와 부패는 10세
기 클뤼니 수도원을 필두로 하여 교회의 혁신을 추구하는 수도원
운동과 직면한다. 13세기 아시시의 성 프란체스코와 그를 따르는
프란체스코 수도회(작은 형제회)는 청렴과 가난, 노동의 신성함을

50　Günther Mensching, *Thomas von Aquin, Über die Herrschaft der Fürsten*, in: Brocker, Manfred(Hg.): *Geschichte des politischen Denkens*, Franhfurt/M, 2007, p. 82-84.

51　이상섭, 「토마스 아퀴나스에게서 개별선, 공동선, 최고선의 관계와 형이상학적 근거」, 『철학연구』, 제130집, 2014, 237-238쪽.

강조하면서 교황청의 부패를 타파해야 한다고 주장했다. 이 때문에 교황 요한 22세는 프란체스코파의 강경파들을 파문하기도 했다. 가장 극단적인 세력은 돌치노파라는 이단 수도사들이었는데, 이들은 심지어 부자들을 공격하고 그 재산을 빈민에게 나누어 주었다. 교황 군대와 군사적으로 대결하던 돌치노는 1307년 패배하고 화형에 처해진다.

수도원 운동은 제도화되고 권력화된 바티칸이 상실해 버린 사도 바울의 공동선 이념을 복원하고자 시도했다. 그 시작점은 성직자들이 청렴한 삶을 살고, 수도원 내에서 자율적, 자족적인 공동체적 삶을 영위하면서 영성을 회복하는 것이었다. 수도원 운동의 교회 개혁 중 가장 중요한 쟁점 중 하나는 교회의 재산 소유와 상속(당시 성직자들 중에는 교회법을 어기고 자녀를 낳은 사람들이 많았다)에 관한 것이었다. 교회가 어디까지 재산을 소유할 수 있는가, 그것이 그리스도의 정신에 부합하는가 하는 신학적 논의가 펼쳐지면서 이러한 논쟁은 다소 정치적 성격마저 갖게 되었다.[52]

공동선의 원리에 따라 교회의 재산 소유와 성직자들의 재산 축적을 비판하면서 청렴과 노동을 강조하는 수도회 운동은 물론 시간이 흐를수록 대부분 공식적으로 인준되면서 교황청에 포섭되었고, 초기에 수도원 운동이 표방했던 교회 비판적 성격은 희미해졌다는 것이 대체적인 역사적 평가다. 그러나 일부 급진주의 성직자들이 교황청과의 화해를 거부하면서 독자적인 수도원 운동을 전개

---

52 예컨대 프란체스코 수도회와 교황 요한 22세 사이의 소유와 사용을 둘러싼 논쟁에 관해서는 조르조 아감벤, 『세속화 예찬』, 119-121쪽 참조.

했는데, 당시 사람들은 이렇게 교회와 성직자의 재산 소유에 대해 비타협적인 비판을 가하면서 자족적으로 운영되던 수도원들을 코뮌commune으로, 이러한 급진적 수도원 운동을 벌인 사람들을 '코뮌주의자communist'라고 부르기 시작한다.[53]

비슷한 시기, 봉건적 지배 형태 역시 자치도시의 등장이라는 역사적 사건으로 균열을 맞는다. 중세 자치도시란 주로 도시 거주민들이 영주들에게 돈을 내고 자치권을 사거나 전쟁을 통해 자치권을 획득하는 형태로 생겨나기 시작했는데, 이들 중에는 독자적인 형태의 도시공동체로 발전되는 경우들이 많았다. 중세에는 가톨릭교회가 직접 영주이기도 했기 때문에 자치도시들은 종종 자치권을 얻기 위해 교회에 대항하는 투쟁에 나서기도 했다.

이들 자치도시들은 내재성immanence의 원리를 가지고 있었다. 즉 그들이 군주제, 과두제, 공화제 등 어떤 정치체제를 가지고 있었는지는 각 도시마다 달랐지만, 공통적으로 도시를 통치할 권력의 정당성은 초월적 신이 아니라 도시 구성원들로부터 유래한다고 보았다.[54] 이들은 이를 통해 교회의 권력을 차단하고 세속적인 도시 구성원들의 합의를 기반으로 이루어진 도시공동체의 조건들을 만들게 된다. 이렇게 형성된 독립적 자치도시의 공동체는 코뮌commune이라고 불리게 되었다. 즉 영적인 삶을 강조하면서 교회 내에서의 개혁을 촉구한 수도원 운동과, 봉건영주와 교회 모두로

---

53 한형식, 『맑스주의 역사 강의』, 그린비, 2010, 13-14쪽.

54 홍용진, 「중세 도시공동체의 이상과 현실」, 『도시인문학연구』 제8권 1호, 2016, 12쪽.

부터 자치권을 획득하기 위해 노력한 자치도시 운동은 상이한 방향의 개혁운동을 전개하지만, 양자는 공통적으로 라틴어 코무니오 communio를 어원으로 두는 코뮌이라는 명칭을 획득한다. 이와 같은 이중적인 코뮌의 전개는 근대 코뮌주의와 어떤 관련이 있을까?

발터 벤야민은 19세기 파리의 파사주 건축양식과 근대 도시인들의 생활양식들을 연구하는 가운데 아주 짧은 분량을 이 중세 자치도시에 대한 관심에 할애한다. 그는 '최초의 코뮌communio: 도시'[55]라는 짧은 메모를 남기고는 바로 이어서 맑스가 엥겔스에게 보낸 1854년 7월 27일의 편지를 인용하는데, 우리는 이 편지를 읽어봄으로써 중세 자치도시에 관한 맑스의 연구, 그리고 이를 자신의 도시 연구에 접목시킨 벤야민의 관점을 추적해 볼 수 있다.

이 편지는 오늘날 『맑스 엥겔스 선집Marx-Engels-Werke』 28권에서 찾아볼 수 있는데, 여기서 맑스는 엥겔스에게 앙리 티에리Henry Thierry가 쓴 『제3신분의 형성과 전개Histoire de la formation et du progrès du Tiers état』라는 책을 흥미롭게 읽었다면서 그 내용을 소개한다. 이 가운데 맑스가 관심을 갖는 것은 당시 자치도시에 대한 독일 황제의 탄압이었다.

"그가 훌륭하게 전개하고 강조한 것은 12세기 자치도시 운동의 반역음모적이고 혁명적인 성격일세. 독일 황제, 예컨대 프리드리히 1세와 2세는 완전히 [현대] 독일 연방의회의 정신에서 이 '코뮌들communiones', '반

---

55 Walter Benjamin, *Das Passagen-Werk*, GS V, p. 954.

역음모들conspirationes', '[음모에 가담한] 동맹도시들conjurationes'에 반대하는 칙령을 포고했네."⁵⁶

맑스는 그러한 포고령들을 쭉 인용한 뒤, 그 문체들이 그가 살던 시대 독일 연방 중앙위원으로 활동하면서 모든 코뮨주의 운동을 비난하던 속물 교수들의 스타일과 같지 않은가 하고 조롱하듯 질문을 던진다. 그러고는 엥겔스에게 이렇게 말한다.

"종종 웃기는 것은 '코뮨communio'이라는 단어가 오늘날 코뮨주의와 완전히 동일한 방식으로 지칭되어 비난받는다는 것일세. 예를 들어 쥘베르 폰 누아용이라는 신부는 '코뮨, 새롭고 매우 사악한 이름'이라고 쓴다네.
12세기의 속물들은 간혹 무언가 웅장한 일들을 해내는데, 이를테면 도시들, 즉 선서로 맺어진 코뮨들communio jurata로 도주하는 농민들을 초대하기도 한다네. 예를 들어 생캉탱St. Quentin의 자치 헌장문에는 다음과 같은 내용이 있네.
'여러분(생캉탱의 시민들)은 만장일치로 각각 자신의 동료에게 상호 협력과 상호 조언 그리고 상호 보증과 상호 보호를 서약하였습니다. 만장일치로 우리는 언제나 우리 공동체 안으로 들어오고 자신의 재산으로 우리에게 도움을 제공하는 사람은 그가 도주를 했든, 적에 대한 두려움 때문에 왔든 아니면 다른 악행 때문이든 상관없이 [……] 공동체

56   Karl Marx, Friedrich Engels, Marx-Engels-*Werke*(이하 MEW) Bd.28, p. 384.

로 들어올 수 있다고 서약하였습니다. **왜냐하면 문은 열려 있기 때문입니다.** 그리고 도주자의 군주가 그의 재산을 부당하게 소유하거나 그를 정당하지 못한 방법으로 묶어 두려 할 경우 우리는 이에 대해 정의를 실행할 것입니다.'"[57] (강조는 맑스)

이 인용문에서 드러나듯, 맑스는 중세 코뮌의 환대 정신, 즉 이방인에 대한 개방성에서 커다란 영감을 받은 것 같다. 맑스 시대에 코뮌주의라는 용어가 비난받는 방식과 동일하게 중세에는 자치도시 코뮌이 성직자들과 봉건영주들, 어용지식인들에게 비난의 대상이 되었다. 이 사실은 중세 코뮌과 근대 코뮌주의 사상 사이의 밀접한 관련성을 보여주는 것이라고 맑스는 암시한다. 이러한 언급들은 코뮌주의 사상과 중세 자치도시(코뮌) 운동 사이의 관계를 재사유하기 위한 조건이 될 수 있을 것이다.

중세 코뮌은 봉건적인 농노제적 신분제를 해체하는 데 기여했다는 역사적 평가를 받는다. 일부 도시들은 직접 농노해방령을 선포하기도 했는데, 이 중 가장 유명한 것은 1257년 볼로냐 코뮌이 공포한 법령이다. 이는 자치령 내의 농노에게 '영구적 완전한 자유'를 부여하는 내용을 담고 있다. 이 때문에 도시에 거주하는 지주들이 농민들과 맺고 있었던 기존의 봉건적 종속 관계가 깨지고, 이를 도시적인 계약의 원리가 대체하였는데, 그 내용은 주로 절반 소작

---

57   같은 책, p.384-385.

제였다.[58] 또 앞서 맑스가 인용한 생캉텡 코뮌의 선언문에서 드러나듯, 코뮌은 도망 농노의 도피처가 되어주기도 했다. 코뮌의 시민들은 서로를 공동의 유대관계 속에서 바라보았고, 도시의 성벽을 통해 공동 방위를 실현하고자 했다. 코뮌은 영주가 포고한 법령과 독자적인 특수법들이 지배하는 공간이었다. 영주로부터 도망쳐 나온 농노들에게는 '1년 1일이 지나면 도시의 공기는 자유를 준다 Stadtluft macht frei nach Jahr und Tag'는 원칙이 적용되었는데, 이는 1년 1일을 도시에 거주하고 영주의 추적을 막아내는 데 성공한 농노는 자유시민이 된다는 것을 뜻했다.[59]

중세사 연구가 크누트 슐츠는 중세 코뮌이 성취한 변화들을 다음과 같이 열거한다. 개방성, 통치의 정통성(시민의 동의), 정치적 자결권, 인신 자유권이 그것이다.[60] 코뮌의 시민들은 내부의 서약을 통해 자율적 도시공동체를 형성했으나, 영주의 관점에서는 이들의 서약은 음모, 모반, 반란을 의미하는 것이었다. 서약을 통한 코뮌이 내적, 외적으로 견고하며 자율적인 체제를 획득하면, 시민 전체는 다른 지역과 구분되는 자신들만의 공통의 이해를 갖춘 공동체로 간주되었다. 이러한 코뮌의 형성 과정은 유럽 대도시 대부분들에서 격렬하게 진행되었고, 이 같은 변화를 두려워한 영주들의 탄압에 맞서 자치권을 얻기 위한 격렬한 봉기와 유혈 투쟁, 즉 코뮌 봉

---

58 서양 중세사학회, 『서양 중세사 강의』, 느티나무, 2003, 168쪽.

59 같은 책, 170쪽.

60 크누트 슐츠, 『중세 유럽의 코뮌 운동과 시민의 형성』, 박흥식 옮김, 도서출판 길, 2013, 36-37쪽.

기가 벌어지기도 했다.[61] 에디트 엔넨에 따르면 이러한 봉기는 현대의 여느 정치혁명보다도 격렬하게 전개되었다. 예컨대 쾰른 시의 역사상 1800년 이후보다 그 이전에 훨씬 더 많은 혁명적 갈등과 폭력적 투쟁이 존재했다. 1074년 대주교 아노Anno에 대항하는 봉기는 적어도 (맑스가 직접 참여한) 1848-1849년 혁명기 쾰른에서 일어난 정치적 사건들에조차 뒤지지 않는 격렬한 혁명적 기운을 분출했다.[62]

그렇다면 교회 내의 개혁을 촉구한 수도원 운동과 영주와 교회의 지배에 대항하는 세속적인 형태의 자치도시 운동이 공통적으로 코뮨으로 불리었다는 것은 어떤 맥락에서 이해되어야 할까? 코뮨주의와 코뮨의 어원에 대해 좀 더 추적해 볼 필요가 있을 것이다. 코뮨의 라틴어 communio란 형용사 communis(공통적, 공동의, 공유의, 모두에게 해당되는, 공공의, 공중의)의 명사형으로, '공동, 일치, 공유, 공동 관여, 상호 연관성, 연결'이라는 기본적 의미 외에, 그로부터 파생되어 가톨릭교회의 신자 공동체를 일컫는 말이기도 하고, 가톨릭 미사에서 이뤄지는 성체성사를 지칭하기도 한다. 미사 중간에 신도들이 외우는 사도신경credo의 아홉 번째 신조인 "거룩하고 보편된 교회와 모든 성인의 통공communio sanctorum을 믿나이다"라는 구절에도 이 단어가 등장한다. 여기서 모든 성인의 통공이란, 죽어 천국에 가 있는 성인들을 포함한 교회 공동체의 모든 구

---

61 같은 책, 23쪽.

62 에디트 엔넨, 『도시로 본 중세유럽』, 안상준 옮김, 한울 아카데미, 326쪽.

성원들이 그들의 영적인 공로를 서로 공유함을 뜻한다.[63] 라틴어 communio의 둘째 뜻으로는 동사로 '요새를 만들다. 성을 견고하게 하다' 등이 있다. 중세의 자치도시들이 군주로부터 받았던 물리적, 정치적 탄압과 그에 대항하는 코뮌들 사이의 동맹, 반역음모라는 시대적 상황에 비추어 보면 이 둘째 의미 역시 중세 코뮌과 어울린다는 것을 알 수 있다. 요컨대 communio는 요새화된 자치도시이자, 모든 구성원들이 상호 결합되어 일치되는, 공동선을 실현하는 도시공동체를 뜻했다.

물론 봉건영주와 교회로부터 독립된 도시공동체를 목표로 했던 코뮌의 자치운동들 역시 훗날 대체적으로 그 급진성을 상실한다. 시간이 지나 도시인들은 도시의 상공업 자산가 계급(훗날의 부르주아)과 도시빈민(훗날의 프롤레타리아트)으로 분할되며, 근대에 이르러 양자는 각기 다른 계급적 입장을 표명한다. 시간이 흐를수록 자치도시의 구성원들은 결코 하나의 동질적 세력이 아니라는 사실이 드러나게 되었다. 16세기 이래 자치도시들이 절대군주제에 흡수된 이후에도 부르주아 계급은 국가의 후원을 받아 성장을 거듭했으며, 자신들의 경제적 지배력이 정치적 예속과 마찰을 빚게 되자 급기야 혁명을 통해 절대왕정을 타도하게 되었다.

프랑스 대혁명 당시 급진적 부르주아 세력은 상퀼로트와 같은 급진적 도시빈민들과의 제휴 속에서 구체제를 타파했으나, 의식적인 급진 혁명가들은 단순한 부르주아 공화주의자들의 집권만으로

---

63 백민관 엮음, 『가톨릭에 관한 모든 것』, 가톨릭대학교출판부, 2007. 그중 1권의 communio 항목 참조.

는 만족하지 못했다. 혁명가 바뵈프François Noël Babeuf도 그중 한 사람이었다. 그는 앞서 맑스가 극찬한 중세 자치도시 운동의 선구적 역할을 한 코뮌 도시 생캉탱 출신이었다. 1794년 지롱드가 이끄는 온건 부르주아 세력이 자코뱅 독재에 맞서 '테르미도르 반동'이라 불리는 반혁명 쿠데타를 일으키자, 바뵈프와 그의 동료들은 이 반혁명에 대항하는 투쟁을 벌이다가 처형된다. 이때 그들은 다시금 스스로를 '코뮌주의자'라고 부른다. 우리가 오늘날 주로 공산주의라고 번역하는[64] 현대적 코뮌주의 사상은 이러한 바뵈프의 혁명적 코뮌주의로부터 유래한 것이다.

프랑스혁명 내의 급진파가 자신들을 코뮌주의자로 불렀다는 것은 중세의 코뮌 또는 코뮌주의 운동과 무관한 것이 아니었다. 중세 자치도시 코뮌의 정신은 절대왕정기 자치도시들이 형태 전환을 겪거나 국가에 포섭되어 소멸한 것처럼 보였으나, 17세기와 18세기 시민계급의 정치적 진출과 사회 변화 요구에 커다란 영감을 공급했다. 1789년의 프랑스혁명뿐 아니라, 1814-15년 나폴레옹의 점령 전쟁에 맞선 독일인들의 독립전쟁Freiheitskriege에서도 각 정치 당파들은 코뮌의 자유정신을 소환하였다.[65] 비타협적 수도사들의 코뮌 정신은 바뵈프와 블랑키의 수평파 지도자들이 내세운 결사체

64　그러나 필자는 communism이 코뮌이라는 이름으로 불린 중세의 수도원이나 자치도시 운동 등에 어원을 가지고 있으며, 이념적으로 새로운 형태의 코뮌적 공동체 관계를 지칭한다는 점에서 공산주의共産主義라는 번역어는 옳지 않다고 생각한다. 특히 이 단어는 집단적 생산을 강조하는 생산 중심 패러다임에 갇혀 있어, 사적소유가 지양된 사회의 새로운 관계망을 나타내는 코뮌의 정신을 조금도 표현하지 못한다. 따라서 이 책에서는 communism을 가능한 한 '코뮌주의'로 표현하고자 한다.

65　크누트 슐츠, 『중세 유럽의 코뮌 운동과 시민의 형성』, 378-379쪽.

의 조직론에 커다란 영향을 주었다. 작은형제회는 이제 형제애를 강조하는 코뮌주의 음모 조직의 정신으로 되살아났다. 산 자들은 언제나 죽은 자들의 옷을 걸치고 정치적 무대에 오른다.

오늘날 신자유주의적인 사회의 극단적 원자화와 원시적인 형태의 노골적인 사유재산 숭배에 비추어볼 때 공동선의 이념은 다분히 전복적인 성격을 갖고 있다. 이것이 오늘날 다수의 급진적 철학자들(지젝, 바디우, 랑시에르, 발리바르, 네그리와 하트 등)이 공동선 이념을 맑스주의적으로 재전유해야 한다고 말하는 이유다. 우리가 지금까지 살펴본 것은 코뮤니즘 사상의 형성 과정을 기독교 공동선 이념이 역사적 사건들 속에서 세속화되는 것과 같은 맥락에서 이해할 수 있다는 것이었다. 중세의 수도원 운동과 자치도시 운동이 코뮌이라는 명칭으로 불리면서 코무니오communio 정신을 각기 다른 방식으로 이어받았다면, 프랑스 대혁명 이후 근대적 프롤레타리아트를 대변하는 혁명적 코뮤니즘 사상은 도시의 분할 과정과 이후 근대 세계의 성립 과정에서 지배계급으로 성장한 부르주아 계급에 맞서 사회 전체에 코무니오 정신을 실현하고자 했던, 세속화된 형태의 공동선을 부르짖는 이념을 표방한다.

물론 19세기의 코뮌주의 사상은 기독교와 달리 초월적 신이 아니라 억압받는 자들, 프롤레타리아트를 역사의 주역으로 규정한다. 그러나 (코뮌주의적) 공동선의 역사적 실현과 억압받는 자들의 자기해방이 필연적으로 이루어질 것이라는 그들의 믿음을 정당화하기 위해 코뮌주의자들은 다시금 기독교 역사철학의 '섭리'라는 문제의식을 (무의식적으로) 수용한다. 따라서 맑스의 '역사적 유물론'은 이중적 의미에서 기독교와의 연관성 속에서 형성되었다고 보아도 무방할 것이다. 첫째로 그것은 기독교적 공동선의 이념이 지속적인 세속화를 거쳐 형성된 근대 코뮨주의 사상을 수용하고 있다. 둘째로 그것은 계몽주의의 결정적 영향 속에서 역사를 '진보'의 관점에서 이해하는데, 이때 부지불식간에 (계몽주의자들에 영향을 미친) 기독교의 종말론적 역사관의 요소들이 역사적 유물론의 체계 속에도 스며들게 된다. 맑스 자신은 물론 그의 사유가 맺고 있는 이 두 가지 영향을 모두 인식하지 못하였다. 그러나 이제 우리는 맑스를 엄밀하게 재해석하는 가운데 이를 파악해 보고자 한다. 특히나 기독교의 종말론적 역사관의 요소들이 (계몽주의 역사관을 거쳐) 역사적 유물론에 미친 영향에 관해서는 신중하고 세밀한 접근이 필요하다. 그러한 요소들이 맑스 사후 역사적 유물론의 실증주의적, 진화론적 이해 방식이 체계화되는 데 어느 정도 영향을 주지 않았다고 말할 수 없기 때문이다

2장

맑스: 역사적 유물론과 해방서사의 등장

칼 맑스Karl Marx(1818-1883)가 그의 사상적 동반자 프리드리히 엥겔스Friedrich Engels(1820-1895)와 함께 정식화한 역사적 유물론을 이해하기 위해서 선행되어야 할 것은 맑스에 앞선 초기 근대 사회의 지적 분위기 속에서 역사가 어떻게 철학적으로 사유되었는가를 살펴보는 일이다. 맑스는 하나의 개인을 이해하기 위해서는 언제나 특정한 시대의 사회적 관계를 먼저 파악해야 한다고 보았다는 점에서 유물론자였다. 그리고 맑스 자신과 그의 사상 역시 특정한 시대의 산물이었다. 따라서 맑스의 역사철학적 사유를 이해하기 위해서는 그가 어떤 지적 풍토 속에서 자신의 사유를 발전시켜나갔는가를 추적해 볼 필요가 있다. 이로부터 맑스의 역사철학적 사유, 그의 역사적 유물론이 계몽주의 시대의 진보사관, 그리고 이를 계승한 독일의 두 철학의 거장인 칸트와 헤겔의 역사철학으로부터 거대한 빚을 지고 있음이 드러날 것이다.

　그러나 이번 장의 서술 목적이 이러한 연관 관계를 드러내는 것에만 머무는 것은 아니다. 이러한 맑스와 계몽주의, 독일 고전철학 사이의 연관성 속에는 19세기까지 서구의 모든 역사적 사유를 사실상 지배해 왔던 아우구스티누스 이래의 기독교 종말론적 역사관의 흔적들이 공명하고 있다. 물구나무 선 사변적 세계를 뒤집어 인간의 두 발이 땅을 향하도록 만들고자 했던 철저한 유물론자 맑스의 역사적 사유에 기독교 종말론의 흔적이 남아 있다는 것은 많은 사람들에게는 믿기 어려운 일인지도 모른다. 그러나 맑스 자신이 언급한 적이 있듯이, 모든 죽은 세대의 전통은 악몽과도 같이 살아 있는 세대의 머리를 짓누르고 있다. 이 언급은 맑스뿐 아니라 볼테르 이후 역사의 진보와 이성의 최종적 승리를 주장했던 당대의 모든 사상가들에게 적용될 수 있다.

그러나 맑스가 이전 세대의 문제틀을 단순히 수용, 재구성하기만 한 것은 아니다. 역사적 유물론은 억압받는 사람들, 즉 기독교 전통에서 아나빔이라 불리고, 맑스 자신은 프롤레타리아트로 부른 피역압 대중이 스스로의 힘으로 자신의 해방을 달성할 것이라는 전망을 단순한 유토피아적 기대와 종교적 해석을 넘어 체계적 사유로 전개했다는 의미를 갖는다. 이와 같은 의미는 (앞으로 논의될) 역사적 유물론이 지닌 한계와 불충분함에도 불구하고 결코 절하될 수 없는 맑스의 위대한 성과로 남는다. 이 성과를 어떠한 방식으로 (맑스가 그의 중기 사상에서 혁명적 열정을 가지고 정식화한) '역사적 유물론'의 체계가 갖는 한계를 넘어 보존, 확대할 것인가 하는 것은 맑스 이후 모든 비판적 사상가들과 급진적 이론가들의 관심사였다. 지금 우리의 관심사 역시 마찬가지일 것이다. 그에 앞서, 맑스의 역사적 사유를 철저하게 이해하고 재검토해 보는 것이 이 장의 목표다.

1) 세속화된 근대: 계몽과 진보

볼테르 이후 프랑스 계몽주의자들의 목표는 교회와 절대왕정의 지배를 대체할 과학과 진리를 보급하고 인간의 자연권에 기반을 둔 새로운 사회적, 정치적 질서를 수립하는 것이었다. 그들은 과학의 확산과 자연에 대한 진리의 보급이 늦춰진 이유가 봉건적 절대왕정과 가톨릭교회에 의해 인간 이성에 족쇄가 채워져 있었기 때문이라고 생각했다. 반면 족쇄로부터 해방된 이성의 힘은 인간의 자유를 실현할 것이며, 무지몽매한 대중을 기만해 온 신학과 형이상학의 금기를 넘어 합리성의 무기를 통해 낡은 사유와 제도를 타파해야 한다고 믿었다. 봉건적 관념들(신분제), 과학을 부정하는 종교적 미신들은 진리의 인식을 통해 인간이 자유로워질 때 사라질 것이었다. 인류는 모두 형제이며 따라서 인간 본성에 관한 진리가 발견되고 지식이 확산될 때 갈등의 종결은 가능해 보였다.[66]

이러한 프랑스 계몽주의의 역사철학적 이념을 간명하게 표현한 것은 콩도르세Condorcet였다. 그는 역사를 보편적 인간성의 완성을

---

66 T. Z. 래빈, 『소크라테스에서 사르트르까지』, 문현병 옮김, 동녘, 1993, 210-212쪽 참조.

향한 진보의 과정으로 서술한다. 그는 혁명 이후 이어진 공포통치
와중에 사형판결을 받고 도피하는 가운데 자신의 역사철학을 서술
했는데[67], 이 책에서 그는 신변상의 엄혹함 속에서도 역사를 바라보
는 그의 낙관적인 시선을 다음과 같이 기록한다.

> "그러나 자유로운 지상의 인간이 태양보다 더 빛나는 때가 올 것이다.
> 태양이 인간의 이성 외에는 다른 주인을 알지 못할 때가 올 것이다. 그
> 때 폭군과 노예, 선교사들과 그들의 우둔함이나 위선은 역사와 극장에
> 서나 찾아볼 수 있게 될 것이다."[68]

그는 자신이 가담한 혁명으로 탄생한 정부로부터 사형판결을 받
고 도피 중인 상황이었다. 이러한 극단적 상황에서도 그가 이토록
역사의 진보에 대한 믿음을 가질 수 있었던 근거는 무엇이었을까?
이는 그가 수학, 기하학, 물리학의 확실성이 역사에도 적용될 수 있
다고 보았기 때문이다. 여기서 우리는 훗날 그의 영향을 받아 오귀
스트 콩트가 전개할, 자연법칙의 확실성을 역사와 사회의 영역에
적용할 수 있다고 보는 실증주의 역사관의 맹아를 확인할 수 있다.

---

67 그는 지롱드파로서 혁명 이후 새 프랑스 공화국의 헌법 초안을 작성한 인물이다. 그러나
자코뱅 중심의 제헌의회가 그의 초안을 거부하고 헌법 개정안을 새로 작성하자 이를 비판했
으며, 루이 16세의 처형에도 반대했다. 이로 인해 그는 혁명정부에 의해 반혁명 음모죄로 참수
형을 선고받았으며, 피신 중에도 여전히 진보에 대한 이념, 자유, 평등, 보편적 교육, 보편적 평
화 등의 이상을 버리지 않았다. 그는 정부군에 붙잡히자 아편을 이용해 자살을 택했다. 그가
죽은 직후 테르미도르 반동으로 권력을 잡은 지롱드 세력은 이듬해 그의 유고인 이 책을 출판
함으로써 콩도르세를 새로운 건국의 사상가로 추앙하였다.

68 마르키 드 콩도르세, 『인간 정신의 진보에 관한 역사적 개요』, 장세룡 옮김, 책세상, 2002,
78쪽.

"수학과 물리학이 우리의 가장 단순한 생계를 위해 사용되는 기술을 완성시키는 데 쓰이는 것과 마찬가지로, 윤리학과 정치학의 진보가 우리의 감정과 행동의 방향을 결정하는 동기들에 대해 같은 작용을 하는 것 역시 자연의 필연적 질서가 아닌가?"[69]

　이렇듯 도피 중에 서술된 콩도르세의 진보 낙관론은 미래에 대한 희망과 기대에 근거한 열정적인 선언에 가깝다. 이는 데카르트와 프랑스 유물론을 경유한 기계적 자연과학론이 상정하는 객관세계의 명증성과 법칙성을 역사에 그대로 도입할 수 있다는 관점이 표현된 것이다. 혁명 이후 나타날 새로운 사회와 인류의 궁극적인 자유의 실현은 수학과 자연법칙의 필연성에 상응하는 필연성을 가질 것이었다. 그의 이러한 낙관적인 희망은 사실 절망적인 상황 속에서 웅장하게 표현된 그의 신앙고백에 가깝게 느껴지기도 한다.
　18세기 프랑스의 계몽주의자들은 종교의 비합리적 권위에 대항해 싸웠으며, 통치의 세속적인 근거를 이성의 원칙으로부터 수립하고자 했다. 그리고 이를 정당화하기 위해 제시된 역사철학적 고찰들은 역사란 진보를 향해 나아가는 일직선을 그리고 있으며, 그 최종 순간에 이르러 인류는 모든 종류의 억압과 예속, 굴레로부터 해방을 맞이할 것이라는 낙관주의를 포함한다. 이른바 계몽주의적 진보사관이다. 그런데 이러한 관점은 역설적으로 아우구스티누스에 의해 체계화된 기독교의 종말론적 역사신학의 요소들로부터 그

69　같은 책, 95쪽.

근본 구조를 차용한다. 역사란 궁극적인 목적을 향해 나아가는 일직선상의 과정이라는 사고가 그것이다. 콩도르세는 자연법칙과 역사를 결합시킴으로써 이를 분명한 언어로 정식화하였다.

이제 우리의 시야를 독일로 돌려 보자. 프랑스와 달리 혁명이 지체되었던 독일에서 계몽주의는 프리드리히 2세와 같은 계몽군주에 의해 '위로부터' 도입된 사상이었으며, 따라서 그들은 국왕을 폐위하거나 종교를 몰아내자는 프랑스 대혁명의 '위험한' 주장 대신 이성적인 상태에 관한 추상적인 사변을 제시하고, 종교를 근대적 합리성을 토대로 새로운 방식으로 정식화하려 시도한다. 그들은 프랑스인들과 같은 혁명적 열정과 유물론적인 세계관에 입각한 급진적 반교권주의를 갖지 못했던 것이다. 그러나 그 덕분에 독일적 계몽주의는 혁명적 열기에 고취된 프랑스의 계몽주의자들이 갖지 못한 냉철하고 차분한 사유와 그 사변적인 깊이를 갖추고 있었다. 나아가 프랑스 혁명이 공포통치와 테르미도르 반동, 나폴레옹의 쿠데타와 황제 집권 등 끝없는 유혈사태와 전 유럽으로 뻗어나가는 전쟁으로 이어지는 것을 목격한 독일인들은 단순히 인간의 진보를 소박하게 선언하는 것만으로는 부족하다는 사실을 절감하지 않을 수 없었다. 따라서 프랑스인들로부터 '인간의 진보'에 관한 사유를 받아들인 독일인들은 이러한 진보가 인류가 겪고 있는 고통과 재앙과 어떤 관련이 있는가를 진지하게 묻는다. 그리고 이러한 물음에 답하기 위해 이들은 다시 아우구스티누스가 시도했던

'변신론'의 문제 설정을 끌어들인다. 이러한 맥락에서, 독일의 고전적, 계몽주의적 역사관을 대표하는 헤르더Herder와 칸트Kant 그리고 헤겔Hegel에게서는 공통적으로 '역사 속의 신'이라는 주제가 포착된다.

방금 언급된 질문, 즉 '인류가 겪은 수많은 불행과 재앙에도 불구하고 역사의 진보를 어떻게 확인할 수 있는가? 진보를 인식할 수 있는 근거는 무엇인가?'라는 대답에 먼저 헤르더는 다음과 같이 답한다. "그럼에도 불구하고 신이 자연 속에 존재한다면, 역사 속에도 신은 존재한다."[70] 그에 따르면, 뉴턴 이래 근대 자연과학자들이 밝혀낸 자연법칙은 신의 존재를 부정하는 것이 아니라 오히려 자연 속에 신이 존재한다는 사실을 드러낸다. 그리고 역사 역시 자연의 일부인 한 여기에도 법칙이 있으며, 따라서 역사 속에 신이 존재할 것이 분명하다. 모든 자연 유기체가 목적을 가지고 있듯이, 역사에도 자연이 부여한 목적이 존재한다. 이 목적은 인간을 진보로 이끌 것이다.

우리 인간은 유한한 존재, 불완전한 존재이며 따라서 오류와 실수를 반복한다. 그러나 인간의 이성적 사유 능력은 자신이 저지른 실수에 대해 반성할 수 있고, 우리 가슴 속 열정은 우리로 하여금 그러한 반성을 통해 역사를 앞으로 끌고 나갈 수 있는 충동의 역할을 한다. 이처럼 인간을 지적인 존재로, 그리고 충동을 가진 존재로 만든 것은 자연이었으며, 따라서 자연의 목적에 따라 인간은 역사

---

70 J. G. 헤르더, 『인류의 역사철학에 대한 이념』, 강성호 옮김, 책세상, 2002, 19쪽.

를 전진시킬 것이다. 인간에게는 자신의 오류를 고쳐 나가는 충동이 존재하며, 이것이 역사 진보의 원동력이다(이처럼 헤르더는 계몽주의적 진보사관을 '질풍노도' 사상의 초기 낭만주의와 결합시켰다).

동일한 논리적 구조, 즉 자연목적의 존재와 인간 역사의 진보 사이의 필연적 연관성은 칸트의 역사철학에서도 발견된다. 『순수이성비판』에서 인간의 이론적 이성은 신의 존재를 직접적으로 증명할 수 없다고 선언한 칸트는 「세계 시민적 관점에서 본 보편사의 이념」(1784)이라는 짧은 글에서 전개되는 그의 역사철학에서 인간의 도덕적 삶을 보장해 주는 자연목적을 확인하는 것에서 출발한다. 헤르더와 마찬가지로 칸트에게서 역사는 이 자연목적의 원리에 따라 인간이 만들어가는 과정이다. 그리고 칸트는 이 목적을 설정한 최초의 원인으로서 신의 존재를 호명한다. 아우구스티누스적, 기독교적인 신의 섭리 이론은 '자연법칙의 합목적성'이라는 이름으로 세속화된다. 즉 칸트가 보기에 개인에게는 우연적, 불규칙한 것으로 보이는 일들이 인간 전체에게는 반드시 필연적인 사태로 나타난다.

여기서 역사의 비밀이 드러난다. 칸트는 "비록 느릴지언정 언제나 진보하는 인간 類의 근원적 성향Anliegen"[71]을 인식할 수 있다고 말한다. 즉 자연적으로 가지고 있는 인간의 본성적 성향이 인간의 진보를 낳는 동력으로 인식된다. 칸트가 보기에 인간은 각자 자기 자신의 의도를 추구함에 따라 무의식적으로 자연의 의도

---

71 Immanuel Kant, *Idee zu einer allgemeinen Geschichte in weltbürgerlicher Absicht*, Werkausgabe Bd. XI, Frankfurt/M, 1977, p. 33.

Naturabsicht라는 실마리에 의존하여 앞으로 나아간다. 다만 이를 인간들은 자각하지 못한다.

여기서 칸트의 논변은 아담 스미스의 '보이지 않는 손' 개념을 닮아 있다. 스미스의 경제학에서 각 개인의 이기적인 동기에서 비롯한 행위들이 사회 전체적으로는 부의 증진을 가져오듯이, 칸트가 보기에 인간의 이기적인 행위는 궁극적으로는 사회 전체의 역사적 발전을 야기한다. 이러한 문제 설정은 사실 '섭리'라는 아우구스티누스로부터 비롯된 기독교 신학의 중심적 개념을 합리주의적 언어로 번역해 표현한 것이라고 볼 수 있다. 이미 스미스의 '보이지 않는 손'이라는 관념 자체가 신학적인 문제의식을 보여주고 있지 않은가? 개인을 넘어서 배후에 존재하는 초개인적 실재에 의해 각 개인들 사이의 관계가 조화에 이를 것이라는 생각은 ('예정조화'라는) 신학적 논의 구조를 가지고 있다. 칸트가 '자연목적'이라는 전제를 가지고 전개하는 역사의 진보에 대한 구상 역시 그 근본 구조는 기독교 신학의 '섭리'론을 닮아 있다.

이러한 스미스적 전제의 수용은 인간의 사회성과 관련된 본질적 통찰로 이어진다. 이 글에서 칸트는 시민헌법을 갖춘 국가들 간의 국제연합의 성립과 이를 통한 평화적 세계에 이르는 인간의 역사적 진보에 관한 9개의 테제를 제시하는데, 여기서 우리의 논의 전개와 관련해 가장 중요한 것은 제4명제다.

"모든 인간의 자연성향들의 발전을 이룩하기 위해 자연이 이용하는 수단은 사회 내에서 인간들의 적대Antagonism다. 적대는 그러나 궁극적으로 사회의 합법칙적 질서의 원인이다. 나는 여기서 적대를 반사회적 사회성ungesellige Geselligkeit으로 이해한다."[72]

여기서 드러나듯, 칸트는 서양 철학자들 중 거의 최초로 인간들 사이의 '적대'를 이성적 사회 실현의 불가피한 수단으로 이해하고 있다. 물론 그는 이러한 적대를 오로지 개인 간의 대립으로 파악할 뿐, 그것이 구조적 모순과 연관되어 있을 것이라고 이해하지는 못하였다. 이때 '반사회적 사회성'이라는 개념을 통해 칸트는 인간은 사회를 해체하려는 성향(개인의 이기심 등)과 사회적인 성향을 동시에 지니고 있는 존재라는 사실을 강조한다. 여기서 자연목적이 인간에게 이러한 이중적 성향을 줌으로써 실현하고자 했던 역사 진보의 동력이 드러난다. 인간의 의지는 1차적으로는 반사회적이지만, 그의 욕구, 명예심, 소유욕, 지배욕 등은 인간 전체의 발전과 이를 통한 인간의 자연성향의 실현에 기여한다.

만약 인간에게 반사회성이 존재하지 않는다면, 인간이 온전히 사회적, 사교적 성향만을 갖는다면 어떻게 되었을까? 인간은 게으르게 되고 문명은 발생하지 못했을 것이다. 인간은 목가적 공동체 속에서 평화롭지만 진전이 없는 삶을 살면서 게으른 자들의 정체된 사회를 만들었을 것이다. 거꾸로 만일 인간이 온전히 반사회적이라면, 타인과 적대 이외의 관계를 맺는 능력이 완전히 결여되어

---

72 같은 책, p. 37.

있다면 인간의 공동체적 삶은 불가능했을 것이며, 이에 따라 인간 유의 자연성향 역시 실현되지 못했을 것이다. 인간의 두 가지 성향은 모두 인간의 역사적 진보를 위해 불가피한 것이다. 따라서 이러한 인간의 이중적 성향은 자연이 인간에게 준 선물이라고도 할 수 있다. "불화, 악의적으로 경쟁하는 자만심, 만족할 줄 모르는 소유욕과 그 지배욕을 준 데 대해 자연에 감사하라!"[73] 인간에게 조화가 필요하다는 바로 그 사실을 위해 자연은 우리에게 불화를 선물한 것이다. 이는 자연목적에 깃들어 있는 신비로운 섭리를 나타내며, 이런 사실에 비추어 봤을 때, 자연에는 '한 현명한 창조자의 명령'[74]이 존재함을 알 수 있다.

결국 칸트의 역사철학에서 역사 속의 신은 인간 진보의 최종 보증자로 설정되어 있다. 그러나 헤르더도, 칸트도 세계의 종말이라는 순수 신학적 사고를 다루지는 않는다. 현세적 역사 속에 깃들어 있는 자연목적의 섭리를 이성적으로 인식함으로써 헤르더와 칸트는 기독교의 종말론적 역사신학을 세속화한다.

반면 헤겔은 이러한 헤르더-칸트식의 자연목적론Naturteleologie을 거부한다. 그가 보기에 자연에는 역사적인 의미의 진보가 있을 수 없다. 자연의 시간은 반복과 순환이다. 반면 역사는 목적을 향해 발전해 나가는 과정이다. 역사의 진보는 따라서 자연의 목적이라

---

73 같은 책, p. 38.

74 같은 책, p. 39.

는 추상적, 신비적 표상이 아니라 자유라는 구체적인 목적을 통해 정당화된다. 이러한 의미에서 헤겔의 역사적 목적론은 자연의 목적이라는 설명 구조에서 벗어나 '인간의 자유의식의 진보'라는 의미로 더욱 세속화된다. 그러나 이러한 역사의 발전이 어째서 필연인가를 증명하기 위해 헤겔은 다시 신학적 논의 구조(세계사적 개인과 이성의 교활함)를 차용한다.

『법철학』에 등장하는 "십자가 위에 피어난 장미"라는 유명한 도식은 고통스런 현재 속에서 이성의 긍정성을 찾으려는 그의 메시지로, 이는 전형적인 기독교 신학적 논증 구조를 닮아 있다. 『법철학』은 다음과 같은 웅장한 서술로 끝을 맺는데, 여기에서는 천상과 현세의 대립이 현실성의 지반 위에서 극복되며, 이에 따라 역사의 목적이 현실 가운데 실현될 것이라는 낙관적인 전망이 암시된다.

영적인 것은 그 천상의 실존을 현실성 속에서 [……] 현세적인 차안으로, 그리고 비천한 세속성으로 전락시키고, 반대로 세속적인 것은 그 추상적 대자 존재를 이성적인 존재와 지식의 사유와 원칙으로, 법과 법률의 이성성으로 고양시킨다.[75]

이렇게 '세속화된' 영적인 것과 '고양된' 세속성이 만나는 장소는 역사일 수밖에 없다. 왜냐하면 이념의 실현은 한순간에 발생하는 사건이 아니라 지난한 과정을 거쳐 완성을 향해 운동하는 과정

---

75 G. W. F. Hegel, *Grundlinien der Philosophie des Rechts*, Werke in 20. Bänden Bd.7, Frankfurt/M, 1986, p. 512.

일 수밖에 없기 때문이다. 역사는 이념이 실현되는 장이다. 『역사철학 강의』에서 헤겔은 보다 분명한 언어를 사용하여 역사적 과정의 필연성과 그 안에 계시된 섭리를 라이프니츠에게서 차용한 '변신론Theodizee'을 활용해 옹호한다. 우선적으로 그가 증명하고자 하는 것은 역사 속에 이성이 깃들어 있다는 사실이다. 즉 헤겔은 이성의 세계 지배를 섭리의 표현으로 보았다. 이러한 관점에서 기독교 섭리 사상과 '역사 속의 이성'에 대한 파악은 일치한다.

"하나의 신적 섭리가 세계의 사건들을 관장한다는 진리는 앞서 제시된 원칙(이성의 세계 통치)에 부합하는 것이다. 왜냐하면 신적 섭리는 그 목적, 즉 세계의 절대적, 이성적인 최종목적Endzweck을 실현하는 무한한 힘에 따른 지혜Weisheit이기 때문이다."[76]

역사 속에서 이루어질 최종적 화해의 인식은 긍정적인 것의 인식 속에서 가능하다. 즉 부정적인 것이 부차적인, 극복된 것으로 소멸되어 나타나는 긍정적인 것das Affirmative을 인식함으로써 악 속에서 신의 현존을, 고통과 부정의 역사 속에서 긍정적 이성의 현존을 증명하는 것이 철학적 이성 인식의 과제인 것이다. 이러한 관점에서 "칸트, 실러, 헤르더와 마찬가지로 헤겔도 역사를 기독교적인 순진무구-타락-구속 시나리오의 세속화된 버전에 따라 설명했

---

76 G. W. F. Hegel, *Vorlesungen über die Philosophie der Geschichte*, Werke in 20 Bänden Bd.12, Frankfurt/M, 1986, p. 25.

다"[77]는 바이저의 설명은 어느 정도 타당성을 갖는다.

어쨌거나 헤겔에게서 이러한 방식으로 역사는 자유를 향해 진보한다. "세계사는 자유의식에서의 진보다. 즉 우리가 그 필연성 속에서 인식해야 하는 진보인 것이다."[78] 역사 속에 발생하는 수많은 희생, 고통은 이러한 자유를 실현하기 위한 과정에 지나지 않는다. 세계사에 있어, 목적(정신의 개념=자유)은 처음부터 자명하게 의식되는 것이 아니다. 그것은 오직 잠재성(가능태)으로 존재할 뿐이며, 가장 내적인 무의식적 충동으로 인간에 내재해 있는 가능성일 뿐이다. 세계사의 전체 과정은 이 충동을 의식적으로 도달하도록 하려는 노동이다. 이를 위해 역사에는 갈등과 적대가 불가피하다. 세계사는 대립이 표출되는 전장과도 같다.

적대와 갈등, 폭력이 자유를 향한 진보의 원동력이 된다는 사실은 다시금 역사 속에 존재하는 섭리의 신비를 보여준다. 헤겔은 세계사를 행위의 의도하지 않은 결과 속에서 진행되는 과정으로 파악한다.

"세계사 속에서 인간의 행위를 통해 도달하는 것은 그 행위가 의도하고 달성하는 것, 그것이 직접적으로 알고 의도하는 것과 완전히 다른 것이다. 인간은 그의 이익을 추구하지만, 이와 더불어 완성되는 것은 그들의 이익에 내적으로 자리하고 있으나 그들의 의식과 의도에는 자

---

77 프레데릭 바이저, 『헤겔: 그의 철학적 주제들』, 이신철 옮김, 도서출판b, 2012, 346쪽.

78 Hegel, *Vorlesungen über die Philosophie der Geschichte*, p. 32.

리 잡고 있지 않은, 더욱 나아간 것이다."[79]

이러한 맥락에서 그는 역사를 움직이는 세계사적인 개인에 관해 언급한다. 세계사적 개인 혹은 영웅의 창조적 행위는 새로운 사태와 상황을 만들어냄으로써 역사를 추동한다. 그런데 이때 영웅이 스스로 만들어낸 것처럼 보이는 것들은 실은 정신 자신의 본질에 의해 작동하는 현실이다. 세계사적 개인은 이를 알지 못한다. 그는 그저 자신의 충동대로 행할 뿐이다. 그러나 그의 행위를 추동하는 개인적인 특수한 욕망과 열정, 의지를 통해 세계사는 앞으로 나아간다. 이처럼 역사 속에 존재하는 이성은 교활한 계략을 통해, 행위하는 개인의 의식이 알지 못하는 방향으로 역사를 끌고 나간다. 이성이 지닌 간지奸智는 역사를 진보하게 하는 섭리의 구체적 형태다.

"열정의 특수 이익은 보편자의 실행과 분리되지 않는다. 왜냐하면 보편자는 특수한 것, 한정된 것 그리고 그 부정으로부터 보편자로 귀결되는 것이기 때문이다. 서로에 대해 투쟁하며 그중 한쪽이 몰락하는 것은 특수한 것이다. 보편적 이념은 대립과 투쟁 속으로, 위험 속으로 발을 들여놓지 않는다. 그것은 공격과 손실로부터 물러나 배후에 자리 잡고 있다. 이를 이성의 간지List derVernunft라 부를 수 있다."[80]

---

79 같은 책, p. 42–43.

80 같은 책, p. 49

이성의 간지라는 형태로 실현되는 섭리는 개인이 역사적 과정에서 겪는 모든 형태의 폭력과 고통을 자양분 삼아 역사를 앞으로 진보시킨다. 역사에 존재하는 세속적인 악은 역사의 진보와 선의 실현을 위한 불가피한 과정이며, 그 가운데 인간이 겪어야 하는 수난은 개인의 배후에 존재하는 역사 속의 이성이 역사의 진보를 위해 이용하는 수단일 뿐이다.

신학과 형이상학이 지배했던 중세 봉건사회로부터 벗어난 세속화된 근대 세계를 추동해 온 계몽주의적 진보사관은 특히 독일 고전 역사철학에 이르러 이렇듯 역설적인 방식으로 신학적 사유로 수렴된다. 세계의 탈주술화Entzauberung를 내세웠던 근대 계몽주의는 진보사관이라는 형태의 세속화된 신학적 역사관 속에서 거꾸로 역사를 섭리의 신비로 포장했다. 계몽주의 역사관은 특히 그 철학적 체계화가 이루어진 독일에서 인간의 삶이 역사라는 무대를 통해 진보할 것이며, 여기에는 최종적으로 실현되어야 할 목적이 존재한다는 통찰에 도달하였다. 그 시선은 따라서 미래를 향한다. 우리에게 과거가 갖는 의미는 그것이 오늘날의 발전을 추동한 것에서 찾을 수 있다. 그리고 오늘의 현재가 갖는 의미는 도래할 미래를 예비한다는 데에 있다. 과거와 현재는 그 자체로 사유되지 않으며, 이렇듯 언제나 미래의 관점에서 조명된다.

아우구스티누스가 오늘을 살아가는 사람들의 고통에 가득 찬 신음소리가 언젠가 기쁨의 웃음으로 전환될 것이며, 세계에는 더 이상 한숨도, 비명도, 죽음도 존재하지 않을 것이라고 말했듯이, 근대적 진보사관 역시 언젠가 실현될 역사의 궁극 목적 속에서 현재의 부정성은 해소될 것이라고 보았다. 이러한 시선은 의도하지 않았을지언정, 인류가 과거에 겪었던 야만과 불의, 그리고 현재의 시점에 도처에 존재하는 인간적 고통을 정당화할 위험을 안고 있다. 이처럼 중세 기독교의 종말론적 역사신학과 근대적 진보사관의 사고 구조는 역사적으로 벌어지는 억압과 고통, 폭력의 기억을 정당화하면서, 그것이 역사의 진행 과정을 위한 불가피한 것임을 증명한다는 점에서 변신론이라는 공통점을 갖는다. 변신론적 시선은 역사 속의 신의 섭리를 옹호하면서 결국은 역사의 진행 과정 자체를 무비판적으로 옹호하는 것으로 귀결된다. 『계몽의 변증법』에서 호르크하이머와 아도르노가 수행하는 역사철학에 대한 비판은 바로 이것을 지적하고 있다.

"기독교에서 일어났던 일이 역사철학에서 반복되었다. 실제로는 고통의 손아귀에 놓여 있는 선은 역사의 노정을 규정하고 종말에 이르러서는 승리하는 힘으로 위장하였다. 그것은 세계정신으로 또는 내재적 법칙으로 우상화되었다. 그리하여 단지 역사만이 직접적으로 그 대립물로 전도된 것이 아니라, 사건의 필연성과 논리적 과정을 분쇄해야 할 이념 자체도 왜곡되었다."[81]

---

81 Theodor W. Adorno, Max Horkheimer, *Dialektik der Aufklärung*, p. 255.

이제 역사 속에서 변신론적으로 정당화되어 버린 폭력과 불의에 희생된 사람들을 누군가는 대변해야 했다. 맑스와 그의 유물론적 해방서사를 사로잡은 것은 따라서 우선적으로 이러한 분노와 항거의 파토스였다.

2) 청년 맑스와 세속화의 과제

청년 헤겔학파의 일원이자 급진 민주주의자에서 유물론자이자 코뮌주의자로 점차 자신의 사상을 전환시켜 나간 초기 맑스의 사상이 형성되는 과정에서, 그가 세속화의 문제 설정에 커다란 관심을 가졌다는 사실은 대개 조명되지 않는다. 프로메테우스를 흠모했던 혁명적 지식인 맑스에게 인류의 과제는 신들의 불을 훔쳐 인간의 삶을 밝게 비춰주는 일이었다. 그것은 천상의 신성한 힘을 모독하고, 현재의 노예적 삶을 살아가는 인간이 스스로 신성한 존재로 거듭나는 것을 뜻했다. 종교적 정신(인간의 구원과 평화)은 초월적인 방식으로는 실현될 수 없으며, 오로지 인간 정신의 고양을 통해 세속적인 세계 속에서 실현되어야 했다. 급진 민주주의자 시절 맑스는 「유대인 문제에 관하여」라는 짧은 글에서 이러한 생각을 다음과 같이 표현한다.

"종교적 정신은 오로지 인간 정신의 발전 수준이―그것의 종교적 표현이 종교적 정신이다―그 세속적인 형태 속에서 등장하고 스스로를

구성할 때 실현될 수 있을 것이다. 이는 민주주의 국가에서 일어날 것
이다."[82]

청년 맑스에게 세속화의 원리는 세계에 대립하는 초월적 원리를
수립하는 사고방식에 반대한다는 것을 뜻했다. 현실과 유리된 추
상적 당위를 만들어 현실에 대립시키는 것은 아무런 현실적 구속
력을 얻지 못한다. 세계를 변혁하려는 자세는 그러한 변혁의 원리
를 세계 자체로부터 도출해야 한다. 초월적 당위는 오히려 현실을
살아가는 인간을 굴복시키는 비합리적 권위를 뜻하는 것이었다.
1843년 9월 크로이츠나흐에 머물던 맑스가 아르놀트 루게에게 보
낸 역사적인 편지에서 그는 이렇게 선언한다. "우리는 교조적으로
새로운 원칙을 세계에 대립시키면서 '여기 진리가 있다, 여기 무릎
을 꿇어라!'하고 말하지 않는다. 우리는 세계의 원칙들로부터 새로
운 원칙을 발전시킨다."
　이러한 내재성의 원칙, 세속성의 원칙은 새로운 사회 변혁의 시
간성에 대한 성찰로 이어진다. 아직 우리가 겪어 보지 못한 미래를
기준으로 세계를 변혁한다는 것은 세계 외부의 초월적 이념과 당
위를 준거 삼아 거기에 세계의 진행 방향을 끼워맞추는 것에 지나
지 않는다. 과거와 미래를 잇는 일직선의 시간관은 당면한 변혁의
이념을 표현할 수 없다. 변혁은 미래로의 도약이지만, 그 과제가 제
기된 것은 과거에서부터다. 과거가 제기했으나 성공하지 못한 미

82　Karl Marx, *Zur Judenfrage*, Marx-Engels-Gesamtausgabe(이하 MEGA) I.2, p. 154.

완의 과제를 실현하는 것, 잠자고 있던 인간이 꿈에서 깨어 각성하는 그 순간을 포착하는 것이 맑스에게는 훨씬 더 본질적인 일이었다. "중요한 것은 과거와 미래 사이의 커다란 이음표를 만드는 것이 아니라 과거의 사고를 완수하는 것이라는 사실이 드러날 것이다. 인류는 어떠한 새로운 과제도 시작하지 않으며, 의식적으로 그들의 오래된 과제를 완수한다는 사실이 마침내 드러날 것이다." 훗날 발터 벤야민의 역사철학에 결정적인 영향을 미치게 될 이 구절은 (실제로 벤야민은 이 구절을 파사주 연구를 위한 노트에 인용하고 있다) 맑스가 낙후된 독일 사회의 변혁을 어떻게 사고했는지 보여준다.

맑스에게 과거의 낡은 지배가 계속된다는 것, 예속과 강제가 반복된다는 것은 인간에 대한 죄를 뜻했다. 인간은 혁명적 순간을 맞이하여 이 죄를 고백해야 한다. 즉 마치 고해소에 들어가 자신의 죄를 고백하는 가톨릭 신자들처럼, 인류는 그들이 과거로부터 어떤 죄에 시달려 왔는지, 어떠한 지배적 폭력 속에 고통받아 왔는지를 진술함으로써 과거 세대가 물려준 미완의 과제를 실현할 수 있을 것이다. 이와 같은 맥락에서 맑스는 편지 말미에 다음과 같은 인상적인 말을 남긴다. "중요한 것은 고해성사다. 더 중요한 것은 없다. 자신의 죄 사함을 받기 위해 인류는 그 죄가 무엇인지 명확히 설명할 필요가 있다."[83]

1843년에서 1844년으로 넘어가는 시기 맑스는 민주주의자에서 코뮨주의자로 입장을 변경하고 독일에서의 당면한 혁명의 과제

---

83 이상의 인용들은 모두 MEGA I.2, p. 488-489.

를 프롤레타리아 혁명으로 규정하게 된다. 이 시기에 작성된 글이 그가 직전에 작성한 원고 『헤겔 법철학 비판』에 추가하는 「서문」이 다(이 글은 1844년 초 맑스와 루게가 함께 편집장을 맡은 『독불연보』라 는 잡지에 「유대인 문제에 관하여」와 함께 게재된다).

여기서 맑스는 포이어바흐Feuerbach에 의해 수행된 종교 비판의 성과를 수용하면서, 종교의 초월성에 대한 비판과 물질적인 현실 세계에 대한 비판 사이의 관계를 설정한다. 사실 이 두 비판 사이의 관계 설정은 포이어바흐도, 청년 헤겔학파의 브루노 바우어도 제 기하지 않은 과제였다. 그러나 혁명적 유물론자 맑스에게는 포이 어바흐처럼 신은 곧 인간 본질의 소외라고 선언하는 것만으로도, 또 브루노 바우어처럼 (헤겔의 절대정신에 상응하는) 인간의 보편적 자기의식이 신을 대신할 것이라고 낙관하는 것만으로도 만족할 수 없었다. 맑스에게는 종교의 현실적, 세속적 토대가 더욱 근본적인 문제였다. 이 때문에 「서문」의 첫 문장에서 맑스는 종교 비판은 모 든 비판의 전제라고 밝히면서도, 종교 비판은 사실상 끝이 났다고 적는다. 그는 단순히 종교와 신을 비판하는 것만으로 안주할 수 없 었으며, 인간이 종교를 찾도록 만드는 현실, 즉 인간을 '고통받는 피조물'로 바라보게 만드는 현실의 곤궁과 비참함을 비판하는 것 이 무엇보다 중요한 과제였던 것이다.

"종교적인 불행은 한편으로는 현실적 불행의 표현이며 다른 한편으로 는 현실적 불행에 대한 항의다. 종교는 억압받는 피조물의 한숨이고,

심장 없는 세계의 감정이며, 정신을 상실한 상태의 정신이다. 종교는
인민의 아편이다."[84]

이 구절의 마지막 문구는 맑스가 했던 대표적인 말로 널리 알려
져 있다. 흔히 이 문구는 종교는 아편이므로 금지해야 한다는 식의,
종교에 대한 맑스의 강한 적개심의 표현으로 인식되고 있으나 실
제로 맑스의 강조점은 종교 자체가 아니었다. 맑스는 '어째서 인민
이 종교를 받아들이고 있는가'를 이해하고자 했다. 몸과 마음이 아
픈 사람이 고통을 잊기 위해 아편 연기를 들이마시듯, 인민은 그들
의 고통을 완화하기 위해 종교를 찾는 것이다. 그러므로 종교에 대
한 비판은 고통을 낳는 현실, 곧 심장 없는 세계에서 억압받는 피조
물들의 눈물로 가득 찬 '비탄의 골짜기Jammertal'에 대한 비판으로
이어지지 않으면 그 의미를 상실한다. 따라서 이 구절의 진정한 의
미는 '맑스의 종교에 대한 적대'가 아니라, 그가 얼마나 인민의 현
세적 고통에 커다란 공감을 가지고 있었는가에서 찾아야 한다.

동시에 그는 인민의 현세적 고통을 치유하는 듯하지만, 그러나
구원을 먼 훗날의 과제로, 피안의 세계의 일로 떠넘겨 버리는 당대
의 종교에 대한 분노 역시 숨기지 않는다. 인민은 자신들이 지배당
하고 착취당한다는 사실을 하늘이 정한 운명으로 감내하고 기다려
야만 구원의 보상을 받을 것이라는 말을 들어야 한다. 독일의 낙후
된 정치적 상황은 인민이 이러한 헛된 종교적 가르침에 맞서 프랑

---

84 Karl Marx, *Zur Kritik der Hegel'schen Rechts-Philosophie. Einleitung*, MEGA I.2, p. 171.

스인들처럼 영웅적으로 떨쳐 일어설 수 있는 조건을 만들지 못했다. 그에게 독일인들은 "기독교라는 질병에 오랫동안 신음해 온 물신숭배자Fetischdiener"로 보였던 것이다.[85]

맑스가 수행하는 이러한 비판은 청년 헤겔학파와 포이어바흐의 종교 비판을 유물론적으로 이어받아 종교의 물질적, 세속적 토대를 향한 것이라고 정리해 볼 수 있을 것이다. 이 비판은 분노를 그 본질적 파토스로 가지고 있다. 왜냐하면 신성한 것에 대한 숭배는 곧 인간을 그러한 신성함 앞에 무릎 꿇게 만들고, 인간을 예속되는 존재로, 지배당하는 존재로 만들기 때문이다. 종교에 대한 비판은 소외된 인간의 본질에 대한 성찰로 이어져야 한다. 인간에게 복종을 강요하는 신성한 것의 초월적 권력은 끌어내려져야 하며, 거꾸로 바닥에 엎드려 고통 속에 울부짖는 인간은 그 본질을 실현함으로써 고양되어야 한다. 따라서 이 세계의 변혁은 인간의 존엄을 회복하기 위한 정언명령으로 우리에게 주어져 있다.

> "종교에 대한 비판은 인간이 인간에게 최상의 존재라는 가르침, 즉 그 속에서 인간이 열등해지고 노예화되어 버림받으며 경멸당하는 존재로 되어 있는 모든관계를 전복시키라는 정언명령과 더불어 끝났다."[86]

이와 같은 청년 맑스의 인간주의humanism적, 혹은 인간학주의

---

85 같은 책, p. 179.

86 같은 책, p. 177.

anthropologism적 사상은 1844년 맑스가 파리에서 집필한 『경제학-철학 수고』라는 이름을 달고 있는 미출간 원고에서 보다 체계적으로 서술된다. 맑스는 종교를 인간 본질의 소외로 규정한 포이어바흐의 영향을 받아, 이제 근대적 사적 소유를 인간의 유적 본질 Gattungswesen의 소외로 해석한다. 여기서 중요한 것은 특히 노동의 소외 과정인데, 자본이란 결국 노동의 산물이지만 노동을 지배하며, 노동을 통해 창조된 노동 생산물과 노동 과정은 인간 자신에게 낯선 것으로 자립화되고 결국 노동자는 다른 인간으로부터, 그리고 인간의 유적 본질로부터 소외된다.

그런데 이 글에서 전개되는 맑스의 소외론이 사적 소유에 대한 구속력 있는 비판이 되기 위해서는 소외되지 않은 상태, 즉 소외되기 이전의 본래적 상태가 전제되어야 한다. 따라서 인간의 유적 본질은 소외되기 이전의 인간의 본래적으로 공동체적이고 자연친화적인 본성을 나타낸다. 사적 소유의 발전은 이러한 인간의 본래적인 유적 본질로부터 인간이 분리되는 과정, 즉 인간성의 자기분열을 나타낸다. 만일 자본주의적 사적 소유가 지양되어 코뮨주의에 도달한다면, 분열된 인간의 자기본질은 자기 자신으로 복귀할 것이며, 인간은 다시금 자신의 본래적 본질을 실현할 수 있게 될 것이다.

"인간의 자기소외로서 사유재산의 긍정적 지양으로서의 코뮨주의, 그리고 따라서 인간에 의한 인간을 위한 인간 본질의 참된 전유로서의 코뮨주의. 따라서 의식적으로 그리고 기존의 발전의 모든 부 속에서 진행되는 인간의 사회적 인간으로서, 즉 인간적인 인간으로서 자기 자신으로의 완성된 복귀로서의 코뮨주의 ."[87]

이러한 소외론의 역사철학적 함축은 태초에 인간이 거주했던 '낙원'과 그로부터 인간의 '추방(소외)', 그리고 신과의 화해와 일치를 통한 '구원'이라는 유대-기독교 메시아주의에 부합하는 서사를 골자로 하고 있다. 이러한 서사는 독일 관념론 철학 이후 '즉자적 상태의 소박한 동일성 → 본질의 외화와 소외, 그리고 이로 인한 갈등과 적대 → 참된 자기로의 복귀를 통한 자기 자신의 완성과 화해'라는 도식으로 이어진다. 이처럼 '자기복귀'를 통한 '자기실현'과 소외의 극복이라는 사고방식은 근대 세계를 소외된 상태로 바라보면서, 소외의 지양을 통해 전통적 공동체성을 회복해야 한다는 정치적 낭만주의의 사고로 이어진다.

물론 맑스는 낭만주의자들처럼 전통으로 회귀해야 한다는 소박한 복고주의적 생각을 갖고 있지는 않았다. 그러나 태초의 상태 → 인간의 유적 본질의 소외(사적 소유) → 자기로의 복귀를 통한 인간 본질의 실현(코뮨주의)이라는 도식은 그 근원을 거슬러 올라가 보면 유대-기독교 메시아주의에 기원을 둔 3단계 역사관의 골격을 그대로 갖추고 있다. 또 '인간의 실현으로서의 코뮨주의'라는 사고방식 속에는 인간이 자기 자신으로 복귀하여 자기를 실현함으로써 더 고차적인 존재로 고양될 것이라는 믿음이 깔려 있다.

---

87 Karl Marx, *Ökonomisch-philosophische Manuskripte*, MEGA I,2, p. 263.

이러한 '완전한 인간der ganze Mensch'에 관한 이념은 철저한 세속화의 논리 속에 진행됨에도 불구하고 기독교 사상과의 연관성 속에서 이해될 수밖에 없는데, 이를테면 신약성서에는 예수의 산상설교 내용 중 다음과 같은 언급이 기록되어 있다. "그러므로 하늘의 너희 아버지께서 완전하신 것처럼 너희도 완전한 사람이 되어야 한다."(마태 5:48) '완성된 인간성', '완전한 인간'이란 생각은 그러한 완성된 상태에 대한 전제 속에서만 도출될 수 있는 것이다. 이 때문에 이러한 '완성된' 상태에 대한 사고방식은 종교적인 함축을 가질 수밖에 없다. 맑스는 인간이 자기를 닮은 신을 창조했다고 보기 때문에 '신의 완전성'이라는 개념은 실은 그러한 완전성을 (잠재적으로) 내포하고 있는 인간 자신의 완전성의 소외된 표현으로 본다. 따라서 맑스는 자신의 논의가 기독교적 근거를 갖는다는 지적에 동의하지 않을 것이다. 하지만 그렇다면 역설적으로 이러한 논리가 가능해진다. '인간의 완전성'에 대한 (포이어바흐와 청년 맑스의) 사고는 기독교에서 상정하는 '신의 완전성'의 거울 이미지, 곧 기독교 신학을 인간 자신에게 투사한 사고의 결과인 것이다.

여기에 덧붙여, 맑스의 노동소외론에는 노동이 곧 부와 자기 자신을 모두 생산한다는 근대 경제학의 노동관이 반영되어 있다. 노동은 노동자 자신과 그의 주변세계, 그리고 인간들 사이의 사회적 관계를 창조한다. 따라서 노동은 세계의 창조주인 셈이다. 그러나 사적 소유 하에서는 노동 생산물이 그것을 생산한 인간으로부터 자립화된다. 이제 코뮨주의의 실현은 소외를 지양함으로써 대상화된 노동 생산물의 자립성을 소멸시킬 것이다. 인간 자신을 위한 노동만이 남게 될 것이며, 그것은 노동하는 인간 자신과 그의 세계를 긍정적으로 창조할 것이다.

인간이 노동을 통해 자의식적으로 세계를 창조하는 역할을 한다는 사고는 그런데 이미 사회계약론자 로크Locke에 의해 정식화된 바 있다. 이렇게 노동의 인간학적 의미를 강조하는 사고방식은 (근대 세계가 노예 노동에 의존하며 철학적 관조를 노동보다 우선시했던) 고대적 가치관, 그리고 중세 기독교적 세계관과 단절하는 지점을 드러낸다. 기독교적 세계관에서 노동이란 「창세기」에서 그려지듯이, 태초의 인간 아담이 신의 계명을 어긴 대가로 받아야 했던 '형벌'로 인식된다. 그러나 기독교적 세계관은 동시에 근대적 노동관의 성립에도 커다란 영향을 미친다. 앞서 살펴보았듯이, 이미 중세 기독교 신학에서도 토마스 아퀴나스는 적극적으로 노동과 노동분업이 인간의 사회성 형성에 미치는 영향을 강조하면서 물질적 부의 풍요가 평화로운 공동체의 성립에 이바지할 것이라고 주장했다. 교회 개혁을 촉구했던 수도원 운동 역시 자신의 노동을 통해 필요한 식량을 자급자족하면서 청렴하게 살아가는 공동체를 강조한다. 또 베버가 지적하듯 근대 프로테스탄트의 근검절약과 노동에 대한 강조는 자본주의적 노동윤리의 성립과 불가분으로 연결되어 있다.

이처럼 포이어바흐의 종교 비판에 영감을 받은 청년 맑스의 유적 본질론과 노동소외론에는 역설적으로 소외된 인간이 자기 자신과 화해를 이룰 것이라는 기독교 메시아주의적 역사관의 사고방식

의 잔재가 발견되며, 세계의 창조자인 인간이 노동을 통해 그 본래
적 본질을 실현할 것이라는 근대적 노동 개념, 그리고 이를 역사적
으로 뒷받침했던 기독교적 노동윤리의 흔적들이 남아 있다.[88] 이러
한 사실은 맑스가 그의 초기 저작들에서 실행하고자 했던 세속화
라는 프로젝트가 갖는 한계들을 드러낸다.

　청년 맑스에게 세속화의 과제란 인간이 신을 창조했다는 것을
폭로함으로써 신성한 종교의 초월성을 세속적인 대지로 끌어내리
면서, 동시에 인간 스스로가 소외된 상태에서 벗어나 자신의 참된
본질을 회복하여 완전해지는 것을 목표로 한다. 신성한 것의 세속
적 본질을 드러내고, 세속적인 인간의 자기실현을 이룩해야 한다
는 이 이중적 과제는 결국 세속적 세계의 변혁과 코뮤주의의 실현
을 통해 해결될 수 있는 '역사의 해결된 수수께끼'이자 '과거의 과
제의 완수'로 이해되었다. 그런데 초월적 세계의 세속화와 세속적
세계의 변혁이라는 청년 맑스의 지향은 매우 역설적으로 기독교
메시아주의와 유사한 결론으로 귀결되는 것을 우리는 확인했다.
그의 소외론과 유적 본질론이 갖고 있는 강한 종교적 색채는 이 저
작의 찬반 여부를 둘러싼 격렬한 논쟁을 낳았다. 알튀세르는 이러
한 맑스의 초기 저작들이 '인식론적 단절' 이전에 서술된 것들이며

88　물론 청년 맑스의 이러한 노동 개념은 이후 폐기 또는 전면 수정된다. 『정치경제학 비판
요강』에서 맑스는 노동에 대한 긍정적 묘사도 부정적 묘사도 모두 일면적이라고 말한다. 그리
하여 『자본』에서 서술된 노동 개념에는 이러한 인간학적, 노동윤리적 관점이 더 이상 수반되
지 않으며, 노동의 사회적 형식 분석에 주된 서술이 할애된다. 또 『고타강령비판』에서도 맑스
는 노동만을 유일한 부의 원천으로 보는 라쌀레와 독일 사회민주당 다수파의 견해를 비판하
고 있다.

따라서 맑스 이론의 핵심적 요소로 인정할 수 없다는 입장을 취한다. 반면 맑스 이론의 이러한 종교적 색채를 옹호하는 맑스주의자들도 있었다. 에리히 프롬의 초기 맑스 해석이 대표적인 예라 할 수 있다. 그는 맑스의 『경제학-철학 수고』에 나타난 인간관을 다음과 같이 옹호한다.

스피노자, 괴테, 헤겔과 마찬가지로 마르크스도 인간은 생산적인 활동을 할 때에만 생동적일 수 있으며 자기의 고유한 능력을 표현하고 이 능력의 도움으로 자기 밖의 세계를 자기화Aneignung하여 세계를 포용ergreifen할 때에만 생동적일 수 있다고 믿었던 것이다. 인간이 생산적이지 못하고 수용적이고 수동적인 한, 그는 아무것도 아니며 죽은 것과 다름없다. 인간은 위와 같은 생산적 과정 속에서만 자신의 본질을 실현할 수 있으며, 자기의 고유한 본질로 복귀할 수 있는바, 이를 신학 용어로 말하자면 신에로의 복귀인 것이다.[89]

프롬은 이러한 전제를 통해 맑스의 초기 저작들에서 드러난 휴머니즘과 메시아주의, 유토피아주의 사상을 맑스 사상 전체를 이해하는 키워드로 만들어야 한다고 주장한다. 이러한 주장은 맑스의 사회주의론을 메시아주의와 유토피아주의 사상의 이론적 계보 속에서 이해하려는 프롬의 해석이 갖는 자연스러운 귀결이라고 할 수도 있겠다.

---

89 에리히 프롬, 『마르크스의 인간관』, 김창호 옮김, 동녘, 1983, 43쪽.

결국 마르크스의 사회주의를 포함한 제반 형태의 사회주의는 예언적인 메시아 사상, 기독교의 천년왕국설, 13세기의 토미즘, 르네상스의 유토피아 사상, 그리고 18세기의 계몽사상의 후예임을 알 수 있다. 그것은 정신을 실현하는 지평으로서의 사회라는 예언적 기독교 사상과 개인의 자유에 대한 사상의 종합인 것이다.[90]

그런데 문제는 이러한 방식의 맑스 해석이 맑스 자신의 의도와 무관하다는 것이다. 이후의 성숙기 저작들에서의 맑스는 물론 초기 저작에서 드러나는 청년 맑스의 의도 역시도 자신을 종교적 메시아주의 사상과 유토피아 사상의 전통과 일치시키지 않고 있다. 오히려 청년 맑스의 세속화라는 과제는 모든 종교적 초월성에 관한 사변적, 신학적 주장들을 배격하고 인간을 최상의 존재로 고양시키는 목표를 갖고 있었다.

그럼에도 청년 맑스의 사상이 결국 기독교적 사유와의 구조적 유사성, 그리고 종교적 색채를 띠고 있다는 이 역설은 어떻게 해소될 수 있는가? 무엇보다 맑스 자신이 이 문제를 해결하기 위해 자신의 사상의 전개 과정에서 가장 급격하다고 할 수 있을 방향 전환을 감행한다. 그는 「포이어바흐에 관한 테제」에서 포이어바흐가 주창한 인간 본질에 관한 논의는 하나의 사변적 추상에 불과하다고 비판하면서, 결국 그의 이론을 수용한 자신의 초기 사유의 지반을 변경한다. 따라서 이후 전개되는 맑스의 중기 저작들에서는 더욱

---

90 같은 책, 79쪽.

엄밀한 유물론적 원칙이 필요했다. 1840년대 중후반에 그가 정식화한 역사적 유물론은 인간의 자기실현이라는 사변적 사고방식을 버리고 물질적 법칙을 통한 역사의 발전 과정을 드러낸다.

3) 역사적 유물론의 전개: 철저한 세속화로의 방향 전환

맑스의 역사적 유물론의 정식화를 살펴보기 위해 검토해야 할 주요 저작들은 크게 세 가지가 있다. 그중 두 저작은 모두 엥겔스와의 공동 저술로 탄생했는데, 하나는 미완성된 유작 『독일 이데올로기』(1846-47)이며, 다른 하나는 잘 알려진 맑스와 엥겔스의 대표 저작 『공산당 선언』(1848)이다. 나머지 하나는 『정치경제학 비판을 위하여』(1859)의 서문에 등장하는 역사의 정식화다.

인간 본질에 관한 모든 논의들을 사변적 추상으로 선언하고 인간을 "사회적 관계의 총합Ensamble"으로 규정하면서 실천적 유물론으로의 방향 전환를 선언한 「포이어바흐에 관한 테제」에 이어, 『독일 이데올로기』에서 맑스와 엥겔스는 여전히 독일 철학의 지반 속에서 자신의 사유를 진행했던 초기의 문제틀을 넘어서기 위해 독일 철학 전반의 문제틀에 대한 비판에 착수한다. 우리는 이를 독일 철학의 관념적, 사변적 문제의식 속에 숨겨진 (그리고 맑스 자신이 받아들였던) 종교적 잔재들에 대한 철저한 세속화를 감행한 것으로 이해해도 좋을 것이다. 관념론자 헤겔을 비판하기 위해 유물론자 포이어바흐를 끌어들이는 것만으로는 부족했던 것이다. 헤겔, 브루노 바우어, 포이어바흐를 포괄하는 모든 형태의 독일적 사유 방식은 관념론과 유물론을 망라하여 여전히 사변적 관조의 태도 속에서 천상의 신성한 것을 추구하고 있었을 뿐, 세속적 현실을 구체적으로 파악하는 데 실패했던 것이다.

"독일적인 비판은 그 가장 최근의 노력에 이르기까지 철학의 지반을 떠나지 않았다"[91]는 것이 독일 철학의 사변적 지형에 대해 맑스와 엥겔스가 내린 사형선고였다. 동일한 사변적 문제틀 속에서 관념을 앞세우느냐 물질을 앞세우느냐 하고 서로 다른 답변을 제출하는 것은 의미 없는 논쟁일 뿐이다. "그들의 답변 속에서뿐만 아니라, 이미 문제들 자체 속에 신비화가 자리잡고 있었"기 때문이다.[92] 맑스와 엥겔스에게는 이제 독일적 사변철학의 문제틀을 떠나 세속적인 역사적 현실 속에서 인간과 사회를 파악하는 것이 과제였다. 종교를 세속화한 독일 철학은 처음에는 헤겔과 같이 실체, 자기의식 등으로, 이후에는 인간의 유적 본질(포이어바흐), 유일자(슈티르너) 등의 더욱 세속화된 개념들 속에서 자신의 사유를 전개하지만, 이는 불철저한 세속화에 불과하다. 이들이 추구한 세속화의 과제는 사실상 실패했으며, 그에 의존해 사유를 전개했던 맑스 자신의 초기의 문제틀 역시 철저한 세속화를 이루지 못했다. 이 모든 독일 철학의 비판가들은 결국 헤겔 논리학을 유물론적으로 대체했

91 Karl Marx, Friedrich Engels, *Deutsche Ideologie*, MEW 3, p. 18.

92 같은 책, p. 19.

을 뿐이며 그로 인해 헤겔이 가지고 있었던 신학적 문제 설정을 넘어서지 못했다.

이제 맑스와 엥겔스는 사변철학이 의존하고 있는 자의적 전제들이나 도그마가 아니라 '현실적 전제들', 즉 더 이상 추상이 불가능한 물질적이고 구체적인 전제들에서 출발하고자 한다. "현실적 개인들, 그들의 활동 그리고 그들의 물질적 생활조건들"이 이제 출발점을 이룬다. 사변적 범주들과 달리 "이러한 전제들은 순수 경험적 과정 위에서auf rein empirischem Wege 확인 가능하다."[93]

이렇게 맑스와 엥겔스는 (어느 정도 실증주의적으로 해석될 여지마저 남기는) 경험주의적인 문제 설정을 도입함으로써 헤겔과 그 후예들의 사변을 넘어서고자 시도한다.[94] 그럼에도 맑스와 엥겔스가 로크, 버클리, 흄과 그들의 후계자인 영국의 국민경제학자들, 실증주의자들처럼 순수한 감각 경험만을 인식 가능한 것으로 본 것은 아니다. 순수 경험론은 소박한 의식을 넘어서지 못하며 따라서 인간의 역사를 파악하지 못한다. 그럼에도 인간의 의식das Bewußtsein을 관념론자들과 달리 '의식된 존재das bewußte Sein'로 규정하여 인간의 현실적 생활 과정 속에서 인간 존재를 규명하려

---

93 같은 책, p. 20.

94 물론 이와 같은 맑스와 엥겔스의 문제 설정을 불변의 것으로 보아서는 안 된다. 유럽 대륙을 떠나 영국에 정착한 맑스는 영국 정치경제학에 대한 본격적 연구를 수행하면서, 이들의 경험주의적 문제틀을 넘어서기 위해 다시 헤겔 논리학의 문제 제기를 수용하게 된다. 맑스가 (헤겔을 차용해) 설정한 "추상에서 구체로의 상승"이라는 방법은 중기 저작들에서 드러나는 경험주의적 경향과 일치하지 않는다. 다만 성숙기 맑스의 정치경제학 비판에서 헤겔 논리학이 차지하는 역할을 논하는 것은 이 책의 주제를 벗어나므로 우리는 이 주제를 더 이상 다루지 않기로 한다.

는 유물론적 문제의식은 분명 아직도 천상의 신성함을 추구하는 독일 철학의 지반과 구분되는 것이었다. "하늘에서 땅으로 내려오는 독일 철학과 완전히 반대로 여기서는 땅에서 하늘로 상승한다."[95]

이처럼 『독일 이데올로기』에서의 맑스와 엥겔스는 사변철학의 세속화로서 실천적 유물론을 제시한다. 따라서 이러한 맑스와 엥겔스의 사유 전개 과정을 우리는 더욱 철저한 세속화의 방향이라는 관점에서 이해할 수 있을 것이다. 기독교 신학을 세속화한 독일 사변철학의 불철저함과 그 안의 신학적 잔재들을 고발하면서, 맑스와 엥겔스는 진정한 세속화의 추구는 실천적 유물론을 통해서만 가능하다고 주장한다. 즉 일관된 유물론적 입장만이 형이상학, 도덕 등 현실 세계로부터 자립화된 사변적 가상을 분쇄할 수 있을 것이다.

이를 위해 맑스와 엥겔스는 "모든 인간 실존의 전제, 모든 역사의 최초의 전제"를 확인하려 한다. 그것은 "인간은 '역사를 만들' 수 있기 위해 살아야 한다"는 매우 상식적인 유물론적 전제를 의미한다. 즉 의, 식, 주 등의 기본적 욕구는 모든 역사적 과정의 전제를 이룬다. 왜냐하면 바로 이러한 욕구들을 만족시키기 위해 인간은 생산적 노동을 행하며, 노동을 통한 사회적 관계를 창출해 내기 때문이다. "최초의 역사적 행위는 이러한 욕구를 만족시키기 위한 수단의 생산, 곧 물질적 삶 자체의 생산이다. 게다가 이는 역사적인

---

95 같은 책, p. 26.

행위, 모든 역사의 근본 조건이다." 이렇듯 역사적 행위를 의식주와 그 생산수단의 생산이라는 세속적 관점에서 파악하지 못했기 때문에, 그리고 인간의 자연적 욕구를 경시했기 때문에 독일의 사변철학은 그들이 내세운 역사철학들에도 불구하고 진정한 의미에서 인간 역사를 이해하지 못했다. "독일인들은 어떠한 역사를 위한 세속적 토대도 그리고 따라서 단 한 명의 역사가도 갖지 못하였다."[96]

어째서 인간의 욕구가 역사의 기본적 전제를 이루는가? 인간이 가진 최초의 욕구의 충족은 새로운 욕구로 이어지기 때문이다. 만족된 욕구는 이로 인해 더욱 큰 욕구의 발생으로 이어지며, 이를 충족하기 위해 인간은 그의 노동 방식과 생산의 전면적인 발전과 혁신을 추구한다. 여기서 우리는 훗날 맑스주의자들이 '생산력 상승 테제'라고 부르는 역사의 정식화를 마주한다. 역사의 발전은 인간이 더욱 더 커지는 욕구를 충족시키기 위해 생산력을 증대해 온 과정과 일치한다. 따라서 맑스와 엥겔스에게 역사의 진보란 생산력의 상승과 증대를 통해 가능한 것으로 이해된다.

이러한 생산력 발전은 복잡해진 인간의 요구를 충족시키기 위한 노동분업을 세계적인 규모로 발전시킨다. 특히 인류의 생산력을 급격하게 증대시킨 근대 사회에 들어서면서 지역적 규모를 넘어선 세계적인 시장과 노동분업의 창출은 코뮌주의 실현의 역사적 조건이 된다. 여기서 우리가 확인할 수 있는 것은 맑스와 엥겔스가 코뮌주의를 실현할 수 있는 역사의 조건들 속에서 세계사적인 계급인

---

96 같은 책, p. 28.

프롤레타리아트가 등장했다는 사실을 근대 부르주아 사회의 가장 커다란 업적으로 보고 있다는 점이다. "프롤레타리아트는 코뮤주의와 마찬가지로 오로지 세계사적으로 존재하며, 그의 행동은 오로지 '세계사적인' 실존 자체로서 현존할 수 있다."[97] 이들의 '세계사적 실존', 즉 개인의 보편적 관계로의 편입과 이로 인한 대규모 프롤레타리아트 대중의 창출은 보편적 관계가 된 자본주의 생산양식이 변혁될 수 있는 조건이다. 그러나 그럼에도 불구하고 부르주아 사회의 등장은 동시에 개인의 보편적 관계로의 예속을 낳았으며, 그것도 일국적 차원이 아니라 세계적 차원에서의 예속으로 이어진다는 지적이 덧붙여져야 한다.

"개별적 개인들이 세계사에 대한 활동의 확장과 더불어 그들에게 낯선 힘, 즉 점점 더 거대하게 되었으며 최종적으로는 세계시장으로 드러난 하나의 힘에 점점 더 예속되어 왔다는 것(그러한 압력을 개인들은 또한 소위 세계정신 등의 농간Schikane으로 생각하였다)은 이제까지의 역사에서 물론 마찬가지로 하나의 경험적 사실이다."[98]

이러한 언급은 헤겔 역사철학에 대한 반론으로 이해될 수 있다. 즉 그것은 세계사의 진행과 부르주아 사회의 세계적 확장은 단순히 '자유의식을 향한 진보'로 이해될 수 없으며, 오히려 개인의 전

---

97 같은 책, p. 36.

98 같은 책, p. 37.

면적인 예속을 초래한다는 (경험적으로 확인할 수 있는 근거를 통한) 반론이다. 이제 개인은 단순히 그가 속한 특정한 공동체나 지역, 국가라는 의미에서의 보편적 관계에 의존하는 것이 아니다. 세계사라는 보편적 역사의 출현은 개인이 세계라는 무대에서 벌어지는 다양한 사건들에 고스란히 노출되고 그에 예속되는 것을 뜻한다. 지구 반대편에서 일어난 금융시장의 공황이 어느 한적한 산속 시골 농부의 삶을 파탄으로 몰고 갈 수도 있는 것이다. 보편사의 출현은 보편적 예속과 부자유의 관계로 이어진다. 이러한 반론은 아도르노가 『부정변증법』에서 수행한 헤겔 역사철학에 대한 비판과 어느 정도 유사한 골격을 가지고 있다. 아도르노 역시 헤겔적인 의미의 세계정신의 출현은 개인의 억압과 고통의 증대와 결부되어 있다는 점을 주장한다. 그가 보기에, "전체로서 세계정신을 경험하는 것은 그것의 부정성을 경험하는 것을 의미한다."[99] 따라서 그는 역사의 전개를 진보와 동일시하는 계몽주의적 진보사관은 이러한 부정성의 경험을 도외시한다고 비판한다.

반면 맑스와 엥겔스에게는 역사의 진보라는 세계사의 커다란 흐름 자체는 의심의 대상이 아니었다. 개인을 보편적 관계망에 예속시킬 뿐인 부르주아적 관계, 즉 개인이 경험하는 이 낯선 힘, "독일의 이론가들에게는 신비스러운 힘"은 코뮌주의를 향한 프롤레타리아트의 혁명과 사적 소유의 지양을 통해 비로소 해소될 것으로 보았다. 다만 그러한 진보의 거스를 수 없는 힘을 발견하는 과정은 관

---

99 Theodor W. Adorno, *Negative Dialektik*, in: Adorno, T. W.: Gesammelte Schriften Bd.6, Frankfurt/M, 1997, p. 300.

넘적 사변이 아니라 구체적으로 경험 가능한 현실에 대한 유물론적 파악이어야 한다. 따라서 유물론적 역사 서술은 다음과 같은 과제를 갖는다.

"이러한 역사 서술은 관념론적 역사 직관과 같이 모든 시기 속에서 하나의 범주를 찾으려고 하지 않고 오히려 현실적 역사의 지반 위에 지속적으로 서 있다. 그것은 실천을 이념으로부터 설명하지 않으며, 이념의 구성체들을 물질적 실천으로부터 설명하고 그에 상응하여, 모든 의식의 형태들과 산물들이 정신적 비판, 즉 '자기의식'으로의 해소 혹은 '도깨비', '유령', '광기' 등으로의 변신이 아니라 오로지 이 관념론적 상상이 유래하는 실재적 사회적 관계들의 실천적 변혁을 통해 해소될 수 있다는 결론에 도달한다."[100]

맑스와 엥겔스가 역사의 진보와 코뮨주의로의 이행의 가능성을 믿어 의심치 않았던 것은 그들이 발견해 낸 역사적 모순의 파악 덕분이었다. 흔히 '생산력과 생산관계의 모순'이라는 도식으로 알려진 이 법칙은 생산력의 발전이라는 역사의 기본 전제에, 특수한 시대의 생산관계가 그 시대가 허락하는 잠재적 생산력의 발전에 대한 "족쇄Fessel"가 된다는 고찰을 결합한다. 생산력은 역사를 전진시키는 힘인데 반해, 특정 시대의 각 생산관계는 이러한 발전 경향을 추동하기도 하고 거꾸로 억누르기도 한다. 기존의 생산관계가

---

100 MEW 3, p. 38.

생산력의 증대를 추동하는 경우에는 역사가 평화로이 전진해 나가지만, 전자가 후자를 억누르는 시기가 되면 양자의 모순이 사회의 위기를 초래한다. 이는 계급투쟁의 발생과 새로운 생산관계로의 사회의 전면적 개편으로 이어질 것이다. 부르주아적 생산관계는 이전 시대와 비교할 수 없는 급격한 생산력의 증대를 초래하였으나, 이제 그것은 역사적으로 진보적이었던 기능을 상실하고 생산력의 정체를 낳고 있다. 부르주아적 생산관계는 역사적 생산력의 발전을 저해하는 족쇄의 구실을 하고 있다. 이 모순은 격렬한 계급투쟁으로, 프롤레타리아트 계급의 혁명으로 이어질 것이다.

이처럼 『독일 이데올로기』가 역사적 유물론의 전개를 위한 기본적 전제들과 방법론적 전망을 도출하는 저작이었다면, 『공산당 선언』(이하 『선언』)은 구체적으로 부르주아 시대가 어떠한 방식으로 형성되었으며, 그것의 형성이 어떻게 새로운 코뮨주의 사회로의 이행을 가능하게 해 줄지를 보다 구체적으로 조망한다.

이 글은 1848년 2월 혁명을 앞둔 시점에 '공산주의자 동맹'의 강령 형식으로 작성된 것이니만큼, 역사를 계급투쟁의 관점에서 설명하는 새로운 관점을 제시한다. 본문의 첫 문장부터 "이제까지의 역사는 계급투쟁의 역사"[101]였다고 밝히는 이 선언문은 고대 그리스의 자유인과 노예, 로마의 귀족과 평민, 중세의 남작과 농노, 중세 말의 길드 부르주아지와 도제 등 기존의 모든 형태의 사회는 계

---

101 Karl Marx, Friedrich Engels, *Manifest der Kommunistischen Partei*, MEW 4, p. 462.

급 대립에 기반하고 있었으며, 억압하는 자들과 억압받는 자들의 투쟁이 역사를 이끌었다는 관점을 제시한다. 이처럼 역사를 계급의 대립과 투쟁의 관점에서 정의하고, 인간의 집단적 투쟁들이 역사를 이끌어 왔다는 사고방식은 역사의 주체적 계기와 집합적 행위의 역할을 역사 고찰의 중심적 분석 대상으로 규정했다는 점에서 맑스와 엥겔스가 이룩한 역사 이해의 새로운 지반을 형성한다.

또 맑스와 엥겔스는 역사의 진보란 일직선상의 노선이 아니라는 사실을 강조한다. "이 투쟁은 매번 사회 전체의 혁명적 변형 또는 투쟁하는 계급 모두의 몰락으로 막을 내렸다."[102] 역사는 하나의 미리 설계된 방향을 향해 나아가는 과정이 아니다. 계급투쟁은 투쟁하는 계급들의 공멸이라는 파국과 퇴보로 귀결될 수도 있다.

이런 점에서 『선언』의 도입부에 제시된 새로운 역사적 관점은 어떠한 형태의 종교적, 신학적, 사변철학적 잔재도 남아 있지 않은 고유한 유물론적 역사 이해를 드러내는 것처럼 보인다. 맑스와 엥겔스가 추구했던 철저한 세속화의 과제는 이로써 달성된 것이 아니었을까? 그러나 동시에 맑스와 엥겔스는 다시금 이러한 역사의 발전 과정에 법칙성을 부여함으로써 역사적인 계급투쟁의 필연적 귀결을 드러내려 시도한다. 『독일 이데올로기』에서 밝혀진 역사 유물론의 주요 정식들은 『선언』에서 보다 구체적이고 분명한 형태로 드러나는데, 여기서 우리는 역사적 유물론의 목적론적 구조를 재차 확인한다.

---

102 같은 책, 같은 쪽.

『선언』이 드러내는 목적론적 구조는 "낡은 사회 내부에는 새로운 사회의 요소들이 형성되어 있다"[103]는 구절에서도 암시되는 '코뮨주의의 맹아로서 부르주아 사회'라는 도식으로 표현할 수 있다. 이를 요약하면 다음과 같다. 부르주아 사회의 등장은 여러 방면에 걸쳐 코뮨주의의 역사적 도래를 예정하고 이를 역사적으로 준비하는 단계로 파악되는데, 그 내용은 1) 계급 관계의 단순화, 2) 생산력/생산관계의 모순, 3) 프롤레타리아트의 공간적 집중, 4) 세계시장의 창출, 5) 프롤레타리아트의 의식적, 지적 각성으로 요약될 수 있다. 이를 구체적으로 살펴보기로 하자.

맑스와 엥겔스에게 현대 부르주아 사회는 계급 대립의 연장으로 파악된다. 즉 그것은 기존의 계급 대립을 다만 새로운 계급, 새로운 억압의 조건들, 새로운 투쟁 형태로 대체했을 뿐이다. 그러나 근대적 부르주아 사회는 이전의 계급 지배 사회와 근본적으로 구분되는 새로운 특징을 갖는데, 이는 계급 관계가 단순화된 것에서 찾을 수 있다. 봉건제에서의 계급 갈등은 장원의 영주와 농노, 그리고 그들 사이의 제3신분인 시민계급 간에 복잡하게 전개되었지만, 최종 승리를 한 것은 시민계급이었다. 그들은 봉건적 지배 계급을 몰아내고 자신이 스스로 지배 계급이 되었으며, 봉건 시대의 피억압 계급은 이제 프롤레타리아트라는 근대적 피지배계급으로 형성되고 있다. 이처럼 근대 부르주아 사회는 부르주아 계급과 프롤레타리아 계급으로 사회를 양분하여, 이제 이 시대의 계급투쟁의 결과는

---

103 같은 책, p. 480.

새로운 계급 갈등으로 나아가는 것이 아니라 '최종적인' 계급투쟁이 될 수 있는 조건을 마련했다. 쉽게 말해 이제 두 개의 잔존 계급 중 하나인 프롤레타리아트가 승리함으로써 다른 계급이 소멸하고 나면, 더 이상 계급의 분할은 사라지게 된다.

역사에서 부르주아 계급이 수행한 또 다른 혁명적 역할은 전 사회를 교환, 화폐, 자본의 논리로 급진적으로 재편성함으로써 구 사회의 잔재를 청산한 것이었다. 즉 그들은 사회의 발전 속도를 급격히 가속하여 새로운 것(새로운 생각이나 기술)은 등장하자마자 이미 낡은 것이 될 정도로 모든 것이 재빠르게 소멸하고 새로운 것이 등장하는 시대, 급속한 역사의 변화가 가능해질 수 있는 시대가 등장하게끔 했다. 나아가 이를 통해 지구 전체가 자본주의 생산양식으로 편입되며, 전 지구적인 부르주아들의 네트워크가 구축되었다. 이제 부르주아 사회는 '외부'를 허락하지 않는다. 자급자족이라는 고대적, 중세적 이상은 가차없이 파괴되었으며, 지역적이고 소규모 공동체적인 편협함을 소멸시키고 전 세계를 보편적 세계시장으로 통합하였다. "한 마디로 부르주아 계급은 그 자신의 고유한 형상에 따라 세계를 창조한다."[104] 이 문구는 자신의 형상에 따라 최초의 인간을 창조한 조물주에 관한 구약 『창세기』의 묘사를 패러디한 것이다. 부르주아 계급은 새로운 세계의 창조주가 되었다. 그러나 그 창조주는 죽을 운명의 창조주, 파멸이 예정된 창조주이며, 새로운 창조주에게 길을 내어줄 것이다.

---

104 같은 책, p. 466.

이러한 파멸은 그들이 만들어 낸 고차원적 생산력의 발전으로 인해 예정된 것이다. 여기서 역설적 논리가 드러난다. 부르주아 계급은 기존 사회의 생산력을 급격하게 증대시키면서 기존 봉건적 생산관계와 충돌을 이루었다. 봉건적 생산, 소유관계는 어느 순간에 이르러 생산력의 새로운 분출을 저해하는 족쇄로 작용했으며, 부르주아 계급은 정치와 경제 등 모든 영역에서 이룩한 혁명과 혁신을 통해 낡은 봉건사회를 분쇄하였다. 이제 부르주아적인 자유경쟁이 새로운 사회적, 정치적 제도와 함께 전 사회 영역에 등장함에 따라 부르주아 계급의 새로운 지배 형태가 확립된다.

그러나 부르주아 계급은 자신이 초래한 이러한 급격한 변화를 더 이상 스스로 제어하지 못한다. 부르주아 계급은 자신이 "마법을 통해 불러낸" 새로운 생산 수단과 교류 수단이라는 '지하세계의 힘들을 더 이상 지배하지 못하는 마법사'와 같다. 이제 부르주아 사회는 이미 새로운 생산력을 저해하는 족쇄가 되었는데, 이를 증명하는 것은 주기적으로 발생하는 산업공황이다. 공황에 이르러 부르주아 생산관계는 자기파멸적인 광기를 분출시켜, 갑작스런 사회의 퇴보와 모든 생산물들의 소멸과 파괴로 이어진다. 부르주아적 관계는 그들 자신이 만들어 낸 거대한 생산력을 제어할 수 있는 힘을 상실하였다. 이제 전지전능한 창조주는 자신이 만들어 낸 세계 앞에서 무능함을 드러내고 말았다. "부르주아가 봉건제를 땅으로 쓰러뜨릴 때 사용한 무기들이 이제 부르주아 자신을 겨냥하고 있다."[105]

물론 부르주아 사회의 종말은 신학적 목적론에서와 같이 확실하게 예정된 것은 아니다. 프롤레타리아의 혁명이라는 주체적 조건이 변수로 등장한다. 그런데 부르주아 사회의 발전은 그에 대립하는 프롤레타리아트 대중의 형성과 축적, 발전으로 이어진다. 부르주아 계급에 의한 사회의 변혁은 모든 계급을 거대한 프롤레타리아 군중으로 단일화하고 있다. 프롤레타리아라는 거대한 조직된 계급의 출현한다. 개별 노동자들, 각 국가의 노동자들은 처음에는 분산되고 고립되어 있었으며, 서로가 서로에 대해 경쟁하였으며, 부르주아 계급이 절대군주제, 봉건 영주 등과 싸울 때 그들 역시 부르주아와 함께 싸웠다. 그러나 이러한 투쟁 속에서 부르주아만이 하나의 계급으로 결속되는 것이 아니라, 프롤레타리아트 역시 하나의 계급으로 단련되었다. 부르주아 계급은 자신들의 적(봉건세력)과 투쟁하는 가운데 프롤레타리아트의 지지를 얻어야 했으며, 그들을 자신들의 동맹군으로 편입시키려는 노력 속에서 그들을 하나의 계급으로 결속시켜야 했다. 그리고 이렇게 결속된 프롤레타리아트는 이제 부르주아 계급 자신에게 맞서게 된다.

나아가 세계시장의 건설과 세계적인 교류의 확장으로 전 세계를 부르주아 사회로 탈바꿈함에 따라, 프롤레타리아트는 지역적, 민족적 한계를 넘어 전 세계적으로 단일한 계급으로 결속한다. 또 부르주아는 생산력의 증대를 위해 노동자를 교육시켜야 하며, 그들에

---

105 같은 책, p. 468.

게 교양을 주입해야 한다. 이는 의도하지 않게 프롤레타리아트의 계급적 의식의 각성을 초래한다. 부르주아 계급은 자신의 승리와 발전을 위해, 산업의 진보와 생산의 확장을 위해 자신을 파멸시킬 세력을 동시에 성장시켜야 했다. "부르주아지는 그들 자신의 무덤을 파는 사람들을 생산한다. 그들의 몰락과 프롤레타리아의 승리는 똑같이 불가피하다."[106]

맑스와 엥겔스는 이처럼 역사를 '행위의 의도하지 않은 결과'로, 아이러니의 방식으로 전개되는 것으로 파악한다. 각 개인으로서 부르주아는 자신의 개인적인 이익과 욕구를 실현하기 위해 공장을 가동하고, 원자재를 수입하고, 상품을 전 세계 각지에 판매함으로써 산업의 진보와 세계시장의 창출을 초래하지만, 그의 의지와 의도의 배후에서 전개되는 것은 보편적인 역사의 발전이다. 이 모든 과정은 부르주아의 의도와 무관하게 새로운 역사적 주체인 프롤레타리아트의 성장을 초래하며, 부르주아 자신에 의해 만들어진 생산력의 증대와 전 세계적 교류 관계의 창출은 계급 지배가 더 이상 존재하지 않을 코뮤주의 실현의 물질적 토대가 될 것이다. 역사란 이처럼 하나의 섭리에 의해 예정된 조화를 나타낸다.

부르주아 계급은 자신의 형상을 닮은 세계를 창조하는 창조주이지만, 동시에 그가 창조한 피조물 중에는 역설적으로 그들 자신의 무덤을 파는 자들도 있다. 이처럼 『선언』과 특히 그 1장('부르주아지와 프롤레타리아트')은 부르주아 계급에 의한 세계의 창조와 프롤

---

106 같은 책, p. 474.

레타리아트에 의한 종말을, 창조주인 부르주아 계급의 발생과 필연적 몰락을, 곧 부르주아 계급의 알파와 오메가를 예언하는 하나의 예언서와도 같다.

실제로 『선언』 1장의 구성을 보면 맑스와 엥겔스가 글의 이러한 예언적 웅장함을 의도했다는 것을 알 수 있다. 역사를 계급투쟁의 관점에서 바라보며 이제까지의 계급투쟁의 역사를 요약하는 첫째 부분, 부르주아 계급의 세계사적 등장과 프롤레타리아트의 동시적 발생이라는 역설을 설명하는 둘째 부분, 새로운 시대의 세계사적 계급으로서 프롤레타리아트 운동의 역사적 의미를 설명하는 셋째 부분으로 나뉘는 이 글은 하나의 웅장한 서사시를 압축해 놓은 것처럼 보인다. 여기에는 기독교 신학의 종말론적 역사관의 구조뿐 아니라, 자신의 형상대로 창조한 세계가 동시에 그 자신을 파멸시킬 것이라는 그리스 비극적 세계관의 느낌도 자아낸다. 예컨대 자신의 예언적 운명을 피하기 위한 방랑이 거꾸로 그 운명을 실현시키는 계기가 되었던 오이디푸스처럼, 부르주아는 그 자신의 신화적 운명을 피하지 못할 것이다.

이러한 『선언』 1장의 구조는 그 문학적 예술성과 내용적 간명함 등에서 이 저작의 위대함을 보여주지만, 동시에 맑스와 엥겔스가 「포이어바흐에 관한 테제」 이후 설정한 '철저한 세속화'라는 과제의 관점에 비추어볼 때 역설적 이중성을 드러내고 있다. 『선언』이 가지고 있는 그 어떤 유물론적이고 혁명적인 수식어도 역사가 생산력의 증대에 따라 진보하며, 자본주의에서 이미 코뮌주의를 향한 역사적 '조건들'이 갖춰지고 있다는 서술로부터 기독교 신학의 '섭리' 개념의 잔재를 흔적도 없이 지워내지는 못한 것이다. 근대 계몽주의 역사철학이 진보의 필연성을 설명하기 위해 예정조화와 섭리라는 기독교 신학의 구조를 차용하고 있듯이, 『독일 이데올로기』에서 정식화되고 『선언』에서 구체화된 맑스와 엥겔스의 역사적 유물론 역시 코뮨주의를 향해 가는 역사의 진보 과정이 갖는 법칙성을 설명하기 위해 부지불식간에 기독교 신학의 종말론적 목적론의 요소들을 차용하고 있는 것이다. 이를 다음과 같이 정식화할 수 있다.

첫째로 계몽주의적 진보사관이 역사적 유물론에 미친 영향은 '생산력을 통한 진보'라는 정식화에서 드러난다. 물론 관념론 철학자들과 달리 이성이나 정신의 진보가 아닌 물질적 생산력의 관점에서 역사의 진보를 설명한다는 점에서 역사적 유물론이 갖는 고유성을 증명할 수도 있다(정설 맑스주의자들은 대부분 이러한 관점을 취한다). 그러나 계몽주의적 진보사관, 그리고 그 대표 주자 중 한 명인 칸트의 역사철학 역시 맑스와 매우 유사한 관점을 택한다. 칸트가 역사의 진보의 동력으로 설정한 '자연목적' 역시 인간의 기본적 욕구와 이를 충족하기 위한 인간의 다양한 활동을 인간의 자연 성향으로부터 추론한다. 자연이 맹수들에게는 날카로운 이빨과 발톱을, 근육의 힘을 허락했지만 인간에게는 신체적 유약함을 준 의도는 인간이 자신의 지성을 활용해서만 자연적 욕구를 충족하고 생명을 보존할 수 있도록 배려한 것이다. 자연은 이처럼 인간이 자연을 넘어서 문명을 발전시킬 수 있는 조건을 제공한다고 칸트는 보았다. 인간이 노동을 통해 생산을 증대시키는 것은 이러한 자연목적의 구조로 설명이 가능하다. 따라서 물질적 생산력의 증대를 역사적 진보의 동력으로 설정하는 역사적 유물론의 기본구조는 칸트의 자연목적론을 더욱 유물론적으로 세속화한 것이며, 그 안에는 칸트와 마찬가지로 '섭리'에 따라 역사적 발전이 예정된다는 문제설정이 포함되어 있다(거칠게 정식화하자면, '생산력의 발전은 인류를 코뮤주의로 이끌 것이다').

둘째로 '투쟁을 통한 진보'라는 설명 방식 역시 칸트와 헤겔의 역사철학으로부터 커다란 영향을 받았다. 칸트는 인간의 근본적 성향을 '반사회적 사회성'으로 보면서 인간들 사이의 적대가 역사 진보의 추동력이라는 사실을 지적한다. 물론 칸트에게서 적대는 사회의 구조적 모순이 아니라 개인의 이기심(반사회성)에 의한 것으로 설명된다. 그럼에도 칸트의 역사철학에 있는 물질적 이해관계의 대립이 역사를 진보시킨다는 골격은 맑스와 엥겔스의 역사관에 반영되어 있는 것처럼 보인다. 역사의 진보를 갈등과 대립에서 찾는 것은 헤겔 역시 마찬가지다. 다만 헤겔에게서 갈등과 대립, 이로 인한 폭력적 투쟁과 전쟁의 발생은 각 시대를 나타내는 서로 다른 정신의 대립으로 설명된다. 하나의 정신을 반영하는 세력과 다른 정신을 반영하는 세력 사이의 갈등은 새로운 시대정신의 이행으로 귀결된다. 어쨌거나 칸트와 헤겔 모두 대립이 역사 진보의 추동력이라는 생각을 가지고 있었으며, 역사적 유물론은 독일적 사변철학에 대한 격렬한 비판에도 불구하고 이러한 생각을 계승하고 있다.

셋째로 부르주아 사회는 코뮨주의 사회의 '맹아'라는 설명은 예정조화설의 세속화된 유물론적 버전으로 이해되며, 이를 설명하기 위해 도입되는 '역사의 의도하지 않은 귀결'이라는 사고는 칸트의 자연목적 속에 숨어 있는 섭리의 의도, 그리고 헤겔의 '이성의 간지'와 유사한 논의 구조를 취하고 있다. 맑스와 엥겔스의 유물론적 역사관은 이러한 사변적 관념과 단절하는 것을 목표로 했지만, 그 안에는 역설적으로 목적론의 흔적들이 감지된다. 프롤레타리아트와 부르주아지 사이의 계급투쟁은 역사상 존재할 최후의 계급투쟁이며, 그 투쟁에서 프롤레타리아트의 승리는 더 이상 계급 갈등이 존재하지 않는 사회로의 이행으로 이어질 것이라는 사고는 역사의 최종목적과 종착점이 억압받는 피조물의 구원이 될 것이라는 서사와 유사하다.[107]

---

107 캘리니코스Callinicos는 맑스의 이론에는 어떠한 역사철학적 목적론도 발견되지 않으며, 이 점에서 맑스에게서는 헤겔과 같은 (목적론적) '역사철학'은 존재하지 않고, 오로지 역사이론만이 발견된다고 주장한다. 맑스와 엥겔스가 역사의 진보를 주장한 것은 사실이지만, 그들에게 "모든 사회 형태의 본질은 최종 형세[……]와 관련해서가 아니라 그것을 구성하고 있는 관계 및 권력[……]에 입각하여 이해된다"는 것이다. (알렉스 캘리니코스, 『이론과 서사: 역사철학에 대한 성찰』, 박형식, 박선권 옮김, 일신사, 2000, 180쪽.).

나는 이러한 관점은 맑스의 역사적 유물론을 '재구성'하는 기획으로서는 의의가 있다고 보지만, 맑스에게 어떠한 목적론적 잔재도 발견되지 않는다고 강하게 주장하는 것은 오히려 맑스 이론의 모든 요소를 무조건적으로 타당한 것으로 증명하려는 시도, 말하자면 맑스의 이론을 신화화하려는 시도라고밖에 이해할 수 없다는 사실을 덧붙여야겠다. 캘리니코스의 그러한 논증 역시 맑스 자신의 이론 속에서가 아니라 코헨Cohen과 같은 분석 맑시스트들의 재구성 시도를 통해 이루어진 것이다. 오히려 맑스 역시 그 시대의 산물인 한에서, 맑스의 사유에 19세기의 사유 전통이 추구했던 계몽주의와 기독교적 목적론의 흔적이 발견된다는 것은 어떻게 보면 당연한 일일 수도 있다. 맑스의 이론을 재구성하고 계승하는 작업은 이러한 맑스의 역사적 한계를 밝혀낸 뒤에 비로소 가능해질 것이다.

맑스와 엥겔스의 역사적 유물론이 갖는 양가성은 이러한 배경에서 이해될 수 있다. 그것은 한편으로 피억압 대중의 투쟁이 역사의 발전 동력이며, 피억압 대중은 그들 자신의 투쟁을 통해 자신의 해방을 스스로 쟁취해야 한다는 관점을 나타내지만, 동시에 이러한 투쟁의 발생과 혁명을 통한 사회적 변화가 필연적이라는 진보 낙관주의적, 목적론적 믿음으로 이어지기도 한다. 그리고 이 양가성은 19세기 말, 특히 맑스의 죽음 이후 제2인터내셔널을 중심으로 한 사회민주주의자들이 맑스 역사관을 진화론적으로 해석할 수 있었던 근거가 되었다.

이러한 요소는 말년의 엥겔스에게도 찾아볼 수 있다. 맑스 사후인 1888년 『선언』의 영어판 발행에 맞추어 작성된 서문에서 엥겔스는 맑스와 자신의 이론 형성이 다윈의 진화론에 빚지고 있음을 솔직하게 서술하고 있다.

"내 의견에 따르면 다윈의 이론이 자연과학에서 정당화한 것과 동일한 진보를 역사학에서도 정당화하기 위해 호출된 이러한 사유에, 우리 둘은 이미 1845년보다 몇 해 이전부터 근접하고 있었다. 내가 얼마만큼 독립적으로 이러한 방향 속에서 먼저 움직였는가를 가장 잘 보여주는 것은 나의 『잉글랜드 노동자 계급의 상태』라는 책이다. 그러나 1845년 초 내가 브뤼셀에서 맑스를 다시 만났을 때, 그는 이러한 사유에 완전하게 통달해 있었으며, 이를 내가 앞에서 요약한 것과 거의 동일한 명료한 단어들로 나에게 소개하였다."[108]

맑스와 엥겔스의 사유가 다윈의 진화론으로부터 받은 영향을 분석, 평가하는 것은 이 책의 주제를 넘어서는 일일 것이다. 다만 여기서는 이러한 지적을 덧붙일 수 있을 것 같다. 만약 인간의 역사가 다윈의 진화론이 상정하는 범주들과 같은 방식으로 진행된다면, 역사의 흐름은 자연계에서의 진화와 마찬가지로 점진적이고 필연적인 방식으로 이루어질 것이며, 인간은 그의 시대에 필연적으로 전개되는 역사적인 발전을 거역할 수 없을 것이다. 이러한 사고방식이 굳어진다면 결국 역사 속의 변화와 발전이 자연법칙과 같은 필연성을 가지며, 점진적이고 동질적인 연속적 발전의 축적이 곧 역사의 전개 과정이라는 생각으로 이어질 것이다.

19세기 말 무렵 독일 사회민주당은 노동자 대중의 지지를 기반으로 삼아 각종 교육기관, 문화센터, 스포츠클럽 등을 운영하면서 노동자들을 '교육'하는 대중적 기관이 되었다. 그러한 가운데 노동자 대중이 사회민주당의 영향 속에서 점점 더 사회주의적인 의식을 받아들임에 따라, 자본주의는 점진적이고 자동적으로 사회주의로 이행해 갈 것이라는 믿음이 퍼져나갔다. 이러한 사고의 확산에는 19세기 후반 산업혁명으로 인한 산업의 발전과 그로 인한 노동운동 조직들의 성장, 독일 사회민주당의 의회 진출과 같은 낙관적인 상황 속에서 역사란 점진적으로 진보해 나가는 과정이며, 따라

---

108 Friedrich Engels, *Vorrede zur englischen Ausgabe* von 1888, MEW 4, p. 581.

서 사회주의자들은 그 '시류를 타고' 역사를 발전시키는 것이 과제라는 사고방식이 놓여 있다. 말년의 엥겔스마저 사로잡은 이러한 19세기 말의 낙관주의적 사고는 제2인터내셔널의 이후 방향에 결정적인 영향을 미치게 된다. 그것은 20세기의 사상가 발터 벤야민이 경고했던 사고, 역사를 동질적인 발전의 축적 과정으로 보고 그러한 축적 과정의 시류에 편승해야 한다는 사고의 고착화를 의미한다.

이러한 역사적 유물론에 대한 진화론적 해석에 맑스가 아무런 책임도 없는 것은 물론 아니다. 그가 서술한『정치경제학 비판을 위하여』(이하『위하여』)의 서문에서도 역사적 유물론을 진화론적, 목적론적 역사관으로 이해할 수 있는 단초들이 발견된다. 이 서문에서 맑스는 그가『독일 이데올로기』와『선언』에서 표명한 역사적 유물론의 정식들을 간명한 문장들로 짧게 요약하고 있는데, 그 내용은 1) 토대와 상부구조론, 2) 생산력의 발전 경향과 3) 생산력과 생산관계의 모순 이론, 4) 혁명을 통한 사회구성체의 재편에 관한 것들이다. 이러한 역사 분석의 정식들을 서술한 뒤 맑스는 다음과 같이 덧붙인다.

"인간은 자신이 해결할 수 있는 과제만을 제기한다. 왜냐하면 정확히 말해 언제나 과제 자체는 오로지 그 해결을 위한 물질적 조건들이 이미 현존하거나 최소한 그러한 조건들이 생성되는 과정 속에서 파악되는 곳에서만 나타나기 때문 이다."[109]

이러한 표현에서는 고전적인 역사적 목적론의 영향이 매우 짙게
드러난다. 칸트에 따르면 인간의 역사는 언제나 자연이라는 무대
가 정해준 틀 내에서 이루어지기 때문에 역사적 과제들은 반드시
완수 가능한 것이어야 한다. 헤겔 역시 역사는 개인의 의식의 배후
에 존재하는 이념의 실현 과정이므로, 역사의 모든 과제들은 세계
사적 개인과 세계사적 민족의 행위의 의도하지 않은 귀결로서 해
소될 것이다.

이 문장에 바로 이어서 맑스는 훗날 정설 맑스주의자들이 '역사
5단계설'이라고 부르는 역사적 단계들에 관한 나열을 제시한다. 여
기에는 '아시아적 생산양식, 고대적 생산양식, 봉건적 생산양식, 근
대적 생산양식'이 포함된다(정설 맑스주의자들이 이를 '역사 5단계설'
이라고 부르는 이유는 이 네 단계에 '이미 실현된' 소비에트 러시아의 '사
회주의적 생산양식'이 추가되어야 했기 때문이다). 맑스가 이러한 발전
과정을 어느 정도까지 법칙적으로 생각한 것인지는 불분명하다.
다만 이러한 언급들이 그 자체로 역사를 단계론적으로, 즉 하나의
단계는 반드시 그 다음 단계로 이행하며, 역사의 발전 경로는 따라
서 이미 정해진 단계를 밟아 나간다는 식으로 이해할 수 있는 여지
를 남긴 것만은 분명하다.

이보다 더 중요한 표현은 그 뒤에 따라나온다. 역사 발전의 현 단

---

109 Karl Marx, *Zur Kritik der politischen Ökonomie*, MEGA II.2, p. 101.

계인 부르주아 사회에서의 적대를 설명하는 가운데, 맑스는 다음과 같이 서술한다.

"부르주아적 생산관계들은 사회적 생산 과정의 최후의 적대적 형태다. 적대적이라 함은 개인적 적대라는 의미가 아니라, 개인들의 사회적 생활 조건으로부터 발생한 적대를 말한다. 부르주아 사회의 모태에서 발전되는 생산력들은 동시에 이 적대를 해소할 물질적 조건을 창출한다. 따라서 이 사회구성체와 더불어 인간 역사의 전사Vorgeschichte는 종결된다."[110]

이 구절은 여러 면에서 맑스가 칸트의 역사철학을 염두에 두었음을 보여준다. 우선 맑스는 자신이 서술하고자 하는 부르주아 사회의 적대는 '개인적 적대'라는 의미로 이해될 수 없는 사회의 구조적 발생 연관을 갖는 적대라는 점을 강조하는데, 여기서 맑스는 적대를 '반사회적 사회성'이라는 인간의 자연적 성향과 그로 인한 이기적 개인들 간의 적대로 이해한 칸트와의 차이를 드러낸다. 그러나 적대가 인간 역사를 발전시키는 추동력이라는 관점 자체는 본래 칸트의 것이다. 나아가 여기에 등장하는 '최후의 적대적 형태'라는 표현 역시 (이 표현에서 묻어나는 묵시록적 색채를 우선 배격한다 하더라도) 칸트 철학적 요소의 변형이다. 칸트는 근대 부르주아 사회, 곧 시민사회에서 적대가 종식되는 영원한 평화 상태가 달성

---

110 같은 책, 같은 쪽.

될 것이라고 믿었다. 반면 맑스는 칸트가 꿈 꾼 세계시민사회는 현실적으로는 자본과 임노동간의 모순을 전 세계적으로 보편화한 세계시장의 창출로밖에 실현될 수 없으며, 부르주아 사회는 여전히 계급 간 적대가 존재하는 사회라는 점을 강조한다. 그러나 여기서 맑스는 부르주아 사회를 '최후의 적대적 상태'로 규정함으로써, 바로 이어 도래할 사회에서는 이 적대가 종식될 것임을 암시한다. 여기서도 '맑스 역사철학의 칸트적 요소'가 확인된다.

이러한 사실은 맑스의 역사철학이 오로지 헤겔의 영향 속에 형성되었을 것으로 간주하는 사람에게는 의아한 일일 수 있다. 그러나 헤겔만큼이나 칸트 역시 맑스의 역사관에 영향을 주었다. 헤겔에게서는 이러한 최종적인 역사적 화해 상태에 대한 낙관적 전망이 존재하지 않는다. 헤겔에게서 모순의 궁극적 지양은 완성된 유토피아가 아니라 세계의 죽음을 의미했다. 그가 보기에 역사 속의 적대는 먼 미래의 유토피아 속에서 궁극적으로 지양되어 소멸하는 것이 아니라, 단지 현실적으로 (따라서 이성적으로) 존재하는 근대 법치국가의 정치적 힘에 의해 규제될 수 있을 뿐이었다.

반면 맑스는 적대적인 사회의 연속체로서 이제까지의 역사는 진정한, 참된 역사가 아니라 역사의 전 단계, 곧 전사Vorgeschichte라고 보았다. 이처럼 참된 역사는 이제까지의 역사에서 한발 더 나아간 미래에 실현될 것이라는 사고는 칸트의 역사철학에서도 확인된다.[111] 진정한 역사는 이러한 적대의 종식 이후, 인간이 모든 형태의

---

111 에밀 앙게른, 『역사철학』, 113쪽 참조.

억압과 강제에서 벗어나 자기 자신을 실현하기 시작함으로써 시작될 것이며, 이때 비로소 역사는 인간 자신의 역사가 될 것이다. 칸트는 인간이 자연목적에 의해 전개되는 역사에서 벗어나 그들의 의지에 의해 스스로 창조해 나아갈 사회를 그의 도덕철학에서 '목적의 왕국'이라고 불렀으며, 이와 유사한 시각을 맑스는 (『자본』 3권에서) "필연의 왕국에서 자유의 왕국으로의 이행"으로 표현한다. 진정한 역사, 곧 인간이 온전한 의미에서 역사의 주체로 거듭나는 그러한 의미의 역사는 결국 인간이 물질세계의 법칙, 곧 자본주의 생산양식의 가치법칙에서 벗어나 진정한 자유, 곧 자기실현을 달성하는 바로 그 순간, 인간이 자유의 왕국을 실현하는 순간 시작될 것이다.

이러한 탈자본주의적 대안사회의 이념은 맑스의 코뮌주의 구상을 이해하는 데 결정적 도움을 준다. 여기서 칸트가 맑스의 코뮌주의론에 준 영감은 맑스를 기계적 결정론으로 해석하는 경향에 맞서 긍정적으로 파악될 수 있다. 또 그것은 코뮌주의를 단순히 국유화, 집단적 생산, 중앙위원회의 경제계획과 동일시하는 정설 맑스주의가 얼마나 그릇된 사고를 가지고 있었는가를 보여준다. 다만 여기서 칸트가 맑스에게 미친 영향 중에 역사를 목적론적으로 사고하는 경향이 포함되어 있다는 것 역시 마찬가지로 지적되어야 한다.

그러한 목적론적 요소는 앞선 인용문에서 부르주아 사회가 진정한 역사(자유의 왕국)의 탄생을 예비하는 '최후의' 적대 상태로서 그 역사적 의미를 갖는다는 이론적 구조 속에서 발견된다. 인류 최후의 계급투쟁을 통한 적대의 최종적 종결이라는 목적론적 역사철학 구도는 영원한 평화와 세계시민사회에 관한 칸트 역사철학의 영향 속에 서술되면서, 목적을 향한 진보의 역사적 필연성이라는 근대 역사철학의 요소, 그리고 '인류 최후의' 사건들 속에 종말이 도래할 것이라는 기독교의 종말론적 역사관의 요소와 혼합된다.

이처럼 『독일 이데올로기』에서 정식화된, '모든 신비화와 독일 철학의 사변으로부터 단절하여 세속적인 현실적 물질 관계에서 출발하는 역사이론'이라는 역사적 유물론의 과제는 매우 불철저하게 수행되었다. 유물론적 역사관은 오히려 칸트 철학적 요소인 자연목적과 헤겔 철학적 요소인 이성의 간지, 그리고 이러한 고전적 진보사관이 차용하고 있는 기독교 섭리 신앙의 요소들을 포함하고 있다. 우리는 이 역설을 어떻게 설명할 것인가?

계몽주의 시대의 진보사관이 기독교적인 종말론적 역사관을 세속화하여 '역사 안에서' 실현되는 진보와 달성될 최종적 목적이라는 사고를 표방했다면, 맑스와 엥겔스의 역사적 유물론은 다시금 칸트와 헤겔의 역사철학을 유물론적으로 세속화하여 역사의 진보를 설명한다. 이러한 두 단계의 세속화 과정은 '신의 섭리'를 '자연목적'과 '역사적 이성'으로, 이를 다시 '물질적 법칙'과 '계급투쟁'으로 바꿔가면서 유사한 논리적 구조를 드러낸다. 즉 처음에는 기독교 신학에 대해 독일 철학자들이 수행한, 그 이후 다시 맑스에 의해 독일 철학의 사변에 대해 수행된 이중적 세속화 과정은 모두 자기 이전 시대의 문제의 지반 자체를 변경하지 않은 채 서로 다른 범주들과 법칙들을 끌어들이면서 동일한 구조를 반복하고 있다. 여기에 동일하게 남아 반복되는 사고들은 역사적 시간을 과거에서 미래로 이어지는 단일한 직선적 과정으로 보는 관점, 그리고 역사의 목적과 최종적 구원에 관한 믿음과 희망 등이다. 맑스가 추구하는 '계급 없는 사회의 달성'에 관한 역사적 정당화는 이렇게 멀리는 기독교 신학의 종말론적 목적론의 시간관에, 가깝게는 계몽주의 시대의 진보에 대한 열정적인 믿음에, 그리고 칸트와 헤겔 등 독일 역사철학이 내세웠던 역사 속의 섭리에 의존하고 있다.

물론 과거의 이론에 의존한다고 해서 그것을 곧장 어떤 사상의 '한계'라고 부를 수는 없다. 그러나 그 사상이 스스로 내세운 목표를 이룩하지 못했을 경우에는 그렇다고 할 수 있다. 맑스의 역사 이론이 스스로 설정한 목표가 처음에는 종교에 대한, 그 다음으로는 사변철학에 대한 '철저한 세속화'였음에 비추어볼 때, 그의 사유는 이러한 목표를 달성하는 데에 한계를 드러냈다고 평가할 수 있을 것이다. 이제 우리가 물어야 할 것은 과연 1843년 청년 맑스가 설정한, 그리고 1845년 이후 역사적 유물론의 정식화 속에서 더욱 급진적 방식으로 수행하고자 했던 '세속화'라는 과제와 그 방식에 근본적 한계가 존재하는 것이 아닌가 하는 점이다.

이러한 한계는 어디에서 기인하는가? 우리는 20세기에 발터 벤야민의 표현을 빌려, 맑스의 역사적 관점이 19세기를 지배하고 있었던 '진보의 환등상'에 사로잡혀 있었다고 말할 수 있을 것이다.

그리고 맑스가 이룩한 새로운 사유의 요소들은 낡은 이론적 틀 속에서 표현됨으로써 그 안에서 아주 오래된 사고방식을 되풀이하고 있다고도 말할 수 있을 것이다. 그리고 그 실천적 귀결은 맑스 사후 맑스주의자들의 진화론적, 결정론적 세계관으로 나타났다는 점 역시 지적되어야 한다(제2인터내셔널의 진화론적 태도뿐 아니라, 제3인터내셔널과 소비에트 맑스주의 역시 역사의 단계론적 이해와 유물론의 기계론적 이해 방식 속에서 진보의 법칙적 필연성이라는 사고의 한계를 고스란히 드러낸다). 그렇다면 맑스의 역사적 사유는 모두 '낡은 것'으로 기각되어야 하는 것일까? 맑스에게는 이전 세대 진보사관의 요소가 너무나 강하게 작용한 나머지 그의 이론에서 새로운 발견들은 존재하지 않는 것일까?

맑스의 이론이 갖는 새롭고 혁신적인 요소들, 그리고 오늘날의 관점에서 그것이 갖는 현재적 의미들을 발견하는 데 주저해선 안 된다는 것이 여전히 필자의 생각이다. 초기 맑스의 유토피아적 관점은 오늘날에도 주목할 만한 이론적 요소들을 남기고 있다. 예컨대 코뮨주의의 실현이 '완성된 인간'을 향한 과정이라는 사고는 매우 소박한 인간학주의의 표현이고 그 안에는 유대-기독교적 메시아주의의 요소들이 잠재되어 있지만, 동시에 여기에는 인간의 '감각적 해방'에 관한 근본적으로 새롭고 중요한 통찰들이 담겨 있다. 중기 저작들에서의 역사적 유물론은 비록 그것이 딛고 있는 문제 틀이 갖는 한계에도 불구하고 피억압자의 역사적 해방 과정을 이론화하기 위한 열정적인 이론적 실천의 결과였으며, 따라서 그것의 성과를 송두리째 부정하는 것은 옳지 않은 일이다. 무엇보다도 물질적 관계들의 실천적 변혁이 전제되지 않은 채로 인간은 현재의 예속으로부터 자유로워질 수 없다는 통찰에 대해서는 그 누구도 반박할 수 없을 것이다. 나아가 이 책에서 자세히 다루지는 못하겠지만, 성숙기의 맑스가 정치경제학 비판을 통해 이룩한 새로운 비판적 학문의 정초는 이론사적 관점에서 근본적으로 혁명적인 방식의 비판적 고찰들로 충만해 있다(우리는 뒤에 그것이 '세속화'라는 과제와 관련해 갖는 의미만을 짧게 고찰해 볼 것이다).

우리는 이러한 맑스 이론의 성과들에 대해 계속해서 언급해야 한다. 그리고 맑스의 이론이 갖는 한계를 넘어 그의 이론을 끊임없이 재구성하고 그 현재적 의의를 모색해야 한다. 그러나 이러한 과정은 맑스 이론에 대한 근본적 재검토와 그것이 갖는 한계에 대한 고찰 속에서 수행되어야 할 것이다. 이 책에서 진행된 지금까지의 맑스에 관한 서술들은 그러한 성찰에 기여하고자 하였다. 이제 여기서는 그러한 맑스 재독해의 일환으로 맑스의 역사이론을 재구성하기 위한 한 가지 단초를 제시해 보고자 한다.

4) 진보와 반복. 굴레를 넘어

맑스가 1848년 2월 혁명 이후부터 (나폴레옹 보나파르트의 조카
인) 루이 보나파르트 나폴레옹 3세의 친위 쿠데타까지의 프랑스 정
치 상황을 분석한 『루이 보나파르트의 브뤼메르 18일』(1852)은
역사적 유물론을 정식화한 맑스의 주요 저작들 이상으로 그의 역
사 서술에 있어 최고의 저작이라고 평가받아 마땅한 책이다. 여기
서 그는 프랑스에서의 정치적 현실과 계급투쟁의 현주소를 '모순
을 통한 진보'와 같은 도식에 끼워맞추어 설명하지 않는다. 진보는
법칙이 아니다. 오히려 이 저작이 드러내고 있는 핵심적 관점은 과
거의 역사가 오늘날에도 '반복'되고 있다는 사실이다. 한 번은 비
극으로, 한 번은 희극으로. 죽은 자들의 유령이 산 자를 짓누르는
것이다. 그래서 산 자들은 역사를 반복적으로 재현한다. 따라서 새
로운 혁명은 이러한 진보와 반복의 굴레를 중단시키는 일이어야
한다. 이제 이 책에 서술된 맑스의 관점을 기존까지 서술된 맑스의
역사철학이 지닌 함축들과의 연관 속에서 재해석해 보기로 하자.

1869년 이 책의 2판 발간에 맞추어 맑스가 집필한 서문에서 그

는 1852년 처음 이 책이 발간되었을 당시 유럽의 정치적 상황을 다음과 같은 일화를 통해 소개하고 있다. 뉴욕에서 책의 초판 출간 이후 독일에서 이 책을 판매하고자 했을 때, 이전까지 매우 급진적으로 행동하던 어느 독일의 서점 주인은 맑스의 이러한 '시대에 반反하는 요구'에 도덕적 경악을 금할 수 없다고 답변을 보냈다는 것이다.[112] 1848년 2월 혁명은 승리를 거두었지만 그 후 6월 혁명의 패배, 나아가 1851년 대통령 나폴레옹 3세(루이 보나파르트)의 쿠데타와 의회 해산 등 유럽에서의 반혁명의 시기가 도래한 이후 모든 혁명적, 민주적 요구는 '시대에 역행하는' 것이 되었다. 이 책은 이러한 암울한 시대적 분위기에서 출간되었다. 따라서 이제 맑스는 1848년 혁명 직전 프롤레타리아트의 최종 승리를 예언했던 『선언』과는 달리, '시류를 타고' 역사의 진보를 달성해야 한다는 사고방식에서 한 발자국 물러나서 냉철하게 사태를 분석하고 있다.

같은 시기 이 쿠데타를 다룬 두 저서가 더 있는데, 맑스는 이에 대해서도 분석하고 있다. 그중 하나는 대문호 빅토르 위고가 저술한 『소小나폴레옹Napoléon le petit』이며, 다른 하나는 맑스의 사상적 라이벌이었던 프루동이 지은 『쿠데타Coup d'etat』라는 책이다. 이 두 저서는 동일한 루이 보나파르트에 관해 완전히 다른 방식의 접근을 하고 있었는데, 이를테면 위고는 쿠데타를 일으킨 보나파르트 개인에 초점을 맞추어 비난을 퍼붓고 있다. 즉 쿠데타라는 사건은 전적으로 루이 보나파르트 개인에 의해 초래된 음모였던 것이

---

112 Karl Marx, Vorwort zur zweiten Ausgabe (1869) *"Der achtzehnte Brumaire des Louis Bonaparte"*, MEW 8, p. 559.

다. 맑스는 이러한 관점 때문에 위고는 그가 실제로는 소小나폴레옹을 대大나폴레옹으로 격상시키고 있음을 알지 못한다고 지적한다. 반면 프루동은 루이 보나파르트의 쿠데타를 선행하는 역사 발전의 귀결로 제시하면서, 부지불식간에 쿠데타를 일으킨 주역을 사실상 옹호하고 있다. 모든 것이 객관적 역사 발전의 결과라면 그 행위를 일으킨 사람에게 죄를 물을 수 없지 않은가? 이를 맑스는 '소위 객관적 역사 서술가의 오류'[113]라고 부른다. 이러한 맑스의 프루동 비판은 역사의 거대 서사 속에서 벌어지는 모든 일을 '필연'으로 고찰하여 사실상 모든 역사적 행위들을 불가피한 것으로 옹호하는 변신론적 역사관(프루동에 앞서 헤겔이 그 대표 주자라 할 수 있다)을 거부한 것으로 이해된다.

그렇다면 맑스는 루이 보나파르트의 친위 쿠데타라는 사건을 어떻게 이해했는가? 그는 위고와 프루동 모두를 비판하지만, 동시에 모두를 수용하는 관점을 취한다. "그에 반해 나는 어떻게 프랑스에서의 계급투쟁이 한 명의 평범하고 우스꽝스러운 인물이 영웅의 역할을 수행할 수 있도록 해 주는 조건들과 관계들을 창조했는가를 증명하고자 한다."[114] 역사적 행위는 한 개인의 행위이지만, 그의 그러한 행위가 갖는 역사적 의미는 개인의 배후에 존재하는 사회적, 정치적 조건과 관계에 의한 것이다. 이렇게 맑스는 역사 속에서 개인의 행위와 그것이 이루어지는 구조 사이의 관계를 비환원론적

---

113 같은 책, p. 560.

114 같은 책, 같은 쪽.

인 변증법적 상호 관계 속에서 고찰하는 관점을 피력한다.

이러한 관점에서 맑스는 루이 보나파르트의 친위 쿠데타와 의회 해산이라는 사건을 조명한다. 이 행위는 그의 삼촌인 나폴레옹 1세가 일으킨 '브뤼메르 18일' 쿠데타의 역사적 반복이다. 그러나 삼촌 나폴레옹의 쿠데타가 전 유럽에 전쟁의 공포와 자유의 정신을 동시에 불러일으키면서 모든 사람을 공포와 희망이 뒤섞인 열기로 몰고 간 비극적인 사건이었다면, 조카의 쿠데타는 프랑스에서의 모든 혁명적 과정들을 되돌리면서 그 개인의 권력 도모를 추구하여 만인에게 조롱을 사는 익살스런 광대극이었다.

이처럼 한 번은 비극으로, 한 번은 희극으로 되풀이되는 역사는 반복이라는 특징을 갖는다. 1789년 이래 프랑스를 중단 없는 영원한 혁명의 장으로 만든 부르주아 계급은 이 반복의 굴레를 깨지 못한다. 그들은 언제나 과거의 상상된 이미지를 자신에게 더해 역사적 정당성을 획득하려는 목적으로 과거의 영웅을 소환하고, 과거의 의상을 걸치며, 과거에 사용된 구호와 언어들을 차용하여 자신의 행동을 미화한다. 따라서 개인은 이미 주어진 전제 속에서 그의 행위를 전개하며, 이로 인해 과거의 역사적 모티브를 되풀이하게 된다. 현재의 개인은 과거의 지배를 받는다.

"인간은 그들 자신의 역사를 만들지만, 그 자신의 의지대로, 스스로 선택한 조건들 하에서가 아니라, 선행하는, 주어진 그리고 전승된 조건들 하에서 그렇게 하는 것이다. 모든 죽은 세대들의 전통은 악몽과도 같이 산 자들의 머리를 짓누른다."[115]

그리하여 종교개혁기 마르틴 루터는 사도 바울을 차용했으며, 1789년의 프랑스 혁명은 초기에는 로마 공화국을, 이후 로베스피에르의 독재나 나폴레옹의 통치 하에는 로마제국을 번갈아 가며 차용하였다. 1848년 혁명은 1789년의 혁명을, 때로는 1793-1795 사이의 사건들을 차용하여 과거를 소환해 현재 자신들의 행위가 갖는 의미를 선전했다. 이러한 과거의 유령들의 소환은 물론 혁명의 전진을 위한 것이라는 점에서 의의가 있다. 그들의 역사적 과제를 상상 속에서 위대한 것으로 만들며 과거 속에서 혁명의 정신을 다시 찾아내기 위해 기꺼이 죽은 자들을 불러낸다.

그러나 이렇게 끊임없이 유령에게 시달리는 한에서, 부르주아 혁명은 앞으로 전진할 수 없을 것이다. 삼촌의 영광을 되풀이하고자 하지만 비웃음을 자아내는 한심한 조카 나폴레옹 3세와 그에 대한 보수적 프랑스 대중들의 수동적 지지는 이러한 반복의 역사를 통해서는 미래로 도약할 수 없다는 사실을 증명하고 있다. 프랑스인들은 이집트를 떠난 유대인들이 광야에서 노예 시절을 그리워하듯 연속적 혁명 과정 속에서 겪는 피로감이 찾아올 때마다 미화된 나폴레옹을 그리워하였으며, 루이 보나파르트는 그러한 수동적인 대중들, 특히 분할지 농민들의 지지를 바탕으로 도시의 양대 세력인 대부르주아지와 프롤레타리아 계급을 동시에 공격할 수 있었다.

---

115 같은 책, p. 115.

이와 달리 새로운 세기의 혁명은 이러한 반복의 축적에 불과한 진보, 영원한 순환의 굴레를 깨는 것이어야 했다. 그것은 미래로 도약함으로써 과거와 작별하는 것이어야 했다. 그러한 역사적 과업은 부르주아 계급도, 농민들도 아닌 미래의 계급 프롤레타리아트만이 수행할 수 있을 것이었다. 다소 길지만, 이러한 새로운 시대의 혁명에 대한 맑스의 고찰을 그대로 인용해 보기로 한다.

"이에 반해 사회혁명 그리고 19세기의 혁명은 끊임없이 자기 자신을 비판하고, 지속적으로 그 자신의 과정 속에서 스스로를 중단시키며, 다시 새롭게 시작하기 위해서 완수된 것처럼 보이는 것으로 돌아오며, 그 최초의 시도들의 미완성, 나약함 그리고 비참함을 잔혹하게 조롱한다. 사회혁명이 자신의 적을 쓰러뜨리는 것은 오로지 그 적이 새로운 힘들을 대지로부터 빨아들여 더욱 거대하게 자신에 대항해 기운을 차리도록 만들기 위한 것처럼 보이는데, 그것은 모든 역행을 불가능하게 만드는 상황이 창출될 때까지 언제나 새로이 그 자신의 목적이 가지는 불확실한 거대함 앞에서 전율할 것이다. 그러고는 관계들 자신이 이렇게 외치게 될 것이다.

여기 로두스가 있다. 여기서 뛰어 보라!
여기 장미가 있다. 여기 춤을 추어라!"[116]

---

116 같은 책, p. 118.

19세기(즉 맑스의 시대) 새로운 혁명의 과제가 '자기비판(자기반성)'에 있으며, 기존에 자신이 추구해 왔던, 혹은 시류에 떠밀려 전개해 왔던 과정을 '중단'시키는 것이라는 관점은 맑스 자신의 이론 전개 과정에서도 새로운 고찰이다. 여기에는 프롤레타리아 혁명의 승리의 필연성에 대한 예언도, 이미 부르주아 사회의 전개 과정이 예비해 놓은 코뮌주의의 이행을 성취하면 된다는 예정조화적 낙관주의의 흔적도 발견되지 않는다. 왜냐하면 맑스는 여기서 이러한 진보에 대한 낙관적 맹신이 낡은 부르주아 계급의 것이라는 사고를 분명히 표명하고 있기 때문이다.

그러한 맹신에 사로잡힌 것은 바로 당대의 부르주아 의회 세력이었다. 그들에게 1852년 5월 둘째 일요일(루이 보나파르트의 대통령 4년 임기 이후를 위한 차기 대통령 선거가 열리는 날)은 "그리스도의 재림과 천년왕국이 시작되는 날"로 여겨졌다. 그들은 "예리코 성벽을 무너뜨린 나팔소리"를 기대했던 것이다. 차기 선거에서 대통령이 바뀌는 순간 루이 보나파르트의 지배는 끝장날 것이라는 부르주아 계급의 이 소박한 믿음은 구원을 기다리는 기독교 신자들처럼 확실한 것이었다. 여기서 맑스는 기독교 종말론과 계몽주의 역사철학에 공통된 사고, 즉 예정된 구원에 대한 낙관주의적 기대는 결국 수동적 자세와 방관으로 이어진다는 사실을 폭로한다. 그리하여 이러한 부르주아 의회주의자들의 소박한 믿음은 배신에 직면한다. 1851년 12월 2일(이날은 나폴레옹이 1805년 같은 날 러시아-오스트리아 연합군을 아우스테를리츠에서 격파한 것을 기념하는 날이다.

이렇듯 역사는 또 다시 반복된다) 루이 보나파르트는 친위 쿠데타를 일으켜 의회를 해산하고 장기 독재에 돌입한다.

이 저작에서 맑스는 이처럼 미래에 대한 소박한 낙관적 기대가 무의미하다는 사실을 지적한다. 1848년 1월 발간된 『선언』이 혁명을 목전에 둔 분위기 속에서 새로운 사회혁명의 역사적 승리를 웅장하게 예언하고 있다면, 『브뤼메르 18일』은 그 혁명에서 프롤레타리아트의 패배와 민주주의의 전반적 후퇴라는 시대적 상황을 냉철하게 분석하고 있다. 세계사적 계급 프롤레타리아트는 결코 승리하게끔 결정되어 있지 않으며, 코뮨주의의 실현 역시 확정되어 있는 것이 아니다. 프롤레타리아트는 장렬하게 패배했으며, 이 패배의 원인을 분석하지 않으면 현재의 질서는 극복되지 않을 것이다. 그러한 패배에 대한 자기반성과 역사적 진행의 중단 속에서 새롭게 도약하는 자세는 미래의 구원을 낙관하며 수동적으로 기다리는 자세와 확고하게 구별된다.

피억압 계급인 프롤레타리아트에게 과거의 반복이라는 역사의 흐름은 각 시대를 대표하는 지배 세력이 서로 중층적으로 결합해 이루는 복합적인 지배적 관계를 대면해야 한다는 사실을 뜻했다. 의회 내 보수파를 형성하던 질서당은 프랑스의 정통 왕조인 부르봉 왕조 세력이 1830년 7월 혁명으로 왕정복고를 끝내고 집권했다가 1848년 혁명으로 물러난 오를레앙 왕가 세력과 동맹해 만든 것이다. 즉 1830년 당시에는 서로 총구를 겨누던 세력이었던 두 집단은 하나의 당을 이루면서, 민주주의파인 산악당, 그리고 나아가 프랑스 프롤레타리아트에 맞서고 있었다. 당시의 대부르주아 계급 역시 이들 질서당을 지지하고 나섰다. 그 대부르주아 계급의 선조들은 1789년 부르봉 왕가에 맞서 바스티유 감옥을 습격하고 국민의회를 만든 세력이었다. 그리고 의회에서는 아웃사이더였으나 보수적 대중의 지지를 받는 루이 보나파르트 역시 민주주의파와 프롤레타리아트에 대립했다. 이처럼 1789년, 1830년, 1848년의 사건들 속에서 복잡한 이해관계 속에 각자에 대항해 투쟁했던 과거의 세력들은 이제 민주주의파와 프롤레타리아트 세력에 대항해 결속을 이루고 있었다. 그러다 보니 볼테르의 후예들인 오를레앙파와 부르주아 세력이 예수회를 동원해 종교 교육 부활을 추진하는 역설적 풍경마저 벌어졌다. 현재의 확고한 지배를 유지하기 위해 각 시대를 대표하는 억압적 집단들이 연합을 이룬 것이다. 맑스가 훗날 『자본』에서 언급하듯, "우리는 산 자들뿐 아니라 죽은 자들에 의해서도 고통받는다. 죽은 자는 산자를 움켜잡는다!"[117] 피억압 대중은 현재의 지배 세력과 제도들뿐 아니라, 낡은 과거의 제도와 관습에 의해서도 지배를 받는다. 낡은 지배는 '반복'되면서, 축적된다. 그것들은 역사적으로 '중층결정'된다.

과거의 유령은 이러한 방식으로 산 자들을 지배하는 연합을 이룬다. 이 때문에 새로운 혁명은 더디게 일어날 수밖에 없다. 그것은 루이 보나파르트의 예외상태(계엄령) 선포 이후 의회와 입헌 질서를 방어하기 위한 투쟁이 될 수도 있고, 그 과정에서 의회와 헌법

---

117 Karl Marx, *Das Kapital. Erster Band*, MEW 23, p. 15.

자체를 변혁하는 과정으로 이어질 수도 있다. 그 앞길은 아무도 예측할 수 없다. 프롤레타리아트는 세계의 해방이라는 원대한 목표를 가지고 있지만, 아무도 걸어가 보지 않은 길을 걷는 그들 앞에는 확실한 승리가 아니라 불확실하고 불투명한 과정이 놓여 있다. 그러나 패배의 와중에도 일어서서 중단 없는 길을 걸어가다 보면, 언젠가 그들은 이러한 환호를 듣게 될 것이다. "잘 파냈다. 늙은 두더지여!"[118]

셰익스피어의 『햄릿』에 나오는 구절을 차용한 이 두더지의 비유는 맑스의 새로운 혁명관의 특징을 잘 보여준다. 다니엘 벤사이드가 말하듯, 여기서 "두더지는 심토와 표토, 장면과 그 내막 사이에서 뭔가를 준비하는 헌신의 이미지, 그러나 비영웅적인 이미지"[119]를 상징하며, 투쟁의 결과가 아니라 투쟁만이 예견 가능할 것이라는 사실, 곧 역사의 진행은 필연적 귀결을 가지는 것이 아니라, 계급투쟁을 통한 마주침에 의해 결정되는 사건의 진행임을 암시한다.

두더지는 땅을 파는 동물이다. 땅 속에는 빛이 보이지 않는다. 따라서 두더지는 자신이 어느 방향으로 땅을 파는지 확실하게 인식하지 못한다. 잘못된 방향으로 땅을 팔 위험도 존재한다. 두더지는 남들이 보지 않는 곳에서, 역사가들이 주목하지 않는 곳에서 중단 없이 일을 한다. 새로운 혁명 역시 이러한 형태를 취할 것이다. 그것은 역사의 흐름을 타고 다가올 미래를 향해 진보하는 과정이 아

---

118 MEW 8, p.196.

119 다니엘 벤사이드, 『저항: 일반 두더지학에 대한 시론』, 김은주 옮김, 이후, 2003, 216쪽.

니라, 불확실함 속에서 중단 없이 땅을 파는 두더지의 노동과 같은 것이 될 것이다.

　정식화된 역사적 유물론이 가지고 있었던 진보 낙관주의적, 목적론적 구조에서 한 발 벗어나 있는 이 저작에서의 맑스의 서술들은 역사를 미리 정해진 법칙이나 정식화가 아니라 '정치적 행위'의 관점에서 사고하게 해 준다. 나아가 이 저작에서 드러난 역사관과 혁명에 관한 사유, 즉 부르주아 계급이 '진보'의 이름으로 포장해 왔던 역사의 진행이 실은 과거의 반복에 지나지 않는다는 사유, 그리고 새로운 혁명은 자기비판을 포함한 각성을 통해 이러한 반복을 중단시키고 진보와 반복의 굴레를 넘어서 도약하는 것이라는 사유는 발터 벤야민의 역사철학에 결정적인 영향을 미친다.

　앞서 언급된 1843년 루게에게 보낸 편지에서 맑스가 썼듯이, 프롤레타리아트는 새로운 과제를 제시하는 것이 아니라, 오래된 과제를 완수해야 한다. 즉 축적된 지배의 역사에 맞서, 그 속에서 희생되어 온 사람들의 목소리를 대변한다. 따라서 억압받는 집단의 시선은 단지 미래만을 향한 것일 수 없다. 역사가 반복되면서 낡은 지배들이 소멸하지 않고 되풀이되어 현재의 인류를 괴롭히고 있다면, 새로운 사회혁명 역시 그러한 역사의 수레바퀴 속에서 고통받고 신음해 온 사람들의 '유령'을 단지 망각하고 외면할 수는 없는 것이다. 오히려 그들을 다시 소환하여, 과거의 힘으로부터 상상력과 영감을 얻고, 역사적 정당성을 얻어야 할 것이다. 과거와 기쁘게 이별하기 위해서는 과거가 제기한 오래된 과제를 우선 완수해야 한다. 이러한 과제는 과거를 망각하는 것이 아니라 특정한 방식으로 기억하고, 특정한 방식으로 과거의 유령들에게 공감과 애도를 보내는 작업이 될 것이다.

발터 벤야민은 맑스의 이러한 관점을 이어받아, 역사적 유물론은 신학에 대한 논의를 끌어들일 수밖에 없다고 생각했다. 물론 이러한 생각은 의구심을 자아낸다. 신학? 맑스가 추방해 버린 신학 말인가? 그리고 우리는 지금까지 역사적 유물론이 그 애초 의도와 달리 기독교 역사신학의 어떤 요소들에 가까워졌다고 비판하지 않았는가?

그런데 문제를 이렇게 달리 설정해 볼 수도 있다. 애초에 역사 유물론이 신학을 철저하게 추방하려는 반反신학의 입장을 취한 것이 역설적으로 역사 유물론 스스로가 종말론적 역사신학의 요소들로 후퇴한 이유가 아니었을까? 왜냐하면 역사를 바라보는 신학의 요소들은 모순과 공백을 가지고 있는바, 그중에 어떤 요소들은 역사 유물론에게 반드시 필요한 것인 반면, 다른 요소들은 역사적 유물론을 퇴보시키는 것일 수 있기 때문이다. 즉 역사 유물론은 계승해야 할 신학적 전통(과거의 억압받은 사람들, 즉 아나뷤과의 연대와 애도를 통한 일체감, 이를 통한 현재를 넘어섬의 사유)과 거부해야 할 신학적 전통(미래에 다가올 최종적 종말을 향해 가는 섭리로서 역사)을 구분하지 못한 것이 아닐까? 만약 그렇다면 이제 역사적 유물론이 신학의 요소를 추방함으로써 전자로서의 신학의 요소들마저 거부하고, 근대 계몽주의의 진보사관을 수용하면서 역설적으로 후자로서의 신학에 가까워졌다는 설명이 가능하다. 그리고 '과거에 희생된 자들'을 역사에 복권시킴으로써 현재라는 시간 속에서 벌어지는 투쟁을 개념화하기 위한 신학을 다시 역사적 유물론과 결합시켜, 이러한 '잘못된 만남'을 넘어야 한다는 주장이 등장한다. 이것이 바로 벤야민이 역사적 유물론을 재구성하는 방식이었다.

벤야민에 관한 본격적인 고찰로 넘어가기 전에 먼저 맑스가 제기한 '세속화'라는 과제를 어떻게 이해할 것인가라는 물음을 다뤄보고자 한다. 애초에 세속화는 잘못된 문제 설정이었는가? 이어지는 논의는 세속화라는 과제 자체가 아니라 그 수행 방식이 잘못된 것이라는 전제 하에, 성숙기 맑스의 물신주의 비판에는 그가 1840년대 생각했던 방식과 다른 방식의 세속화가 추구되고 있다는 점을 밝히고자 한다. 여기서 맑스는 단순히 신학을 대상으로만 이뤄지는 것이 아니라 현실 자체에 대해 수행되는 세속화라는 전환을 이루어낸다. 이에 대한 고찰은 세속화를 역사적 유물론의 과제로 설정하는 것을 정당화하면서, 동시에 신학과 유물론의 다른 방식의 마주침을 사유할 수 있는 길을 제시할 것이다.

[보론2] 모더니티, 세속화된 종교적 세계:
맑스의 물신주의 비판과 세속화

여기서 우리는 먼저 다음과 같은 질문을 던져 보도록 하자. 세속화secularization란 무엇인가? 우선 아감벤의 정의를 인용해 보기로 한다. 『왕국과 영광』에서 그는 원래 영역에서의 기호학적 구조를 변화시키지 않고 새로운 의미나 개념을 형성하지 않으면서, 하나의 기호나 개념을 특정한 해석이나 영역으로 이끄는 것을 세속화로 정의한다.[120] 아감벤이 보기에 세속화는 (계몽주의자, 무신론자들이 아니라) 바로 기독교 신앙의 고유한 업적이었다. 기독교는 인간에게 최초로 세계를 그 세속성과 역사성 속에서 개시하도록 해 주었고, 세계를 세계의 내재성의 원리에 따라 이해할 수 있게 해 주었다. 왜냐하면 기독교 교리상 세계를 창조한 신은 인간에게 자유의지를 선사하고 스스로 세계를 통치할 자격을 주었기 때문이다. 세속적 세계에서 신의 존재는 직접적인 현현이 아니라(기독교 신자들도 한평생 신을 '직접' 보지 못한다), 이 세계를 구원이라는 사건으로

---

120 Giorgio Agamben, *Herrschaft und Herrlichkeit, Zur theologischen Genealogie von Ökonomie und Regierung*, übersetzt von A. Hiepko, Frankfurt/M, 2010, p. 17.

이끄는 보이지 않는 '섭리'에 의해 드러난다. 이처럼 '세속성'이라는 개념은 기독교 신학이 파루시아와 세계의 종말 이후에 펼쳐질 내세적 세계에 대립하여 현세를 이해하는 방식에서 비롯한 것이다.

그렇다면 근대 사회의 등장과 함께 이루어진 세속화는 무엇을 뜻했는가? 근대 사회는 기독교 신학의 기호학적 구조를 변화시키지 않으면서 기독교 신학의 기호와 개념을 근대적 자연법칙, 역사법칙, 정치적 구조 등의 영역에 관한 특정한 해석에 적용시켰다. 이러한 설명의 핵심은 '세속화된' 근대 이후의 세계는 서구 기독교 전통과의 단절이 아니라, 세속화된 방식을 통한 기독교적 사유 구조의 반복을 드러낸다는 점에 있다.

우리는 근대 세계의 '세속화된 신학적 구조'의 사례로 다음과 같은 것들을 들 수 있다. 예컨대 근대적 방식의 3권 분립은 권력을 분할 가능한 것으로 보지만, 동시에 이 분할 가운데에서 하나의 통일적인 국가권력이 성립된다는 사고를 보여준다. 절대왕정의 초월적 주권을 견제하면서 세속화된 방식으로 권력을 분할하고자 했던 근대의 자유주의적 권력 개념은 역설적으로 기독교적 삼위일체 신학과 동일한 구조를 공유한다. 그것은 나눠지면서도 나눠지지 않는 실체, 분리되면서도 동일한 하나에 관한 관념이다.

근대적 정교분리의 원칙은 어떠한가? 여기에는 30년 전쟁과 같은 종교전쟁의 피해를 예방한다는 목적이 드러나 있다. 그런데 (칼 슈미트 역시 지적하고 있듯이) 이렇게 국가와 사회, 공적 정치와 사적 믿음의 영역을 분리하는 사고방식은 절대왕정 시기의 일원론과 일신론monotheism을 극복하기 위해 근대 계몽주의자들이 내세웠던 이신론deism 신학의 영향 속에 형성되었다. 이신론 신학에 따르면 부동의 운동자로서 창조주는 세계의 용무에는 직접 관여하지 않으나, 세계는 신이 창조한 자체의 법칙과 섭리를 통해 조화를 유지한다. 이러한 근대적 방식의 신학은 아담 스미스를 비롯한 고전경제학과 시장주의적 자유방임주의('보이지 않는 손')의 관념에 영향을 주었다. 정교분리의 관념(정치적 국가는 사적 개인들의 신앙에 간섭하지 않는다)과 자유방임주의(정치적 국가는 사적 개인들의 이익 추구에 간섭하지 않는다)는 동일한 구조를 가지고 있으며, 양자는 근대적 이신론 신학(창조주 신은 세계의 운영에 직접 관여하지 않는다)의 영향 속에 이해될 수 있다.

이런 의미에서, "현대성이 신을 세계에서 추방함으로써, 그것은 신학에서 벗어나기는커녕, 섭리적 오이코노미아라는 (기독교 신학의) 기획을 완성한 것일 뿐"[121]이라는 아감벤의 설명은 타당한 면을 갖는다. 이러한 주장은 실은 이미 칼 뢰비트가 1949년 이래 전개한 소위 '세속화 테제'에서 표명된 생각의 확장이다. 뢰비트는 "근대 세계는 수 세기 간의 세속화 과정의 귀결이며, 따라서 동시에 기독

---

121 같은 책, p. 342. 근본적으로 현대성과 현대적 정치, 경제 구조에 반대하는 아감벤은 따라서 세속화의 논리에 대해서도 비판한다. 아감벤은 우리가 통상 세속화라고 부르는 secularization(secolarizzazione)과 구분되는 의미에서 profanation(profanazione)을 옹호한다. 그는 전자(번역어는 '환속화')를 초월적 힘을 세속적 영역에서 고스란히 되풀이하는 것으로 정의하며, 이에 반해 후자(profanazione)로서의 세속화는 신성한 제의를 위해 인간에게 분리되어 신에게 바쳐진 것을 인간이 공통으로 자유롭게 사용하도록 돌려주는 것으로 이해한다. 조르조 아감벤, 『세속화 예찬: 정치미학을 위한 10개의 노트』, 김상운 옮김, 난장, 2010, 107-116쪽.

교적이면서 비기독교적"[122]이라고 주장하면서, 근대 계몽주의가 발전시킨 역사적 진보의 사고는 세속화된 기독교적 종말론의 역사신학이라고 주장했다.

우리가 살펴본 대로 계몽주의적 진보 낙관주의는 새로운 자연법칙의 발전에 고무된 근대인들이 역사에 대한 그들의 사고를 (의식적으로든 무의식적으로든) 섭리 신학의 세속화된 관점 속에서 전개해 나간 것이었다. 자연에 법칙성이 있다는 자각을 기독교 신학적인 사유 구조(섭리 신학)라는 틀 속에 담아 전개했던 계몽주의적 자연관은 역사적 사유에 영향을 주었으며, 근대적 역사철학은 이러한 자연법칙의 필연성과 그 섭리의 메커니즘이 역사적 과정 속에서도 전개된다는 사고를 담고 있다. 우리가 확인했듯이, 이러한 사고는 '코뮨주의의 예비단계(맹아)로서의 부르주아 사회'라는 『선언』에서 표명된 맑스와 엥겔스의 역사 이해에도 영향을 미쳤다.[123]

논의의 진행을 위해 다시 근대 세계의 성격에 관한 설명으로 돌아오기로 하자. 이렇게 세속화된 기독교 신학 구조의 영향 하에서 형성된 근대 사회는 중세적 종교의 지배와의 단절을 표방하지만, 역설적으로 그 스스로 하나의 (유사) 종교적인 세계가 되었다. 이러

---

122 Karl Löwith, *Weltgeschichte und Heilsgeschehen*, p. 183.

123 이러한 『선언』에서의 맑스와 엥겔스의 섭리적 역사관에 부합하는 관점은 현대 맑스주의자들에게서도 종종 발견된다. 예컨대 네그리와 하트는 신자유주의 세계화의 여파로 국민국가가 사실상 소멸하고 전 지구적 자본의 제국이 만들어지는 현상을 코뮨주의로의 이행을 가능케 해줄 세계의 존재론적 변환으로 이해한다. 아감벤은 이러한 견해 속에서 단일 세계제국의 출현과 한 분의 참된 하느님의 승리를 예언한 기독교 교부 에우세비우스Eusebius의 섭리 신학과의 유사성을 발견할 수 있다고 주장한다. Giorgio Agamben, *Herrschaft und Herrlichkeit*, p. 25.

한 '근대 자본주의의 종교적 성격'에 관한 비판은 맑스의 후기 사유인 정치경제학 비판에서 핵심적 위치를 차지한다. 우리는 여기서 맑스가 역사 유물론을 정식화할 때 내세웠던 세속화의 이념이 다른 형태로 전개되는 과정을 확인할 수 있다. 이를 통해 세속화 원리의 새로운 측면을 확인하는 것은 맑스와 벤야민을 연결해 주는 비판적 사유의 현재성과 관련된 중요한 과제라 할 수 있을 것이다.

근대적 시장경제 체제에서 화폐는 주술적, 숭배적 기능을 담당한다. 여기에는 벤야민이 '숭배가치Kultwert'라고 부른 요소가 남아 있다. 각 국민국가는 화폐에 그 국가가 숭배하는 인물의 얼굴을 그려 넣는 관습을 가지고 있다. 여기서 숭배되는 사람의 얼굴은 그 인물이 가진 아우라를 드러내면서 종국에는 국가의 위엄을 상징한다. 화폐는 이러한 제의적 기능을 담당한다. 물론 이러한 화폐의 제의적 기능은 직접적으로 기독교로부터 유래한 것은 아니다. 예수는 '카이사르의 것은 카이사르에게, 하느님의 것은 하느님에게'라는 유명한 정식을 통해 그 스스로 세속화의 원리를 제시하면서 화폐의 제의적 기능이 기독교적 전통과 거리가 있음을 드러낸다. 근대 사회 역시 그러한 전통적 숭배가치와 아우라를 배제하는 탈주술화와 합리화의 원칙 속에 발전해 왔다.

그렇다면 우리가 물어야 할 질문은 화폐가 갖는 전통적 제의 기능은 어째서 세속적인 근대 사회에서 되풀이되는가 하는 것이다. 근대적 방식으로 수행되는 화폐의 주술적 기능은 화폐가 갖는 사회적 기능과 관련이 있다. '일반화된 상품교환 사회'(맑스)에서 화폐는 그 스스로 증식한다는 가상을 만들어낸다. 상품의 사용가치로부터 추상된 교환가치는 상품의 구체적 유용성과 무관한 양적 교환 비율이 이미 개별 상품에 내재해 있다는 의미에서 '자립화된 가상'을 야기하며, 이는 상품의 물신주의를 낳는다. 물신주의는 "교환자의 의지, 사전지식, 행동과 무관하게"[124] 진행되는 가치의 자기운동 과정의 귀결이다. 가치와 그 현상 형태인 교환가치는 사회의 실재적 관계를 모호하고 불투명하게 드러내는 "환등상적 형식 phantasmagorische Form"[125]이다.

이 환등상이 자아내는 사회적 관계의 모호함과 불투명성 때문에 개별 행위자는 상품의 가치가 어떠한 관계 속에서 증식하는지 이해하는 데 어려움을 겪는다. 상품 가치의 본성에서 비롯하는 이러한 물신주의는 가치의 진행 과정이 교환가치를 거쳐 화폐로, 자본으로 진행되는 과정에 불가피하게 수반되는 현상이다. 자립화된 교환가치인 화폐는 G(화폐)-W(상품)-G'(증식된 화폐)의 운동 과정에서 자기증식하는 성질로 나타난다. 화폐는 어째서 '스스로' 증식하는가? 여기서 맑스는 화폐가 '오컬트'라는 특징, 곧 "주술적 okkulte 성질"을 갖고 있다고 쓴다. 그리고 이 과정의 담지자인 상품의 가치는 스스로 증식하는 주체, 곧 "자동주체automatisches Subjekt"[126]의 모습으로 나타난다. 맑스 자신은 그 비밀의 원천을 밝

---

124 Karl Marx, *Das Kapital. Kritik der politischen Ökonomie. Erster Band* (Zweite Auflage), MEGA II.6, p. 105.

125 같은 책, p. 103.

126 같은 책, p. 172.

혀낸다. 가치의 증식의 원천은 잉여노동의 산물인 잉여가치인 것이다. 즉 가치의 자기증식의 원천은 착취에 있다. 자본은 결코 스스로 운동하지 않는다. 그러나 근대 자본주의의 사회적 관계는 자본이 스스로 운동하도록 만든다. 그리하여 우리의 눈에 자본은 스스로 진행되는 과정, 자동적으로 운동하는 기계의 형상을 띠고 있다.

근대 기계론자들은 세계를 자동기계로 이해했고 그 안에서 운동의 법칙성과 세계의 합리성을 인식하고자 했지만, 맑스가 보기에 자동기계란 자기 스스로 증식한다는 자본의 (필연적) 가상을 의미했다. 그것은 합리적인 세계의 표현이 아니라 물신화된, 비합리성에 의해 지배되는 세계의 표현이다. 환등상으로서의 세계, 자본주의의 (유사-종교적) 가상, (맑스의 용어를 그대로 쓰자면) "현실적 세계의 종교적 가상"[127]은 결코 근대 사회의 피상적인 부수 현상이 아니라 그 핵심을 형성한다. 그것은 "규제적 자연법칙으로서, 집이 머리 위로 무너질 때의 중력의 법칙과 같이 강제적으로gewaltsam 관철된다."[128]

이렇듯 맑스는 자연법칙의 필연성과 법칙성, 세계의 합리성에 대한 근대적인 믿음을 비웃는다. 그리고 상품의 등가교환이라는 (합리적) 원칙은 물신숭배로, 합리적인 세계는 비합리성으로, 세계의 탈주술화는 세계의 재주술화로 전도된다는 것을 밝혀낸다. 우리가 앞서 살펴본 근대적 이신론deisem 신학 역시 세계를 자동기계로 묘사하고자 했다. 그들은 부동의 운동자로서 창조주가 세계

---

127 같은 책, p. 110.

128 같은 책, p. 106.

에 최초의 힘을 가한 뒤에는 세계에서 일어나는 모든 사건들은 세계 자체의 합리적 법칙성에 따라 필연적으로 발생하는 것이라고 믿었다. 세계는 마치 정교하게 짜놓은 도미노와도 같아서, 누군가 손가락으로 최초의 힘을 가하면 나머지는 물리법칙에 의한 기계적 연쇄반응에 따라 자동적으로 쓰러지는 것이다. 이러한 이신론 신학의 자동기계론적 세계관은 자본이 자동 주체의 형상으로 나타나는 세계, 즉 자동 운동하는 기계가 인간을 지배하는 근대 세계에 부합하는 설명 방식이다.

여기서 하나의 역사적 역설이 등장한다. 중세적 기독교의 지배와 단절하려 했던 세속화된 근대 세계에서 다시금 초월적인 힘이 인간을 지배한다. 물론 이번에는 신이 아니라 화폐와 자본, 자동기계에 의한 지배를 의미한다. 여기서 발터 벤야민이『파사젠베르크』에서 "신화적 힘들의 재활성화"[129]라고 부른 과정이 출현한다. 종교의 미신적, 신화적 힘에 맞서 싸웠던 계몽주의가 역설적으로 다시 신화적 힘을 부활시킨 것이다. 호르크하이머와 아도르노는 총체적인 계몽은 그것이 '신화'이자 '미신'이라고 비판하는 중세적 신학의 자리에 세계의 이성적 법칙성을 대신 내세움으로써 이성의 물신주의에 빠졌다고 주장한다. 이를 통해 이들은 맑스가 정치경제학 비판에서 전개하고 발터 벤야민이 독자적으로 발전시킨 변증법적인 모더니티 비판의 구도(합리성의 비합리성으로의 전도)를 계승한다. '계몽이 신화로 후퇴'했다는『계몽의 변증법』의 유명한 비판

---

129 Walter Benjamin, *Das Passagen-Werk*, GS V, p. 494.

은 이러한 맥락에서 이해될 수 있다. "계몽된 세계에서 신화는 세속성Profanität으로 침투한다."[130] 어떠한 초월성도 부정하는 근대성은 철저한 실증주의로 귀결되었다. 논리적, 수학적 사고를 통해 분류와 체계화를 거쳐 모든 자연세계를 어떠한 미신적 비합리성의 잔재 없이 객관적으로 인식할 수 있다는 계몽적 사고와 그 세속성, 내재성의 원칙은 합리적 법칙성에 주술적, 신화적 힘을 부여한다.

이처럼 내재성의 원칙 속에서 역설적으로 초월적인 힘을 다시 끌어들인 모더니티를 하나의 종교적인 체계로 규정하는 맑스의 비판 수행(벤야민 역시 초기 단편인 「종교로서의 자본주의」에서 자본주의를 종교적 체제로 비판한다) 속에서 우리는 새로운 세속화의 원리를 발견한다. 아감벤과 뢰비트가 주장한 세속화의 의미 속에서 근대 세계는 기독교 신학으로부터 그 초월성의 원리를 배제하지만 동시에 동일한 의미 구조를 되풀이하고 있다. 청년 맑스의 종교 비판과 그의 중기 저작에서 정식화된 역사적 유물론에서도 이러한 의미의 세속화가 수행된다. 초기 저작에서 맑스는 포이어바흐의 이론틀을 차용해 천상의 힘을 지상으로 끌어내리고, 지상의 인간을 그 본래적 본질로 고양시키는 것을 목적으로 삼는다. 여기서는 (물구나무선) 기독교 신학과 동일한 구조가 '인간 본질'의 범주를 둘러싸고 되풀이된다. 신이 자신의 형상대로 인간을 만든 것이 아니라 인간이 자신의 형상대로 신을 만들었다. 따라서 위대한 것은 신이 아니라 인간이다. 더 이상 신적인 천상의 힘이 예찬되지 않지만, 동일한

---

130 Theodor W. Adorno, Max Horkheimer, *Dialektik der Aufklärung*, p. 45.

논리 구조가 주어와 술어를 바꿔가면서 등장한다. 중기의 역사 유물론적 사유에서 맑스와 엥겔스는 독일 철학의 지반을 넘어서 역사적 운동의 물질적 토대를 밝혀내고자 했다. 여기서는 자연목적, 이성, 정신 등의 범주들이 생산력이라는 물질적 힘으로 대체된다. 주어가 관념이 아니라 물질로 바뀌었을 뿐, 역사가 그 법칙성에 따라 진보한다는 칸트와 헤겔의 고전적 역사철학의 동일한 문제틀(진보사관)이 되풀이된다.

반면 물신주의 비판에서의 맑스는 근대 세계가 그 세속성, 내재성의 원칙을 표방하는 합리적 세계라는 외양을 갖고 있지만, 실제로는 물신의 지배를 받는 비합리적인 전도된 세계라는 점을 폭로한다. 이러한 세속화된 근대 자본주의의 이율배반을 폭로하는 작업은 단순히 기존의 논의 구조를 한 단계 하강시켜(신 → 인간, 또는 관념 → 물질) 동일하게 전개하는 방식의 세속화가 아니다. 오히려 여기서는 세속화된 세계가 역설적으로 내포하고 있는 초월적인 힘의 지배를 폭로하는 것이 관건이 된다. 이러한 비판은 기존에 수행된 세속화의 원리가 갖는 구조적 결함을 들춰내는 것을 목표로 한다. 따라서 이러한 성숙기 저작에서 드러나는 맑스의 물신주의 비판의 문제 설정을 나는 '세속화에 대한 메타비판'으로 부르고자 한다.

그러나 이러한 (메타)비판 역시 세속화의 과제를 (기존과는 다른 방식으로) 수행하고 있다. 그것은 자본주의 경제의 신화적, 초월적 지배를 비판함으로써, 자립화된 가상의 지배를 폭로함으로써 인간들의 세속적인 정치적 힘('자유로운 개인들의 연합')으로 운영될 세계를 향해 나가는 방식의 세속화다. 따라서 여기서 두 가지 세속화가 구분된다. 하나는 (신학 비판이라는 애초의 의도와 달리) 신학의 기호학적 의미 구조를 그대로 차용하는, '기호학적 반복'으로서의 세속화이며, 다른 하나는 이러한 구조적 반복을 메타적 차원에서 들춰내는 비판으로서의 세속화, 곧 세속화에 대한 '메타비판'으로서의 세속화다. 우리는 근대 세계에서 이 두 가지 세속화의 원리 사이에 진행되어 온 싸움에 주목할 필요가 있다.

마지막으로 언급되어야 할 사실은 메타비판으로서의 세속화는 신학적 사유 전체를 거부하는 태도와는 구분된다는 것이다. 오히려 신학적 논의를 근본적으로 거부하려는 사유는 세계의 절대적 내재성이라는 종교적 입장으로 귀결될 수 있다. 신학적 사유를 극복하고자 했던 계몽주의적 세속화의 사유는 실증주의에 이르러 극단적인 방식으로 세계의 내재성을 강조한다. 우리가 경험하는 세계의 배후에 대한 이성의 관심은 가상적인 환영에 불과하며, 이러한 환영이 형이상학과 신학이라는 이름으로 인간을 지배해 왔다. 그에 맞서 실증주의는 현재를 넘어서는 상태나 원리에 대한 모든 상상력을 차단한다. 반면 그러한 방식의 실증주의적 사고, 총체화된 계몽은 역설적으로 신화적 힘을 재활성화하면서 합리성의 물신주의로 귀결된다. 이것이 근대적 세속화의 반反신학주의적 태도가 갖는 역설적 귀결이다.

아도르노는 이렇듯 우리가 경험하는 현존 세계의 이면에는 아무것도 존재하지 않는다고 말하는 실증주의에 맞서 일종의 초월성

(현재를 넘어섬)을 사유해야 한다고 말한다. 그렇지 않을 경우 우리는 주어진 현재의 상태, 현재 벌어지고 있는 폭력과 고통, 현재의 사회구조를 자연적인 것, 필연적인 것, 긍정적인 것으로 사고하게 될 것이며, 변화의 가능성은 사라지기 때문이다. 여기서 신학적 사유의 진리계기가 드러난다. 그것은 '신 존재 증명'과 같은 전통적 사고를 말하는 것이 아니다(칸트가 말한 대로 신의 존재 여부는 이론적으로 증명 불가능한 영역이 아닌가). 그것은 오히려 계몽화된 세계의 세속화된 힘이 갖는 초월성, 신화성, 비합리성을 비판하면서 현재를 넘어서는 원리를 사유하려는, 세속화된 세계에 대한 '신학적 비판'을 의미하는 것이다. 이러한 사유는 세계에 관한 합리적 설명을 통한 가상의 제거라는 계몽주의의 본래적 이념과 대립하지 않으며, 물질세계의 변화 과정이 해방의 필수적 전제라는 유물론과도 대립하지 않는다. "유물론이 가장 유물론적인 곳에서 그것은 신학과 일치를 이룬다."[131]

벤야민이 맑스의 세속화라는 과제를 일관되게 수행하기 위해서 '신학'이라는 요소를 끌어들이는 배경 역시 같은 맥락에서 이해될 수 있다. ('기호학적 반복'으로서의) 세속화에 대한 '메타비판'이라는 의미에서의 세속화는 세속화된 세계의 신화적 힘들을 '비판'하기 위해서 신학적 사유의 요소들을 요청한다. 우리는 이제 세속화, 유물론 그리고 신학적 사유 사이의 이러한 중층적이며 복합적인 짜임 관계 속에서 벤야민의 사유를 고찰하기로 한다.

---

131 Theodor W. Adorno, *Negative Dialektik*, p. 207.

3장

벤야민: 지금 여기 / 억눌린 자들의 메시아

발터 벤야민Walter Benjamin(1892-1940)의 역사적 사유는 특히 그 가장 성숙한 형태 속에서 맑스주의적 역사 유물론의 수용과 변형 속에 형성되었다. 억압받는 집단이 스스로의 해방을 이뤄야 하며, 근대 세계는 그러한 조건이 창출된 역사적 시기라는 맑스와 엥겔스의 해방적 서사는 벤야민의 사상에 결정적 영향을 미친다.

물론 벤야민이 그의 사유를 처음부터 맑스주의와의 관계 속에서 전개해 나갔던 것은 아니다. 초창기 벤야민은 독일 낭만주의 철학과 유대교 신비주의 사상 전통이 결합된 독특한 사유를 전개하면서 정치적으로는 니힐리즘적인 색채를 띠고 있는 아나키즘에 가까운 입장을 보였다. 그러나 1917년 러시아 혁명과 1918년 독일혁명 이후의 정치적 분위기와 초현실주의, 아방가르드 예술의 확산으로 이어지며 전 유럽을 휘감은 급진화의 시기는 벤야민을 지나쳐가지 않았다. 1923년 출간된 루카치의 저서 『역사와 계급의식』을 읽은 벤야민은 1924년 휴양지 카프리 섬에서 러시아 볼셰비키의 정신으로 충만한 라트비아 출신의 영화감독 아샤 라치스Asja Lācis와 교류하면서 맑스주의로 기울었으며, 1929년부터 덴마크 스벤보르에서 맑스주의 시인이자 희곡작가인 브레히트Bertolt

Brecht와의 토론을 통해 본격적으로 역사 유물론적 사유를 받아들였다. 1930년대에는 히틀러의 집권 이후 이곳저곳을 망명하던 프랑크푸르트 사회조사연구소와의 이론적 교류 속에서 유물론적 문화이론과 역사이론의 저술들을 쏟아냈다.

그러나 역사적 유물론을 받아들인 이후에도 벤야민은 한 번도 그의 초기 사유를 지배했던 낭만주의적 사고방식과 유대 메시아주의의 영향, 그리고 신비주의와 결합된 니힐리즘적 아나키즘 성향을 완전히 버린 적이 없었으며, 이 때문에 그와 교류했던 모든 지식인들로부터의 비난을 감수해야 했다. 그가 죽은 지 한참이 지난 뒤인 1968년 정치적 격변의 와중에 독일『슈피겔』지가 낸 특집 기사의 제목처럼 그는 '맑스주의자 랍비'라는 형용모순적인 이름으로 불리며 오랫동안 난해하고 신비로운 사상가의 대명사가 되었다.

미카엘 뢰비에 따르면, 벤야민에게서 드러나는 이러한 조화 불가능해 보이는 사유원천들의 결합은 그의 사유에 대한 두 가지 해석상의 편향으로 이어진다. 여기에는 1)'인식론적 단절'이라는 (알튀세르로부터 유래한) 사고방식에 입각해, 벤야민의 청년기 신학적 저작들을 성숙기의 유물론적, 혁명적 저작들과 분리해서 사고하는 경향이 있으며, 또한 2) 거꾸로 벤야민의 저작들 전체를 유기적인 통일체로 가정, 초기의 사유들이 굴절이나 변형 없이 후기로 이행한다는 견해 역시 존재한다. 이 후자의 견해는 1920년대 중반 루카치 저서의 독해, 라치스와의 교류 등을 통해 맑스주의에 관심을 갖게 되고 1929년 브레히트와 교류하면서 발전시킨 사유와 그것이 벤야민에게 남긴 결정적 전환의 흔적들을 무시하는 경향을 보인다. 이에 맞서 뢰비는 벤야민 사유의 연속성과 전환과 단절을 함께 사유해야 한다고 주장한다.[132]

그러나 이것은 사실 쉽지 않은 요구다. 무엇보다 벤야민의 사유 과정에서 두 가지 요소들이 어떠한 방식으로 혼합되는가를 이해하는 것은 쉽지 않다. 아도르노와 함께 벤야민 전집을 간행했던 롤프 티데만이 '역사적 유물론이냐, 정치적 메시아주의냐'라는 질문을 던진 것 역시 어찌 보면 이해가 가는 대목이다.[133] 역사적 유물론이라는 사유 경향과 유대 메시아주의의 요소는 사실 결합되기 어려운 이질성을 가지고 있으며, 어중간하게 양자를 통합함으로써 프롤레타리아트를 '역사적 구세주'로 만드는 방식의 사고로 이어지게 된다면 그러한 이론은 선언적인 의미 이외의 현실적 설득력을 상실할 것이 분명하기 때문이다.

우리의 접근 방식은 벤야민의 이론을 '세속화'라는 과제의 관점에서 이해해 보자는 것이다. 그것은 세속화에 대한 새로운 사고방식을 요구한다. 또 현대성을 세속성과 초월성 사이의 역설적 관계 속에서 파악하는 특수한 이해 방식을 요구한다. 이를 통해 우리는 벤야민에게서 드러나는 새로운 세속화의 과제가 궁극에서는 억압받는 자들의 자기해방이라는 역사적 유물론의 과제를 일관되게 사유하고자 했던 시도였음을 이해하게 될 것이다.

---

132 미카엘 뢰비, 『발터 벤야민: 화재경보』, 양창렬 옮김, 난장, 2017, 21쪽.

133 Rolf Tiedemann, *Dialektik im Stillstand. Versuche zum Spätwerk Walter Benjamins*, Frankfurt/M, 1983, p. 131.

1) 맑스(주의)와 벤야민

벤야민의 역사철학적 고찰이 응축되어 있는 그의 유작 「역사의 개념에 관하여」(일명 「역사철학테제」)를 살펴보기 전에, 우리는 이 짧은 분량의 테제들을 완성하기 위해 그가 남긴 메모들을 먼저 살펴보기로 한다. 여기에서 우리는 벤야민이 맑스, 그리고 맑스 사후의 맑스주의에 관해 남긴 성찰의 흔적들을 발견한다.

"맑스는 계급 없는 사회의 관념 속에서 메시아적 시간의 관념을 세속화했다. 그리고 그것은 그런대로 괜찮았다. 재앙은 사회민주주의가 이 관념을 '이상'으로 고양시켰을 때 생겨났다."[134]

여기서 벤야민은 계급 없는 사회에 관한 맑스의 역사 유물론적 사유가 메시아적 시간의 세속화에서 비롯한 것임을 주장한다. 벤야민은 이 세속화라는 과제가 "그런대로 괜찮았다das war gut so"고 적어 놓음으로써, 자신이 세속화라는 맑스의 과제를 이어받고

---

134 Walter Benjamin, *Anmerkungen zu 'Über den Begriff der Geschichte'*, GS I.3, p. 1231.

있음을 암시한다. 그러나 이러한 세속화의 수행은 제2인터내셔널의 사회민주주의자들에 의해 역사 유물론이 체계화된 교조주의로 정식화됨에 따라 문제에 봉착한다. 여기서 사회민주주의자들이 이상화시킨 맑스의 사고는 역사적 진보를 향한 법칙과 관련된 것이다. 그러한 사고에서 계급 없는 사회는 역사의 최종목적으로 상정된다.

여기에 더해 사회민주주의자들이 정치적 성과를 거두기 시작하던 19세기 후반, 한편으로는 기술 결정론과 실증주의가 유럽 지성사의 거대한 흐름을 이루고 있었으며, 다른 한편으로는 이를 다윈의 진화론과 결부시켜 역사를 자연도태, 적자생존 등의 진화론적 범주로 해석하려는 사고 역시 대두한다. 사회민주주의자들은 이러한 지적 분위기의 한복판에서 실증주의적 관점에 입각하여 기술에 대한 낙관적 예찬에 사로잡힌 채 진화론적 역사 이해를 발전시킨다. 벤야민은 『수집가이자 역사가 에두아르트 푹스』라는 글에서 19세기 후반 맑스 사후의 엥겔스와 아우구스트 베벨 등 독일 사회민주주의의 이론적 지주들이 지니고 있었던 사고방식을 다음과 같이 예리하게 지적한다.

"베벨에게서 자연과학에 대한 평가는 그 결과의 계산적 정확성에서 기인하는 것일 뿐 아니라, 무엇보다도 그것의 실천적 응용 가능성에서 기인하는 것이다. 이후 엥겔스에게서도 자연과학은 이와 유사하게 기능하는데, 그는 기술에 의존하여 칸트의 현상주의를 논박할 수 있다고 생각하였다. 즉 기술은 자신의 성과를 통해 우리가 '물자체'를 인식한다는 것을 보여줄 것이라고 말이다."[135]

이러한 기술 낙관주의적, 실증주의적 사고방식은 기술 발전이 곧 인간 역사의 진보를 의미한다는 사고로 이어진다. 그렇다면 과거는 언제나 지금보다 열등했던 상태, 미발전의 상태로 인식될 뿐이다. 반면 미래는 기술 발전에 따라 이룩될 더욱 고차적인 인간 상태로 제시된다. 이러한 관점은 더욱 발전된 민족이 문명의 발전 속도에 뒤쳐진 민족들에 비해 '진보한' 민족으로 여겨지고, 따라서 앞서나가는 민족은 후발 주자 민족이 역사적으로 진보할 수 있도록 이끌어야 한다는 사고로 이어진다. 이러한 사고가 다윈의 진화론과 만날 경우, 진보한 민족은 우수한 민족으로, 뒤쳐진 민족은 열등한 민족으로 인식되면서, 자연도태 원칙에 따라 진보를 이룩한 민족이 세계를 이끌어가는 것이 정당화된다. 이것이 19세기 후반 서구의 제국주의적 팽창의 논리였다. 제국주의자들과 마찬가지로 기술 만능주의적, 실증주의적 관점과 진화론적 관점을 모두 가지고 있었던 사회민주주의자들은 이러한 논리에 제대로 된 비판을 내놓지 못하였다.

심지어 제2인터내셔널의 일부는 서구의 제국주의적 식민 지배를 역사의 필연적 과정으로 정당화하기에 이른다(그것이 세계혁명을 준비하는 불가피한 과정이라는 논리였다). 급기야 20세기 초 식민

---

135 Walter Benjamin, *Eduard Fuchs, der Sammler und der Historiker*, GS II.2, p. 474.

지배 주도권을 놓고 강대국들 간의 세계대전이 벌어지자 카우츠키와 독일 사회민주당의 주류 지도부는 이 전쟁을 찬성하면서 전시 공채 발행에 찬성표를 던졌다. 제2인터내셔널과 사회민주주의자들은 기술의 발전의 재앙과 제국주의적 전쟁이 초래한 전 지구적 파국을 예측하지 못했고, 대비하지 못했으며, 오히려 이를 정당화함으로써 '억압받는 자들의 자기해방'이라는 역사적 유물론의 정신을 훼손하였다.

이렇게 카우츠키를 필두로 한 제2인터내셔널의 맑스주의자들은 역사를 진화론적 관점에서 사고하고 기술 발전에 대한 실증주의적 사고를 받아들여, 자본주의로부터 더 고차적인 사회로의 진보를 기술 발전에 의한 일종의 자연법칙적 필연성으로 신봉하고 있었다. 이들이 청년 맑스를 인용해 종교를 비판하고, 신의 섭리와 예정조화를 대신해 물질의 법칙을 왕좌에 앉힌 그 순간에, 그들은 부지불식간에 물질적 법칙을 또 하나의 역사적 '섭리'로 만들어 버렸으며, 역사는 '구원'(자본주의의 자동 붕괴)을 향해 나아가는 직선적 과정이 되었다. 그러한 관점에서 역사적 시간은 '혁명적 상황'의 도래를 기다리는 안락한 대기실과 같은 것으로 이해된다.

그렇다면 세계대전의 와중에 러시아혁명을 성공시킨 레닌과 러시아의 코민테른 지도부는 근본적으로 다른 역사관을 가지고 있었을까? 물론 레닌과 볼셰비키는 제2인터내셔널의 수동적이고 관조적인 태도를 비판하면서 근본적인 단절을 선언하고, 적극적이고 능동적인 정치 개입을 통해 혁명을 성공시킨다. 그러나 궁극적으로 코민테른 역시 역사의 진보는 막을 수 없는 흐름이라는 관념에 사로잡혀 있었다. 레닌은 제국주의를 자본주의의 '최고 단계'로 부르면서, 제국주의 시대는 곧 자본주의의 종말이 가까워왔다는 것을 증명한다고 생각했다. 1929년 세계 대공황 이후 코민테른은 자본주의가 '제3기'라는 혁명적 시기에 돌입했으며, 따라서 각국의 공산당 지도부는 봉기와 폭동을 준비하라는 지령을 내린다. 그리하여 독일에서 공산당은 이미 혁명적 분위기가 가라앉은 이후임에도, 바이마르 공화국을 서둘러 무너뜨리고 사회주의 정권을 세워야 한다고 생각했다. 그들의 이러한 낙관주의는 1차 대전 이후의 암울한 정세와 세계 대공황의 절망적 상황 속에서 독일인들이 파시즘이라는 극단적 선택지를 택할 수도 있다는 것을 예상하지 못하도록 만들었다. 1932년 선거에서 독일 공산당은 사회민주당과의 연합을 거부했고, 1933년 1월 히틀러와 나치당의 집권을 저지하지 못했다. 역사의 진보는 필연이라는 믿음은 레닌 이후 코민테른 지도부에게도 영향을 주었고, 그들은 도래할 파국을 막을 수 있는 아무런 힘도 보여주지 못했다. 오히려 이미 그들에게 더욱 중요했던 것은 파시즘을 저지하는 것이 아니라, 러시아에서 이룩한 자신들의 권력을 공고히 하는 것이었다. 혁명의 성과를 독재권력의 수립으로 고착화시킨 스탈린에게 '역사의 진보'란 자신의 권력 장악이 역사의 법칙이자 필연이라는 식의 정당화에 봉사하는 이데올로기일 뿐이었다. 러시아 내에서의 산업 발전이 곧 사회주의 혁명의 승리를 의미한다는 스탈린의 개발독재 노선에 반대했던 혁명가

트로츠키는 추방되었다.[136]

이처럼 역사의 진보라는 관념은 모든 맑스주의자들을 사로잡고 있는 신화적 환등상이었다. 반면 벤야민이 보기에, "계급 없는 사회는 역사 속에서 진보의 최종목적이 아니라, 종종 불행으로 귀결된, 결국은 실행될 진보의 중단이다."[137] 역사의 최종목적— 우리가 보았듯이, 이러한 사고방식은 기독교의 종말론적 역사관이 근대의 역사적 사유에 남긴 흔적이다—을 향한 진보가 아니라, 역사적 과정의 '중단'이 필요하다. 여기서 근본적 인식의 전환이 일어난다. 그리고 그러한 전환은 비단 맑스 사후의 사회민주주의자들에 의한 (그리고 코민테른과 소비에트 맑스주의에 의한) 맑스주의의 교조화뿐 아니라, 맑스 자신이 암시하고 있는 역사적 진보에 대한 낙관 역시 겨냥하는 것이었다.

"맑스는 혁명이란 세계사의 증기기관차라고 말하였다. 그러나 아마도 상황은 완전히 다를지도 모른다. 아마도 혁명은 이 열차에서 여행 중인 인류가 비상 브레이크를 잡는 일일 것이다."[138]

---

136 이 대목에서 미카엘 뢰비의 이론적 기여를 언급해야 한다. 그는 벤야민이 제2인터내셔널과 사회민주주의자들뿐 아니라 스탈린주의 러시아에 대해서도 적대적이었음을 논증한다. 그는 벤야민이 (한나 아렌트의 남편이기도 했던) 하인리히 블뤼허와의 교류 속에서 스탈린주의와 소련 비밀경찰에 대한 비판을 전개했다고 밝히고 있다. 블뤼허는 독일 공산당의 좌익 반대파 지도부였으며, 이러한 입장 때문에 공산당에서 제명되고 만다. 이러한 분위기 속에서 벤야민은 추방당한 (그리고 벤야민이 죽은 해 멕시코에서 살해당하는) 러시아 혁명가 트로츠키에 대한 큰 관심을 보이기도 했다. 미카엘 뢰비, 『발터 벤야민: 화재경보』, 40-41쪽.

137 GS I.3, p. 1231.

138 같은 책, p. 1232.

벤야민은 이 비상 브레이크를 잡는 행위를 역사 속에서 메시아적 힘을 발견하는 것과 동일시한다. 이를 통해 그는 맑스가 수행하고자 했던 과제, 즉 '계급 없는 사회의 관념 속에서 메시아적 시간의 관념을 세속화'하는 과제를 이어받고자 한다. 여기서의 관건은 역사를 바라보는 시선의 이동이다. 맑스가 세속화라는 과제를 수행하면서 바라보고자 했던, 지상의 고통받는 피조물들의 삶, 투쟁, 그리고 해방의 과정으로서의 역사는 역사적 유물론이 내포하고 있는 목적론의 잔재 속에서는 생산력의 증대와 모순의 축적이라는 법칙적 요소로 대체된다. 그러한 시선은 따라서 미래를 향한다. 그것은 물론 맑스의 본래 의도와 모순되는 것이다. 인류의 장밋빛 미래를 그리는 것은 맑스의 의도가 아니었다. 현세의 억압과 착취를 고발하는 비판이 그의 본래적 의도였던 것이다. 따라서 그러한 시선은 역사의 미래가 아니라 과거, 즉 쓰러져간 사람들의 역사에 주목해야 했다.

맑스의 이론에 남아 있던 잔재들을 토대로 역사적 유물론을 진화론적 목적론으로 교조화시킨 사회민주주의자들은 이러한 맑스의 의도를 철저하게 살리지 못했다. 그들이 바라보는 역사적 시간속에서 과거는 이미 소멸한 것에 불과하며, 따라서 과거를 살았던 사람들의 역사 역시 되풀이되지 않는다. 그들은 정세가 무르익기만을 기다릴 뿐이다. 따라서 그들은 도래할 혁명적 상황, 즉 미래를 응시한다. 반면 벤야민은 세속화라는 과제를 통해 맑스가 제기한 애초의 시선으로 돌아가고자 한다. "역사의 과제는 억압받는 사람들의 전통을 붙잡는 것이다."[139] 물론 이러한 시선은 맑스 자신의 불충분함을 이해하고 맑스 역시 비판하는 것, 즉 "맑스의 진보 이론 비판"[140]을 포함한다. 그리하여 역사적 유물론은 역사적 진보에 관한 관념과 그것의 토대를 이루는 역사적 연속체에 대한 생각 대신에 다른 요소들을 통해 재구성되어야 한다. "세 가지 계기들이 유물론적 역사관의 토대 속으로 스며들어야 한다. 역사적 시간의 불연속성, 노동계급의 파괴적인 힘, 억압받는 자들의 전통."[141]

마르쿠스 하벨은 이러한 벤야민의 혁명관이 맑스의 그것에 대해 갖는 차이를 다음과 같이 정식화한 바 있다. 그에 따르면, 맑스의 역사적 관점 속에서 혁명은 오로지 건설적 역할만을 수행한다. 1) '세계사의 증기기관차'로서 폭력 혁명은 낡은 사회가 잉태하고 있는 새로운 세계를 낳는 '산파'의 역할을 하며, 2) 자유의 진보 과정으로서 역사라는 관념과 결부되어 있다. 이것은 3) 역사는 '자동 주체'로서의 자본에 대항하여 인간에 의해 만들어진다는 것을 암시하며, 4) 계급 없는 사회가 역사의 '최종목적'으로 간주된다는 점에서 또한 혁명의 건설적인 기능이 드러난다. 반면 벤야민에게서는 '정지상태로서 혁명'이라는 사고가 특징적이다. 그것은 건설적konstruktiv이면서 동시에 해체적dekonstruktiv인 역할을 맡으며, 이를 통해 현재 사회의 재구성Rekonstruktion이 가능해진다.[142]

---

139 같은 책, p. 1236.

140 같은 책, p. 1239.

141 같은 책, p. 1246.

142 Markus Hawel, *(Un-)wägbarkeiten der Geschichtsphilosophie zwischen Fluch und*

이러한 관점의 차이는 결국 무엇을 의미하는가? 맑스가 수행했으며 벤야민이 계승하고자 했던 세속화라는 과제로 돌아와 보자. 벤야민에게 세속화란 무엇이며 맑스의 이론과 어떠한 관계를 맺고 있는가? 이러한 질문에 답하기 전에 또 하나의 물음이 생겨난다. 벤야민은 어째서 맑스(주의)가 상정하는 역사적 유물론의 도식을 정정하기 위해 '신학'을 끌어들였을까? '세속화'라는 과제를 수행해야 할 역사가가 어째서 다시 신학에 주목해야 했던 것일까? 그것은 세속화가 아니라 유물론의 '재신학화'가 아닌가? 이 복잡하게 얽혀 있는 물음들에 답해 나가는 가운데, 맑스와 벤야민을 교차하며 나타나는 '유물론적 해방서사'와 '세속화' 사이의 짜임 관계에 관해 조망해 보는 것이 우리의 남은 과제다.

Erlösung. Walter Benjamin und dir Kritische Theorie, in: Schröder, Thomas/ Engelmann, Jonas (Hg.): *Vom Ende der Geschichte her. Walter Benjamins geschichtsphilosophische Thesen*, Mainz, 2017, p. 26-27.

2) 유물론과 신학의 마주침

벤야민에게 신학은 실증주의로 변질된 제2인터내셔널의 맑스주의를 포함, 모든 형태의 역사적 목적론에 내재한 신화적 표상에 대항하는 무기였다. 그의 과제는 버림받고 배제된 것들 속에서 메시아의 일그러진 형상을 발견함으로써 목적론적 역사철학의 신화적 잔재를 극복하는 것이었다. 따라서 벤야민의 이론 구성 속에서 신학적 요소들은 결코 비의秘儀적, 신비주의적 세계관을 의미하지 않는다. 또 선과 악을 이분법적으로 나누는 단순한 사고방식 역시 아니다. 이러한 표상들은 '담론'으로서의 신학이라기보다는 '제도'로 체계화된 '종교'가 만들어낸 산물이다(그리고 우리가 보았듯이, 근대 자본주의는 하나의 종교적 체제를 이루고 있다). 하나의 담론으로서 신학은 체계화된 종교의 정당화와 무관한 것이다. 벤야민에게 중요한 것은 담론적인 요소로서, 이론적 매체로서의 신학과 메시아주의였다. 이는 신학적 담론을 해방의 서사에 결합시켜 신화적인 반복(영원회귀)으로 퇴행한 현 시대의 역사에 파열음을 내기 위한 것이었다. 따라서 벤야민에게서 신학은 동시에 계몽(신화와 주술의 지배에 대항하는 이론적 저항)의 요소이기도 하다. 양자는 공통적으로 신화적 세계와 그 세계관을 극복하고자 한다. 벤야민은 (일부 사람들이 오해하듯) 결코 신비주의 사유에 취해 나른한 초현실주의적 꿈의 도취에 머물고자 한 것이 아니라, 꿈의 힘을 통해 신화적 반복의 사슬을 깨는 각성, 그리고 그러한 각성이 이루어지는 역사적 시간을 이론화하고자 한 것이다. 이것은 신화에 대한 계몽적 비판이 신학의 어느 요소들을 수용함으로써만 가능한 일이었다.

벤야민에게 신학은 신의 존재를 증명하는 목적으로 사유된 것이 아니었다. 그러나 역사 속에 갑작스럽게 출몰하는 사건, 억압받는 사람들의 각성과 해방을 향한 주체화에는 일종의 메시아적인 요소, 곧 기적과 구원이라고 불릴 만한 요소들이 내포해 있다. 역사의 진행과 반복이라는 수레바퀴를 깨는 사건이 어떻게 출현하는가를 설명하는 것은 단순한 경험과학적 이론의 언어만으로 표현하기가 쉽지 않다. 견고해 보이던 흐름에 균열이 나타나고, 중단될 수 없는 과정이 갑작스레 중단되면서 강해 보이던 하나의 지배체제가 종말을 맞이하는 순간은 많은 사람들에게 기적처럼 체험된다. 유대-기독교 신학에서 구원과 동일시되는 메시아의 출현은 억압받는 사람들에게는 현재의 중단이라는 사건을 의미한다. 이처럼 신학의 언어는 경험과학의 언어로는 표현 불가능한, 현존을 넘어서고자 하는 의지와 소망을 담아낼 수 있는 이론적 요소를 포함하고 있다.

문제는 이러한 메시아적인 사건의 출몰은 미리 프로그램이 짜여 있는 섭리의 예정조화가 아니라 사건으로, 우발적으로 우리에게

계시된다는 것이다. 이러한 의미의 정치적 메시아주의는 역사적 흐름을 중단시킬 사건의 출몰을 물질적 관계들의 변화와의 관련 속에서 설명할 수 있는 유물론적 관점과 맞물려 있다. 그러한 유물론은 비판적 신학을 자신의 동맹자로 설정함으로써 종교의 초월성이 아니라 역사의 내재성 속에서 기적, 곧 기존 질서의 중단과 새로운 사건의 도래를 이론화할 수 있다.

그러나 역사적 유물론이 '역사의 진보'라는 신화를 받아들이게 되면 이러한 사유는 이뤄질 수 없다. 역사적 진보에 관한 체계화된 믿음이 신화적인 이유는 그것이 반복과 파국이라는 경험을 외면하고 진보를 맹목적으로 가정함으로써 실제로는 인간을 역사의 굴레에 예속시키기 때문이다. 이제 우리는 어째서 (그 자체 기독교 종말론의 세속화 버전인) 근대 진보사관의 '신화적' 잔재를 '신학'의 힘을 통해서 깨야 하는가 하는 물음에 대답할 수 있다. 이제 유물론이 역사의 물질적 법칙에 집착함으로써 또 다른 역사 목적론과 진보 낙관주의로 변질되는 것을 막기 위해서, 억압받는 집단의 해방에 대한 소망을 이론적 언어로 표현하기 위해서 유물론은 신학의 도움을 필요로 한다. 신학이 제공하는 해방적 상상력의 언어를 토대로, 유물론은 그것의 현실적 실현을 위한 토대를 냉철하게 분석한다. 양자는 상호 동맹을 맺음으로써, 유물론이 실증주의적, 진화론적 목적론으로 퇴행하는 것을 막고, 신학이 신화로 퇴행하는 것을 상호 견제한다. 수전 벅모스의 다음과 같은 정리는 벤야민을 이해하는 데 타당하다고 할 수 있겠다.

"신학(초월성의 축) 없이는 맑스주의는 실증주의로 전락한다. 맑스주의(경험적 역사의 축) 없이는 신학은 주술로 전락한다. 변증법적 이미지는 바로 '주술과 실증주의 사이의 교차로'에서 출현한다. 그러나 이 정지점에서 두 갈래 '길'은 부정되며 동시에 변증법적으로 극복된다."[143]

이러한 신학과 (역사적) 유물론의 상호 관계를 이미지를 통해 시각화한 것이 「역사의 개념에 관하여」의 가장 유명한 1번 테제다. 여기에 등장하는 비유는 어떤 적수를 만나든 반드시 이기게끔 고안되어 있는 체스 인형 자동기계를 통해 역사적 유물론을, 그 안에 쪼그려 앉아 실제로 체스를 두는 곱추난장이를 통해 신학을 형상화하고 있다.

"'역사적 유물론'이라고 불리는 인형은 언제나 승리할 것이다. 그것은 주지하다시피 오늘날 왜소하고 흉측하며 쳐다볼 수조차 없는 신학을 고용할 때, 그 누구에게서든 승리를 얻어낼 수 있을 것이다."[144]

이 구절은 미카엘 뢰비가 언급한 대로, "신학은 억압받은 자들의 투쟁에 봉사한다"는 사실, 즉 "비참한 자동기계로 환원된 역사적 유물론의 폭발적이고 메시아적이며 혁명적인 힘을 복구하는 데 쓰

---

143 Susan Buck-Morss, *The dialectics of seeing*, p. 249.

144 GS I.2, p. 693.

여야 한다"[145]는 의미로 이해되어야 한다. 유물론은 그 자체로는 자동기계에 불과하다. 그것만으로는 상대를 제압할 수 없다. 신학은 체스의 고수이지만, 전면에 드러나는 순간 모두의 미움을 살 것이다. 양자의 결합은 서로를 보완한다. 그중에서도 유물론이 신학을 고용함으로써, 즉 신학의 힘을 활용함으로써 시합에서 승리할 것이다(그 역이 아니다).

그런데 이 유명한 테제에서 벤야민은 왜 신학을 왜소하고 흉측한 모습으로 기계 속에 쪼그리고 앉아 있는, 남들에 의해 보이지도 않는 곱추난쟁이로 묘사하고 있는 것일까? 이를 두고 학자들은 다양한 해석들을 제시해 왔다. 필자가 보기에 벤야민의 이 이미지는 그의 유년기에 대한 회상과 결부되어 있다. 『1900년경 베를린 유년기』라는 에세이에서 벤야민은 어린 시절 자신의 경험을 독자들에게 전하고 있는데, 그 내용 중에는 자신이 속해 있는 부르주아 가정에서의 안온한 삶과 거리에서 목격한 거친 프롤레타리아트 자녀들의 삶 사이의 분리에 관한 대조가 어린 벤야민에게 주었던 당혹감이 포함되어 있다. 예컨대 「크리스마스 천사」라는 글에서 벤야민은 대림절 시기에 열리는 크리스마스 시장에 갔던 일화를 적고 있다. 그곳에는 장난감, 땅콩, 마굿간을 형상화한 밀집과 나무 장식의 화려한 광경들이 펼쳐져 있다. 그런데 그러한 풍경들 사이로 솟아나오는 또 다른 광경이 있었는데, 그것은 가난이다. 크리스마스 기간에는 화려한 트리 장식만 새로 등장하는 것이 아니다. 가난한 아

---

145 미카엘 뢰비, 『발터 벤야민: 화재경보』, 62쪽.

이들도 물건을 팔기 위해, 동냥을 위해 부유한 동네의 시장에 모습을 드러낸다.

이 당혹감은 어린 벤야민을 몹시도 괴롭혔던 것 같다. 외면하고 싶지만 외면할 수 없는 진실, 평소에 잊힌 듯 보이지 않다가도 어느 순간 불쑥 그가 사는 부자 동네에 출현하는 가난한 아이들의 모습은 넘을 수 없는 벽의 저편 세계에 대한 벤야민의 호기심과 공포를 모두 야기한다. 그리하여 그는 종종 환영이나 꿈의 형태로 그들을 마주하기도 했다. 이 책의 가장 마지막에 등장하는 「곱추난장이Das brucklichte Männlein」라는 제목의 에세이에서 벤야민은 그가 낮에 빛이 통하지 않는 지하실 창문 너머로 본 고깔모자를 쓴 난장이들의 모습을 다루고 있다. 어린 벤야민은 그들의 모습에서 뼛속까지 스며드는 공포를 느꼈으며, 그들의 모습이 사라지더라도 밤이 되면 꿈속에서 다시 나타나 벤야민을 괴롭혔다.

이 곱추난장이의 이미지는 줄곧 벤야민에게 출몰해 그를 괴롭힌다. 부엌에서, 거리를 걸을 때, 자기 방에 있을 때, 지하철역에서, 스케이트장에서 도처에서 그에게 나타난다. 그리고 성인이 된 벤야민은 어린 시절 자신에게 출몰한 그 곱추난장이들의 메시지를 이렇게 이해하고 있다. "사랑하는 아이야. 아, 부탁이야 / 이 곱추난장이를 위해 기도해 주렴."[146] 벤야민에게 충격과 공포의 모습으로 불현듯 출현해 그를 괴롭히는 이 곱추난장이가 원했던 것은 부르주아 가정의 자녀 벤야민이 자신을 위해 기도해 달라는 것이었다. 결

---

146 Walter Benjamin, *Berliner Kindheit um Neunzehnhundert*, GS IV.1, p. 304.

국 이 곱추난장이라는 환영의 원-이미지는 그가 크리스마스 시장에서 목격했던 가난한 아이들이었던 것이다. 그들 역시 어디선가 불쑥 나타나 곱게 차려입은 부잣집 아들 벤야민을 두려움으로 몰고 갔다. 동시에 이러한 곱추난장이의 형상으로 그를 괴롭혔던 강 건너편 동네의 가난한 아이들의 구원은 벤야민 자신의 사유의 목표로 설정된다.

그러나 성인이 된 벤야민은 단지 부자의 기도만으로는 가난한 이들의 구원이 이루어질 수 없다는 사실을 잘 알고 있다. 그들은 스스로의 힘으로 해방되어야 했다. 비록 왜소하고 흉측한 모습일지언정, 그들은 어떤 상대와도 겨루어 볼 수 있는 주체로 거듭나야 했다. 벤야민은 1번 테제에서 신학을 형상화할 이미지로 바로 이처럼 자신을 어려서부터 괴롭혔던 프롤레타리아트 자녀들을 상징하는 '곱추난장이'를 사용함으로써, 역사 유물론은 억압받는 자들의 자기해방을 담아내기 위해 신학을 호출해야 한다는 점을 강조한다. 그들을 예속시키고 있는 역사적 힘의 굴레로부터 벗어나기 위한, 억압받는 자들에게 일어날 메시아적 사건의 순간을 포착하는 것, 그것이 '이 곱추난장이를 위해 기도해 주렴' 하고 속삭이는 사람들을 해방 과정의 주체로 사유하는 역사가의 역할이다.

3) 세속화와 의미 구조 이동의 두 가지 방식

그렇다면 이러한 논의가 세속화와 관련하여 맺는 관계는 어떠한 것인가? 방금 살펴보았듯이, 벤야민에게 역사가의 과제란 유물론과 결합한 신학의 개념들을 통해 종교적인 세계인 현대 자본주의의 신화적 운명을 극복하려는 것이었다. 이렇듯 신학적 개념의 구원은 오로지 그 개념들이 세속적인 것을 향한 의미 전환을 통해 가능한 것이었다. 벤야민 역시 세속화의 과제를 수행하고자 하며, 그에게는 이런 의미에서 "급진적 세속화"[147]가 발견된다고 말할 수 있다.

여기서 언급된 급진적 세속화란 무엇을 의미하는가? 우리는 앞서 세속화의 두 가지 용법이 있음을 확인하였다. 먼저 '기호학적 반복'으로서의 세속화는 근대 계몽주의적 사유가 기독교 종말론의 역사관에 대해 수행했던 방식의 세속화였으며, 여기서 종말론적 역사신학의 범주들(직선적 시간관, 최종적 구원)은 그 기호학적 구조를 변화시키지 않은 채 역사 진보의 법칙성이라는 사고로 되풀이되고 있다. 맑스는 부지불식간에 동일한 방식으로 그가 '독일적 사

---

147 Stéphane Mosès, *Benjamins Judentum*, in: Weidner, Daniel(Hg.): *Profanes Leben. Walter benjamins Dialektik der Säkularisierung*, Frankfurt/M, 2010, p. 145.

변'이라고 비판했던 독일 고전철학에서의 역사적 사유(이성과 정신을 통한 진보)가 갖는 기호학적 구조를 유물론의 언어(물질적 생산력의 진보)로 되풀이하면서 이러한 방식의 세속화에 머무르고 말았다. 둘째 방식의 세속화는 맑스가 정치경제학 비판을 수행하면서 전개시킨 물신주의 비판의 방식인데, 여기서는 세속화된 근대 세계가 가지고 있는 물신숭배적 기원을 추적함으로써, 근대적 세속화를 메타비판하는 방식의 세속화였다.

벤야민이 맑스로부터 이어받는 세속화의 과제를 이해하기 위해서 이러한 세속화의 두 가지 방식이 어떻게 다른 논의 구조를 갖는지 좀 더 자세히 살펴볼 필요가 있다. 여기서는 세속화가 수행되는 두 방식이 어떤 의미 이동의 축을 갖는가를 고찰해 보고자 한다. 즉 원래 논의 대상이 갖는 의미 구조들이 어떠한 축을 기준으로 세속적 지반으로 이동하는가를 살펴보려는 것이다. 여기에는 '수직적 축'과 '수평적 축'이라는 두 가지 의미 이동의 축이 존재한다.

먼저 수직적 축을 통한 의미 이동은 예컨대 중세적 기독교 종말론을 세속화시킨 근대적 사유에서, 그리고 근대 독일의 고전적 역사철학을 세속화시킨 맑스의 사유에서 드러난다. 즉 신의 섭리와 구원 계획이라는 종말론적 사유는 자연목적, 이성과 정신 등의 범주들로 대체되면서 의미 구조 이동을 겪으며, 맑스는 이를 다시 물질적 생산력의 발전이라는 사고로 한 차례 더 이동시킨다. 여기서 각 범주들은 수직적인 축을 통해 처음에는 '신'의 섭리에서 다음에는 인간의 '정신'으로, 다시 '물질'의 법칙으로 한 단계씩 세속적인 방향을 향해 이동하고 있다. 그러한 이동에도 불구하고 의미 구조 자체는 (적어도 그 사고의 견고한 핵심hard core만큼은) 변화하지 않는다는 것이 우리의 논의를 통해 확인된 바 있다.

이와 다른 방식의 의미 이동은 수평적인 축을 통해 전개된다. 예컨대 메시아주의의 세속화라는 벤야민의 과제 속에서 신학의 범주들은 그 초월성을 상실하고 세속적 세계의 정치적 사건과 해방이라는 범주들로 의미가 이동한다. 또 목적을 향한 진보와 같은 관점은 그것이 실제로는 동일한 것의 반복이라는 현상을 은폐하고 있다고 비판되면서 진보의 의미 자체가 거부된다. 메시아의 도래(유대교), 그리스도의 재림(기독교), 종말이라는 신학적 주제는 메시아적 '사건'의 도래라는 사유로 대체되는데, 앞으로 보게 되겠지만이에 따라 역사적 시간을 이해하는 방식이 근본적으로 변화한다. 즉 여기서는 기존의 의미 구조들이 수직적 축을 따라 세속적인 세계로 이동할 뿐 아니라, 수평적인 축을 따라 그 의미 구조 자체가변화를 겪는다. 그것은 신학적 논의의 의미 구조를 현세적 조건에서 반복하는 세속화가 아니라, 신학적 논의 구조에 담긴 의미를 완전히 다른 방식으로 현세적 조건에 도입하는 방식인 것이다.

이렇듯 벤야민에게 신학적 범주들의 세속화란 그것의 의미 구조의 반복을 넘어서, 세속적인 정치적 사건들을 이론화하고 유물론적 해방서사에 활력을 자극하기 위한 이론적 틀로 활용된다. 이렇게 신학적 범주들의 기존 의미 구조를 해체하고 그것들을 세속적인 방식으로 자유롭게 사용할 수 있는 원천으로 만드는 행위는 그 자체로 신학적 범주들이 갖는 아우라적 초월성을 박탈한다는 의미에서 급진적 세속화로 해석될 수 있다. 이를테면 신학을 논의에 끌어들임으로써 벤야민은 이러한 신학적 범주들을 그 자체로 초월적인 대상으로 상정해 다루는 것이 아니라, 오히려 유물론에 의해 자유롭게 사용될 수 있는 것으로 해방시킨다. 역사에 관한 1번 테제에서 우리가 보았듯이, 신학이 유물론을 자신의 보조 심급으로 포섭하는 것이 아니라 유물론이 "신학을 고용"함으로써 체스 시합에서 승리하게 된다.

이러한 신학적 범주들의 사용 방식에 관한 몇 가지 사례를 들어 보자. 벤야민이 (그의 친구 게르숌 숄렘과의 교류 속에서) 유대 메시아주의의 요소들을 끌어들여 자신의 사유를 전개한 것은 잘 알려진 사실이다. 그는 또한 기독교 신학으로부터도 여러 요소들을 차용한다. 그가 차용한 기독교적 모티브는 (상대적으로 유대 메시아주의적 요소에 비해) 잘 조명되지 않는 편이니만큼, 여기서는 벤야민의 기독교 신학의 차용에 대해 살펴보면서 벤야민에게서 신학적 범주의 세속적 사용 방식이 갖는 구조를 드러내 보기로 하자.

첫째로 『역사의 개념에 관하여』의 6번 테제에 등장하는 다음과 같은 문구를 주시해 보자. "메시아는 단지 구원자로서 도래하는 것이 아니다. 그는 적그리스도Antichrist를 극복하는 자로서 도래한다."[148] 이 언급은 말할 나위 없이 기독교적이다. 적그리스도는 최후 심판의 순간이 오기 전에 지상에 나타나는 악의 형상이다. 그는 자

---

148 GS I.2, p. 695.

신이 재림한 그리스도라고 우리를 속이지만, 그는 메시아가 아니라 그리스도를 참칭하는 악의 화신이다. 따라서 적그리스도의 등장은 기독교인들에게 현세의 종말이 멀지 않았다는 사실을 암시한다.

"자녀 여러분, 지금이 마지막 때입니다. '그리스도의 적'이 온다고 여러분이 들은 그대로, 지금 많은 '그리스도의 적들'이 나타났습니다. 그래서 우리는 지금이 마지막 때임을 압니다."(1요한 2:18)

벤야민의 시대에 적그리스도는 당연히 히틀러와 파시즘을 의미했다. 독일 나치당의 정식 당명은 '국가사회주의 독일 노동자당 Nationalsozialistische Deutsche Arbeiterpartei'인데, 여기서 보듯 히틀러는 당명에 '사회주의'와 '노동자'라는 단어를 넣어 그들의 적인 맑스주의를 흉내 내고자 했다. 그들은 볼셰비키의 방식을 모방해 붉은 깃발을 들고 행진했으며, 선동적인 연설 속에서 대중의 열광적인 갈채를 받았다. 그들은 자신들이 수행하는 모든 행위를 새로운 혁명의 언어로 포장했고, 독일 대중이 가지고 있었던 서구 자유주의와 시장 자본주의에 대한 적대감을 이용할 줄 알았다. 그들은 사회주의에 극렬하게 반대하는 유사-(국가)사회주의 세력이었던 것이다. 이처럼 히틀러와 파시즘 세력은 성서에 언급된 적그리스도를 닮아 있으며, 이것은 자본주의적 지배 방식이 종말에 달했다는 암시로 이해될 수 있을 것이었다. 그러나 메시아의 도래는 자동적으로 인류를 구원하지 못한다. 메시아는 바로 이 적그리스도를 제압하는 힘이어야 했다. 그러한 (메시아적) 힘이 출현하지 않는 다면 억압받는 자들은 해방될 수 없을 것이다.

둘째로 벤야민이 「역사의 개념에 관하여」를 작성하는 과정에서 남긴 준비 노트에는 이런 표현이 있다. "계급 없는 사회 개념에 진정한 메시아적 얼굴을 비춰주기."[149] 여기서 메시아적 얼굴이란 잘 알려져 있는 복음서의 '그리스도의 변용'이라는 사건을 염두에 둔 표현이라고 추측해 볼 수 있을 것이다. 즉 산에 올라 기도하는 그리스도의 얼굴이 성스럽게 변용되는 가운데 모세와 엘리야가 나타나 앞으로 이스라엘에 일어날 일을 전언한다.

이 에피소드에는 예수라는 현재, 모세와 엘리야라는 과거, 이스라엘에 닥칠 일이라는 미래, 이 세 시점이 성좌를 이루며 공존한다. 벤야민이 말한 "지금시간Jetztzeit"의 한 장면이다. 계급 없는 사회는 과거(모세와 엘리야)의 힘을 통해 미래로 도약하는(혹은 미래에 닥칠 파국을 중단시킬) 현재(그리스도)의 순간만이 창출할 수 있을 것이다. 이러한 역사적 짜임 관계, 곧 섬광처럼 번쩍이는 정지된 순간 속에 드러나는 변증법적 이미지들 속에서 과거의 기억과 미래에 대한 희망이 혼재된 지금의 순간을 포착하는 것이 곧 역사가의 과제로 인식된다.

"그것은 과거가 현재에 빛을 비추는 것도, 현재가 과거에 빛을 비추는 것도 아니다. 이미지는 그 안에서 지나간 것이 지금과 함께 섬광처럼

---

149 GS I.3, p. 1232.

하나의 짜임 관계로 결합되는 바로 그것이다. 달리 말하자면 이미지는 정지상태의 변증법이다.현재와 과거의 관계가 순수하게 시간적인, 연속적인 것인데 반해, 지나간 것이 지금과 맺는 관계는 변증법적이다. 그것은 진행 과정이 아니라 도약하는 이미지다. 오로지 변증법적 이미지만이 참된 (즉 태곳적이지 않은) 이미지들이다."[150]

셋째로 「신학적-정치적 단편」, 「폭력비판을 위하여」와 같은 초기 글들에서 벤야민은 유대 메시아주의의 영향을 받은 니힐리즘적 급진 아나키즘 사상(그는 이를 훗날 맑스주의를 만나면서 어느 정도 철회하기도 한다)을 전개하는데, 여기서 벤야민은 아우구스티누스의 역사관(종말론적 목적론)을 거부하면서도, 현세의 국가들('지상도성')은 사멸이 예정되어 있으며, 정의가 결여된 강도떼에 불과하다는 아우구스티누스의 이론과 매우 유사한 생각을 전개한다.

"신의 왕국은 역사적 동력Dynamis의 목적Telos이 아니다. 그것은 목표로 설정될 수 없다. 역사적으로 볼 때 신의 왕국은 목표가 아니라 종말이다. 따라서 세속적인 것의 질서는 신의 왕국이라는 사유로부터 지어질 수 없으며, 따라서 신권정치Theokratie는 정치적 의미가 아니라 오로지 종교적인 의미만을 갖는다. [……] 세속적인 것의 질서는 행복의 이념을 향해 가야 한다. 이 질서와 메시아적인 것의 관계는 역사철학

---

150 GS V, p. 576-577.

의 본질적인 학설 중 하나다."[151]

위 인용문의 첫 문장은 기독교 역사신학을 겨냥하면서 그것은 단지 종교적 의미만을 갖는 것이라고 비판하고 있다. 벤야민은 역사의 목적을 종말, 곧 신국의 도래와 일치시키는 아우구스티누스의 역사관을 겨냥해, 세속적 역사의 목적은 도래할 종말이 아니라 행복이라고 주장한다.

여기서 벤야민이 아우구스티누스적 문제 설정을 비판하는 방식은 흥미롭다. 먼저 벤야민은 세속적인 방향과 메시아적 방향의 대립에 대해 설명한다. 세속적인 방향은 행복을 추구하는 삶이다. 벤야민이 보기에 세속적인 삶이 추구하는 행복은 근원적 과거, 곧 (성서에서 '에덴'이라는 이름이 붙은) 낙원에서의 '벌거벗은 삶'을 향한다. 이 낙원은 억압과 착취가 존재하지 않았던 무계급 사회의 삶이었던 것이다. 반면 메시아적 방향은 역사의 종말, 곧 신국이 도래할 미래를 향한다. 이렇듯 양자는 서로 반대 방향을 가리키고 있다. 그리고 벤야민은 이렇게 덧붙인다.

"자신의 노정을 가는 하나의 힘이 대립하는 방향으로 향하는 다른 힘을 촉진할 수 있듯이, 세속적인 것의 세속적 질서는 메시아적 왕국의 도래를 촉진할 수 있다. [……] 왜냐하면 행복 속에서 모든 피조물은 자신의 몰락을 추구하며, 그러나 그에게 몰락은 오로지 행복 속에서

---

151 GS II.1, p. 203.

발견될 수 있는 것으로 규정되어 있기 때문이다."[152]

여기서 벤야민은 피조물이 추구하는 (세속적인) 행복을 그것의
몰락과 동일시하며, 이로부터 세속적인 것의 질서가 메시아 왕국
의 도래를 촉진할 수 있다는 귀결을 표현한다. 이러한 신비스러운
표현을 통해 그가 의도하는 바는 무엇일까? 우리는 이 구절을 「폭
력비판을 위하여」의 메시지와 관련해 해석해 볼 수 있을 것이다. 이
글에서 벤야민은 "벌거벗은 생명das bloße Leben과 더불어 산 자에
대한 법의 지배는 중단"[153]될 것이라는 사유를 전개한다. 여기서 벌
거벗은 생명은 법적 지배 이전의 낙원에서의 인간의 신체와 생명
을 말한다. 이러한 사유에 따르면 피조물은 현존하는 자기규정(법
의 신화적 폭력)으로부터 해방됨에 따라, 즉 법적 테두리 속에서의
자기규정의 '몰락'을 통해서 행복을 추구할 수 있다. 이처럼 (다소
소박한) 니힐리즘적 아나키스트였던 청년 벤야민은 역사의 종말과
신국의 도래라는 아우구스티누스의 도식을 거부하지만, 또한 아우
구스티누스적인 사유의 요소들을 자신의 사유와 연결하여 인간의
세속적 행복을 신화적 폭력의 굴레로부터의 해방과 연결 짓는다.
아우구스티누스가 강조한 지상도성의 사멸할 운명은 아나키스트
벤야민에게는 현존하는 국가적 법질서와 그것이 작동시키는 신화
적 폭력의 몰락으로 이해되었다.

---

152 같은 책, p.204.

153 Walter Benjamin, *Zur Kritik der Gewalt*, GS II.1, p. 200.

이렇듯 세속적 행복, 세속적 국가(지상도성)의 몰락, 메시아 왕국의 도래 사이를 연결하면서, 벤야민은 아우구스티누스의 사유와 현대적 아나키즘을 교묘하게 횡단하는 가운데 그에게 고유한 신학의 범주들의 세속화된 사용방법을 드러낸다. 먼저 벤야민은 '신권정치'를 비판하고, 신국의 도래가 역사의 목적이 아니라고 주장하며, 세속적인 행복의 이념을 옹호하면서 아우구스티누스의 역사신학의 의미 구조를 수직적 축에 따라 이동시킨다. 그러면서 동시에 아우구스티누스 신학의 범주들을 세속적 니힐리즘적 아나키즘 정치와 교묘하게 결합시키면서, 기존의 의미 구조를 자유로운 방식으로 변형, 차용한다. 여기서 아우구스티누스 신학의 의미 구조는 수평적인 축에 따라 이동한다.[154]

　이렇게 수직적, 수평적 축의 의미 구조 이동과 신학적 범주들의 자유로운 세속적 방식의 사용을 통해 벤야민은 세속적 행복의 추구와 메시아적 왕국의 도래, 즉 구원의 과정이 역설적으로 일치한다는 사유를 전개한다. 초기 벤야민의 소박한 아나키즘은 그의 성숙기 사유에서 어느 정도 극복되기도 하지만, 구원과 행복을 연결

---

154 기독교 신학의 이러한 자유로운, 달리 말해 '이단적' 사용방식은 학자들로 하여금 벤야민에게서 (초기 기독교의 이단 사상가) 마르키온Marcion 신학의 요소를 발견하는 단초를 제공하기도 했다. 김항은 벤야민을 블로흐, 하르나크, 부버, 바르트, 비트겐슈타인 등과 함께 "마르키온의 후예들"에 포함시킨다. 이들의 사유는 '자유주의 프로테스탄티즘의 종언'과 계몽과 세속화의 위기라는 배경 속에서, 그리고 세계대전이 초래한 문명의 위협과 다다이즘과 초현실주의라는 새로운 예술운동의 흐름 속에서 전개되며, 이들은 공통적으로 '진보'라는 믿음의 상실이라는 맥락에서, 현재라는 시간이 특수한 외부적인 힘에 의해 궁극적인 종말을 맞이해야 한다고 보았다. 이러한 '마르키온의 후예들'이 가진 묵시록적이고 종말론적인 세계관에 대항하는 것이 바로 칼 슈미트의 정치신학론이었던 것이다. 김항, 『종말론 사무소: 인간의 운명과 정치적인 것의 자리』, 문학과 지성사, 2016, 125-133쪽 참조.

짓는 이러한 사유는 훗날 「역사의 개념에 관하여」에서도 계속 전개
된다. "행복의 관념 속에는 구원의 관념이 불가분으로 공명하고 있
다."[155] 이 구원의 관념은 과거로부터 그 힘을 전수받는다. 모든 과
거의 세대들이 품고 있었던 해방의 희망, 억압 없는 세계를 향한 의
지는 오늘날 우리가 도약할 수 있는 힘을 제공해 주기 때문이다.
"우리에 앞서는 모든 세대들에게와 마찬가지로 우리에게는 과거가
요구하는 미약한 메시아적인 힘이 주어져 있다."[156]

　바이마르 공화국 위기의 시기에 자신의 초기 사유를 전개하고,
히틀러의 집권 이후 성숙기의 사유를 전개한 벤야민은 근대적 자
유주의적 법질서가 드러낸 한계와 직접적으로 대결하지 않을 수
없었다. 기존의 세계질서가 붕괴해야만 새로운 세계가 출현할 수
있다는 초기의 신학적, 정치적 관념을 유물론적으로 계승한 성숙
기의 벤야민은 이 위기의 시기를 돌파할 메시아적 힘을 세속적 현
실 속에서 찾고자 했다. 그러나 이 힘은 '미약한' 것에 불과했다. 메
시아를 미약한 존재, 연약한 존재로 보는 관점은 새로운 것은 아니
다. 유대-기독교 전통은 메시아를 속죄를 위해 희생되는 '어린 양'
에 비유하며, 구약의 예언자들이나 신약의 그리스도는 세속적 권
력에 의해 박해를 받거나 순교당한다. 파시즘의 전면적 지배 하에
서 벗어나려는 움직임 역시 같은 운명을 겪을 수밖에 없다. 그러나
벤야민은 이 미약한 메시아적 힘이 현세적 지배의 강고한 벽 사이

---

155 GS I.2, p. 693.

156 같은 책, p. 694.

에 희미하게 난 틈을 파고들어 균열을 일으키는 순간이 도래할 것이라는 희망을 버릴 수는 없었다.

이러한 방식으로 그는 신학적 범주들을 원래의 의미로부터 벗어난 방식으로 사용함으로써 그것들을 자유로운 사용의 대상으로 해방시킨다. 그러나 이러한 신학적 범주들의 자유로운, 세속적인 사용은 단순한 '개념들의 유희'를 의미하는 것이 아니다. 신학은 새로운 역사적 사유를 전개하기 위해 유물론에 의해 '고용'된 것이다. 고용의 목적은 분명하다. 그것은 유물론이 그 스스로는 극복하지 못한 근대적 진보사관을 넘어서, 억압받는 집단의 해방적 서사를 새로이 사유하기 위해서였다. 즉 신학적 범주들의 의미 이동과 자유로운 사용의 목적은 진보라는 환등상을 '비판'하는 것, 이를 통해 그것을 극복하는 것이다. 그가 해야 했던 과제는 스탈린주의 독재로 귀결된 혁명, 파시즘의 등장, 세계대전이라는 당대의 파국적 현실이 역사의 진보라는 관념을 주축으로 하는 모더니티의 실패가 낳은 귀결이라는 사실을 폭로하는 일이었다. 새로운 역사적 사유는 그러한 관념의 비판을 통해 성립될 것이었다.

4) 진보와 반복, 영원회귀 그리고 파국

진보의 시간관에 대한 거부는 벤야민의 초기 저술에서부터 일관되게 나타나 그의 철학의 가장 근본적 축을 이룬다. 베를린 대학에서 철학과 독문학을 공부하던 23살의 벤야민은 「학생들의 삶」(1914/1915)이라는 제목의 연설을 하는데, 그 도입부에서 벤야민은 진보라는 사고방식을 격렬하게 비판한다. "시간의 무한에 대한 신뢰 속에서 오로지 진보의 궤도 위에서 빠르게 혹은 느리게 굴러가는 인간과 시대의 속도Tempo만을 구별할 뿐인 역사관"에 대립하면서, 그는 "이전부터 사유하는 사람의 유토피아적 이미지 속에서와 마찬가지로, 역사가 하나의 초점 속에 응축된 채 정지해 있는 특정한 상태"를 추구하는 역사에 대한 관점을 추구하고자 한다고 밝힌다. 이러한 역사관의 내용을 벤야민은 다음과 같이 요약한다. "최종 상태의 요소들은 형태 없는 진보의 경향으로서 드러나는 것이 아니라, 가장 위험한, 가장 악명 높은, 그리고 조소받는 피조물과 사유로서 모든 현재 속에 깊게 결부되어 있다."[157] 이러한 시각은 이

---

157 Walter Benjamin, *Das Leben der Studenten*, GS II.1, p. 75.

후 벤야민의 역사에 관한 고찰들에서 등장하는 "공허하고 동질적인 시간"에 대한 비판으로 이어진다.

'공허하고 동질적인 시간'을 체계화한 대표적인 사례는 뉴턴적 시공간 개념이다. 뉴턴은 무한소의 개념을 도입한 미적분을 사용하여 갈릴레이의 지상 운동법칙과 케플러의 천공의 운동법칙을 하나의 체계로 통합하는 위업을 달성했다. 그 결과 우주는 하나의 단일하고 질적으로 동일한 공간, 즉 법칙에 의해 분해 가능하며 완전히 계산 가능한 양적인 공간으로 생각되었다. 이러한 뉴턴의 공간 개념은 시간에 대한 그의 사유에 영향을 주었다. 공간화된 시간 개념이 대두하여 지배적인 관념으로 자리 잡았다. 그것이 이른바 과거-현재-미래를 단절적으로 보는 절대시간 개념이었다. 시계태엽과 같은 철저한 기계적 원칙이 우주를 지배한다는 결정론적 세계관 속에서 모든 사건들이 예측 가능한 것으로 생각되고 우연은 배제된다. 이러한 근대의 합리적 우주관과 그로부터 파생된 시간관은 신의 의지가 아닌 기계적 원리가 운동의 원인이라고 봄으로써 중세적인 종교적 세계관을 붕괴시키는 데 기여했지만, 동시에 (앞서 살펴보았듯이) 그러한 기계론적 세계관은 자연을 기독교적 예정조화설과 섭리 관념에 맞게 해석할 수 있는 수단을 의미하기도 했다. 근대 자연철학의 이 두 가지 요소들—예정조화설과 기계론—이 뉴턴과 동시대인인 라이프니츠의 '모나드론'에서 그 통일적 형태를 발견하는 것은 우연이 아니다.

역사적 진보에 관한 사유는 이러한 두 가지 전통 사이의 결합이었다. 즉 한편으로는 뉴턴 물리학 이후 시간을 질적으로 동일하고 양적으로 분할 가능한 것, 따라서 계산과 예측이 가능한 것, 그 내부는 비어있는 것으로 보는 관점이 지배적인 것이 되었다. 다른 한편으로는 역사란 이러한 동질적인 시간을 관통하여 일직선상으로 흐르는 것이며, 그 과정은 필연적 법칙(예정조화)에 따른 운동이라고 보는 관점이 여기에 결합한다. 근대 진보사관은 이렇듯 비어 있는 동질적인 공간으로서의 시간이라는 관념과 기독교적 예정조화설의 결합이라고도 할 수 있다. 진보의 관념을 거부하는 벤야민은 그 기저를 이루는 이러한 근대적인 공간적 시간 개념을 넘어서야 했다.

19세기 파리의 파사주 건축 형식을 주제로 당대의 문화적 미시현상들을 분석했던 벤야민의 파사주 프로젝트(일명 『파사젠베르크』) 역시 이러한 근대적인 시간관에 도전하기 위해 작성된 것이었다. 그는 1935년 8월 9일 숄렘에게 보내는 편지에서 이렇게 적는다. "나는 이 책의 구상은, 그것이 그 기원에서 개인적이라 하더라도, 우리 시대의 결정적인 역사적 관심들을 대상으로 삼는다고 믿네."[158] 그가 '우리 시대의 결정적인 역사적 관심들'이라 부른 것은 구체적으로 무엇을 지칭하는 것일까? 그것은 이성의 원리에 따라 자유를 향해 진보할 것이라는 근대적 진보사관의 모든 믿음이 파시즘의 등장 이후 붕괴해 버린 시대적 상황을 반영한다. 파시즘의 등장은 진보를 향해 가는 근대성의 시간에 관한 모든 가치관들을

---

158 GS V, p. 1137.

붕괴시켰다. 거대한 경제공황과 세계대전의 발발, 유대인들에 대한 조직적 박해 등 일상이 된 파국 안에서는 이 파국을 이해하기 위한 역사적 성찰이 필요했다. 벤야민은 지난 세기(19세기)를 연구함으로써 자신이 살던 현재(20세기)의 계보를 추적하고, 어떠한 시간적 흐름 속에 파국의 현재가 등장했는가를 이해하고자 노력한다. 그리고 이 글의 서문 격으로 이해되는 「19세기의 수도 파리」에 등장하는 것처럼, 그 근본적인 전제는 모더니티와 현재를 진보가 아닌 파국의 산물로 이해하는 것이었다. "상품경제의 동요와 더불어 우리는 부르주아의 기념비들이 무너지기도 전에 그것들을 폐허로 인식하기 시작한다."[159] 일반화된 상품 교환 체제로서 근대 자본주의는 이미 19세기부터 역사의 진보를 향해 나아가는 과정이 아니라, 그것의 등장과 함께 몰락을 나타내고 있었던 것이다.

사실 진보는 시민(부르주아) 계급이 봉건적인 지배에 맞서기 위한 역사적 무기였다. 역사가 이성의 원칙에 따라 진보한다는 사고는 낡은 체제(앙시앙 레짐)에 맞서는 새로운 해방을 향한 인류의 걸음을 표현하고 있었다. 그러나 부르주아 계급이 사회의 지배자의 위치에 올라섬에 따라, 그들의 세계관이었던 진보의 관념 역시 다른 의미를 얻게 된다. "진보 개념은 부르주아 계급이 자신의 권력을 장악한 19세기에, 그것에 부합했던 비판적 기능들을 점점 상실하였다."[160] 19세기는 다양한 방식의 환등상Phantasmagorie을 낳았다.

---

159 같은 책, p. 59.

160 같은 책, p. 596.

유리와 철골을 사용하는 파사주 건축물은 대도시의 거리에 그 몽환적이면서도 화려한 외형을 자랑하고 있었다. 철도의 발전은 원거리 무역과 이동을 가능하게 해 주면서 동시에 인류의 전 지구적 화합을 이룩할 것으로 기대를 모았다. 기술적 진보가 이룩할 유토피아적 미래에 대한 기대는 1851년 런던에서 처음 열린 만국박람회에서 절정을 이루었다. 이 대회에서 선보인 수정궁Crystal Palace은 유리와 철골을 사용한 거대한 구조물의 압도적인 화려함으로 커다란 주목을 받았다.

기술의 발전에 대한 낙관적인 기대감에 호응한 것은 산업 부르주아들만이 아니었다. 당시의 노동자 운동 역시 이 환등상을 발판으로 삼아 국제적인 연대와 성장을 이룬다. 1862년 2차 런던 만국박람회를 방문한 프랑스의 노동자 파견단은 (맑스가 창설 과정에 참여한) 국제노동자협회, 일명 '인터내셔널'을 향한 국제 연대의 진전을 보여주었다. 1867년 루이 보나파르트의 제2제정을 홍보하기 위해 최첨단 건축물과 기술력이 동원된 파리 만국박람회는 화려하고 사치스런 상품들이 진열된 환등상의 진열장이었다. 이러한 상품과 환등상의 축제 역시 노동자들의 국제적 교류를 위한 장이 되기도 했다. 그러나 만국박람회가 제공하는 환등상의 이미지 속에서 노동자들은 기술 진보가 가져올 미래에 대한 낙관적 기대를 내면화했고, 이것은 19세기 후반 노동자 운동을 타락시킨 결정적인 계기였다.

『에두아르트 푹스』에 관한 글에서 벤야민은 이렇게 쓴다. "콩도르세가 진보의 교리를 확산시켰을 때, 부르주아 계급은 권력 장악의 목전에 서 있었다. 1세기 뒤 프롤레타리아트는 이와는 달랐다. 그들에게 진보의 이념은 환영을 일으킬 수 있었다."[161] 그것은 앞서 설명한 사회민주주의자들의 타락과 기만, 그리고 '진보'를 변명의 구실로 내놓을 수 있었던 상황을 용인하는 환영이었다. 「역사의 개념에 관하여」 11번 테제는 이 환영에 대해 이렇게 서술한다. "그들이 물결을 따라 헤엄친다는 생각만큼 독일 노동자 계급을 부패하게 만드는 것은 없었다. 기술적 발전은 그들에게 자신들이 헤엄쳐 나간다고 믿는 물결의 흐름으로 간주되었다."[162]

이에 맞서 역사적 유물론은 새로운 관념을 필요로 했다. 이제 벤야민은 진보의 이념으로부터 해방된 역사적 유물론을 도출하는 것을 자신의 과제로 설정한다. 『파사젠베르크』의 N항목 「인식론적인 것, 진보의 이론」에서 벤야민은 자신의 과제를 이렇게 소개한다.

"이 저작의 방법론적 대상들 중 하나는 진보의 이념을 자기 내부에서 무화시키는 사적 유물론을 기술하는 것이다. 사적 유물론이 부르주아적 사유 관습과 예리하게 구분되는 모든 근거는 바로 여기에 있다. 사적 유물론의 근본 개념은 진보가 아니라 현재화Aktualisierung다."[163]

---

161 GS II.2, p. 488.

162 GS I.2, p. 698.

163 GS V, p. 574.

과거-현재-미래라는 방향 순으로 시간이 선형적으로 운동한다고 보는 진보사관의 시간관에서 과거는 이미 지나가버린 것, 다시 돌아오지 않는 것으로 생각된다. 이에 맞서 벤야민이 강조하는 '현재화'는 과거의 것은 망각하고 현재에 집중하자는 의미가 아니다. 현재화란 현재에 드러난 과거의 이미지를 읽어내는 것을 말한다. 즉 그것은 과거를 인용하는 것, 과거의 힘을 빌려오는 것을 말한다.

반면 진보의 관념 속에서 과거란 현재의 완성을 위해 예비된 시간에 불과하다. 과거-현재-미래를 향해 일직선 방향으로 이어지는 동질적인 시간 속에서 연속체로 가정되는 역사는 도약을 허락하지 않는다. 역사의 발전은 누적된 과정의 양적 축적일 뿐이다. 이러한 관념이 19세기를 지배하였다. 그런데 19세기는 이렇게 동질적인 시간관의 실제적 귀결에 대해 예감하고 있었다. 그것은 현재 벌어지고 있는 모든 일들은 실은 진보가 아니라 반복일 뿐이라는 깨달음이었다.

사실 (진보사관의 가정대로) 역사적 시간이 '동질적'인 것이며, 하나의 '연속체'를 이루고 있다면, 역설적으로 그러한 시간의 흐름은 실은 '동일한 것의 반복'과 같은 것이 되고 만다. 동질적인 시간 속에서 연속적으로 발생하는 사건들은 서로 간에 아무런 단절도 없이 되풀이되면서 축적되기도 한다. 진보를 설명하기 위한 개념적 장치들은 동시에 반복을 정당화해 주고 있다. 그렇다면 진보와 반복은 과연 대립하는 관념일까? 오히려 19세기의 경험은 역사의 진보란 실은 반복에 불과하다는 것을 확인시켜 주었다. 파리에서

1848년의 위대한 혁명의 불꽃은 제2제정이라는 우스꽝스런 사건으로 귀결되었다. 이는 마치 1789년의 혁명이 나폴레옹의 쿠데타와 황제 집권으로 귀결되는 것을 반복하는 듯했다. 한 번은 삼촌이, 다른 한 번은 조카가. 한 번은 비극으로, 다른 한 번은 희극으로. 혁명은 패배하고 낡은 제도들이 부활하고 있다는 의식, 변화란 없으며 모든 것이 계속되는 반복의 굴레에 갇혀 있는 이 시기 사람들의 의식은 이 영원한 반복이 주는 권태에 사로잡혀 있었다. 시인 보들레르는 다음과 같이 노래한다.

"아니다! 이미 분도 없고 초도 없다! 시간은 사라졌다. 지배하는 것은 '영원', 지복至福의 영원이다!"[164]

영원한 반복의 지배는 무의미한 시간에 대한 공허함이자 권태와 우울이 지배하는 세계의 형상으로 등장한다. 이 세계에서 시간과 속도는 인간의 운명을 지배하는 군주로 나타난다.

"오! 그렇다! '시간'이 다시 나타났다. 시간은 이제 지배자로 군림한다. 그리고 이 혐오스러운 늙은 이 시간과 함께 추억, 회한, 경련, 공포, 고통, 악몽, 분노, 신경증 등 시간의 악마 같은 수행원들이 모두 되돌아왔다.

맹세코 초침 소리가 이제 더욱 힘차고 엄숙하게, 일 초 일 초 시계추에

---

164 샤를 보들레르, 「이중의 방」, 『파리의 우울』, 윤영애 옮김, 민음사, 39쪽.

서 튀어나와 말한다. '나는 삶이다. 견디기 힘든, 냉혹한 삶!'"[165]

모든 것이 반복일 뿐이라는 정서와 아무것도 바꿀 수 없다는 무기력과 체념의 정서가 인간을 짓누를 때, 인간은 시간의 지배를 받는다. 권태의 감정은 인간이 시간의 신화적 지배 속에 놓여 있다는 사실을 드러내는 표징이다. 신화 속의 운명처럼 인간은 시간 속에서 벌어지는 모든 일에 대해 아무런 변화도 가할 수 없다. 이러한 권태의 느낌, 반복의 수레바퀴는 모든 형태의 역사적 각성을 가로막는 장애물이다.

벤야민은 기독교 역사관 이래 확산된 일직선의 시간관이 추방해 버린 고대의 순환적 시간관이 역설적으로 19세기에 이르러 '영원회귀'라는 개념으로 부활한 것에 주목한다. 그리고 그 경제적 토대인 대량생산의 확산을 이러한 현상의 원인으로 들었다.

"고도 자본주의에서 상품 생산의 변증법: 생산의 새로움은 수요의 자극제로서 기존에 알려지지 않은 의미를 해독한다. 동시에 동일한 것의 영원한 반복은 대량생산에서 두드러지게 나타난다."[166]

대량생산 시대는 생산을 위한 생산을 추구한다. 소비자 역시 소비를 위한 소비를 행한다. 상품의 구체적인 유용성을 위한 생산과

---

165 같은 책, 41쪽.

166 GS V, p. 417.

소비가 아니라, 생산 자체, 소비 자체가 자기목적이 되는 것이다. 이러한 생산의 강박관념은 대량생산 시대의 심리적 특징으로서, 반복강박증적 현상이 사회 전체를 휘감도록 만들었다. 그리하여 역사적 시간 역시 무한히 되풀이될 것이라는 영원회귀의 관념으로 이어졌다. 19세기적 대도시의 삶은 언제나 동일한 일상의 반복이 삶의 저주와도 같이 느껴지는 음울의 시간들이었다. '권태'란 "집단의 잠에 참여하고 있음을 나타내는 지표"[167]였다. 19세기는 신화적 환등상의 몽롱함과 화려함이 대중의 감각을 사로잡으면서, 동시에 반복과 권태의 느낌이 그들을 지배하는 시간이었다. 꿈의 세계에 갇혀 있는 사람들은 그로부터 깨어나는 법을 알지 못했다. 이런 의미에서 영원회귀는 하나의 신화적인 의식이었다. "'영원회귀'는 근원사적인, 신화적인 의식의 기본 형식이다.(그것은 아마도 그것이 반성하지 않기 때문에 신화적일 것이다.)"[168]

영원회귀는 권태에 빠진 부르주아의 자화상으로 등장한다. 그것은 동시에 진보의 이면이 반복이라는 점을 드러내면서 현 시대의 신화적 성격을 노출한다. 진보, 반복, 영원회귀의 관념은 동질적이고 공허한 시간에 관한 사고의 틀 속에서 사실상 동전의 앞뒷면을 형성한다. 그것은 둘 중 하나를 선택할 수 없는 이율배반을 드러낸다.

"진보에 대한, 하나의 무한한 완벽함에 대한 믿음─도덕의 영원한 과

---

167 같은 책, p. 164.
168 같은 책, p. 7.

제—그리고 영원회귀에 대한 관념은 상호보완적이다. 이것들은 해소 불가능한 이율배반들이며, 이 이율배반의 관점에서 역사적 시간의 변증법적 개념이 발전될 수 있다."[169]

1848년 봉기에 가담했다가 감옥에 갇혀 나폴레옹의 조카가 황제에 오르는 모습을 옥중에서 지켜봐야 했던 혁명가 오귀스트 블랑키는 1789년의 대혁명과 그 이후의 사건들이 1830년 7월 혁명 이후, 다시 1848년 2월 혁명 이후 그대로 재현되는 과정 속에서 우주의 영원회귀라는 깨달음을 얻는다. 모든 것이 반복되고 순환되고 있다. 진보란 존재하지 않는다. 이는 마치 천체의 운동이 일정한 주기로 끝없이 순환하는 것과 마찬가지다. 그러나 블랑키에게 이러한 영원한 순환의 우주는 파국을 뜻했다. 즉, 파국은 종말이나 몰락 같은 사건들을 의미하는 것이 아니다. 영원회귀로부터 벗어날 수 없다는, 그리하여 사건의 반복을 지켜봐야 한다는 사실이야말로 파국을 의미하는 것이다. 벤야민은 이러한 블랑키의 사고를 그대로 수용한다. 1936년 1월 6일 호르크하이머에게 쓴 편지에서 벤야민은 이렇게 적는다. "지옥이 신학적 대상인 한에서, 사람들은 블랑키의 사변을 실제로 신학적 사변으로 불러도 좋을 것입니다."[170] 파국의 현재, 지옥의 현재를 사유하기 위해서는 신학적 사변을 필요로 했다. 현재를 '지옥'으로 부르는 모든 종류의 관점들은 그 자

---

169 같은 책, p. 178.

170 같은 책, p. 169.

신도 알지 못한 채, 일종의 신학적 성찰을 담고 있다. 그러한 성찰
은 현재의 파국에 관한 성찰이며, 동시에 지옥으로부터 벗어나기
위한 메시아적 사건(기적)을 요청하는 신학적 성찰이기도 한 것이
다. 벤야민이 보기에 혁명가 블랑키는 19세기와 제2제정기의 파국
을 사유함으로써, 유럽에 도래할 더욱 커다란 파국(20세기의 파시
즘)을 경고하는 신학적 예언자였다.

> "블랑키 같은 직업혁명가의 활동은 진보에 대한 믿음이 아니라 오로
> 지 현재의 불의를 청산하겠다는 결단을 전제한다. 계급 증오의 대체
> 불가능한 정치적 가치는 바로 혁명적 계급을 진보에 관한 사변에 대한
> 건강한 무관심으로 단련시키는 일이다. 사실 지배적인 불의에 대한 분
> 노로 일어서는 것은 미래 세대의 현존의 개선을 위해 일어서는 것만큼
> 이나 인간을 존엄하게 대하는 태도다. 그것은 마찬가지로 인간 존엄의
> 태도이며 게다가 더욱 인간의 모습에 닮아 있다. 손에 손을 맞잡고 이
> 분노와 더불어 매번 인류를 위협하는 파국으로부터 최후의 순간에 인
> 류를 구해내려는 결단이 내려질 것이다. 블랑키의 경우가 그랬다. 그
> 는 '나중에' 무엇이 올지에 대한 계획을 수립하는 것을 언제나 거부했
> 다."[171]

'나중에' 도래할 진보를 믿고 기다리라는 태도는 결국 현재의 반
복이 계속되는 것을 마냥 기다리라는 것을 뜻했다. 진보는 반복과

---

171 같은 책, p. 428.

분리되지 않기 때문이다. 그러나 역사의 도약은 다가올 미래의 축복에 대한 기대가 아니라, 현재의 불의를 청산하겠다는 결단에서 비롯한다. 이러한 블랑키의 세계관을 받아들여, 이제 벤야민은 진보와 영원회귀라는 두 개의 시간관이 갖고 있는 아우라적 힘을 붕괴하는 것을 목표로 삼는다. 그것은 우리가 무한한 반복의 우주 속에 살고 있다는 옥중의 블랑키의 저주를 비판과 저항의 에너지로 전환하려는 과제라고 할 수 있다. 반복과 권태의 시간의 지배에서 벗어나기, 아무것도 새로 생겨나지 않는다는 무기력감으로부터 해방되는 것을 벤야민은 역사의 변증법적 도약으로 파악했다.

"우리는 우리가 무엇을 기다리는지 알지 못할 때 권태를 갖는다. 우리가 그것을 알고 있거나 안다고 믿는다는 것은 거의 대부분 우리의 얕음 혹은 산만함의 표현 외에 아무것도 아니다. 권태는 위대한 행위들을 향한 문턱이다—이제 중요한 것은 다음을 아는 것이다: 무엇이 권태의 변증법적 대립인가?"[172]

여기서 말하는 '권태의 변증법적 대립물'이란 영원회귀의 붕괴, 곧 메시아적 사건을 향한 기다림이다. 대도시의 권태, 곧 영원회귀의 지배와 환등상 속에 침전된 꿈에서 깨어나는 각성의 순간이야말로 미래를 향한 일직선상의 물결을 타고 헤엄치는 것이 아니라, 영원해 보이는 반복의 시간으로부터의 변증법적 도약이다.

---

172 같은 책, P. 161.

5) 정지상태의 변증법: 각성의 순간과 진리정치

과거-현재-미래로 일직선을 그리며 뻗어나가는 동질적이고 공허한 역사적 시간에 대한 이미지는 역사를 일어난 사건들의 양적 축적으로 파악한다. 따라서 이러한 관점에서는 이 시간적 흐름의 진행 방향은 인간의 노력으로 바꿀 수 없는 불가피한 것이다. 역사는 객관적이고 법칙적인 근거에 따라 발전한다고 이해되기 때문이다.

반면 역사적으로 혁명의 발발은 언제나 역사의 연속체를 중단시키면서 새로운 시간관의 도입으로 이어졌다. 「역사의 개념에 관하여」 15번 테제에서 벤야민이 말하고 있듯이, 1789년 프랑스 대혁명은 새로운 달력을 도입했으며, 달력에 표시된 공휴일은 매년 그날에 일어난 정치적 사건과 역사적 희생들을 기념하는 역할을 했다. 1830년 7월 루이 필립 왕정에 대항해 혁명을 일으킨 파리 시민들은 밤중에 시계탑에 달린 시계에 총을 쏘았다. 그리고 이 광경을 목격한 누군가는 시간에 격분한 새로운 여호수아들이 시간을 정지시키기 위해 총을 쏘았다고 노래했다.[173] 미카엘 뢰비는 이 15번 테제에 대해 다음과 같은 해석을 덧붙인다. "혁명은 질적이고 메시아적인 시간의 난입에 힘입어 공허한 시간을 중지하려는 시도이다. 구약에 따르면 여호수아는 태양의 운동을 멈춤으로써 자신의 승리에 필요한 시간을 벌었다."[174] 이렇게 벤야민은 시간을 '정지'시킴으로써 역사의 연속체를 폭파시키는 사건들을 역사의 진보에 대한 대항 이미지로 내세운다. 그리고 이러한 이미지가 신학적 메시아주의의 의미 이동을 통한 세속화 과정을 통해 얻어진 것임을 숨기지 않는다.

역사의 연속체를 폭파시킨다는 것은 기존의 역사적 진행이 강요하는 시간의 지배로부터 벗어나기 위한 각성의 순간이 찾아온다는 의미이기도 하다. 환등상적인 대도시의 삶이 사람들로 하여금 달콤한 꿈에 취하게 만들고, 반복과 권태의 시간 체험은 그로부터 깨어나는 것이 불가능하다는 사고로 이어졌다는 진단에도 불구하고 벤야민은 이 꿈으로부터 깨어나는 순간의 가능성을 사유하고자 했다. 19세기는 개인의 의식이 살아나는 시대였지만, 집단의식은 깊은 잠에 빠져 있었다. 이 시대Zeitraum는 곧 시대의 꿈Zeit-traum이었다. 그러나 벤야민은 이로부터 "하나의 완전히 고유한 변증법의 경험이 존재한다"고 말한다. 그것은 "꿈으로부터의 각성", 즉 꿈에서 깨어나는 것인데, 그것이 변증법적 경험인 이유는 각성함으로

---

173 GS V, p. 701-702.

174 미카엘 뢰비, 『발터 벤야민 화재경보』, 175쪽.

써 꿈을 망각하는 것이 아니라, 꿈에서 깨어났을 때 꿈이 가리키는 것을 기억하여 그것을 실현해야 하기 때문이다.

"역사학의 새로운 변증법적 각성은 현재를 우리가 지나간 과거라고 부르는 꿈과 실제로 관계하는 깨어 있는 세계로 체험하는 것이다. 즉 꿈의 기억 속에서 지나간 과거를 겪어내는durchmacht 것이다! 다시 말해, 기억과 각성은 가장 밀접한 유사성을 갖는다. 각성은 곧 회상의 변증법적, 코페르니쿠스적 전환이다."[175]

근대적 환등상의 체험들이 집단이 꾸는 꿈이라면, 그 꿈에서 깨어나는 순간, 그러한 환등상적인 꿈의 요소들 안에 제시되어 있는 유토피아적인 미래의 이미지(예컨대 만국박람회가 그려내는 인류의 미래)들을 기억하고 그것을 실현하기 위해 노력하는 것이 바로 변증법적 경험이다. 만국박람회는 그 자체로 자본주의적 상품의 축제로서의 환등상이지만, 벤야민은 그것을 가상으로, 비진리로 거부하는 태도를 보이지 않는다. 그 안에 반영된 인류의 상상력은 실은 과거의 이미지(태곳적의 무계급 사회)로부터 차용된 것이다. 그것의 실현은 기술 발전을 통한 역사의 진보를 통해서가 아니라, 현재의 지배에 저항하여 그 시간적인 동질적 흐름을 정지시킴으로써 가능할 것이다. 따라서 이 변증법적 경험에서는 점진적인 것은 부정된다. 겉보기에 (점진적) 발전으로 보이는 것은 다름 아닌 전적으로

---

175 GS V, p. 491.

중층적으로 조합된 요소들durchkomponiert의 변증법적 전화로 드러나기 때문이다. 꿈에서 깨어나는 것은 한순간의 도약이지, 점진적 발전이 아니다.

각성의 계기가 하나의 서사의 출발점이 된다는 모티브는 이를테면 프루스트의 소설에서 찾아볼 수가 있다. 마들렌을 먹다가 유년기를 회상하는 것으로 이야기가 시작되는 『잃어버린 시간을 찾아서』는 이 각성(회상)의 순간에 인생 전체가 하나의 통일적 이미지로 출현하는 것을 보여준다. 따라서 벤야민은 이 각성의 순간을 "인식 가능성의 지금"[176]이라고 부른다.

각성은 인식과 관련되어 있다. 현재의 우리에게 주어져 있는 과거의 역사적 이미지들은 그 의미가 제대로 해독되지 않은 채 남아 있다. 일상적인 상황에서 현재의 사람들은 그 이미지들의 의미를 이해하지 못하고, 특별한 관심을 두지 않는다. 이러한 이미지들은 그러나 역사의 어느 순간을 알려주는 지표Index의 기능을 하고 있다. 이 이미지들은 특정한 시대, 특정한 상황 속에서 비로소 이해 가능성Lesbarkeit을 획득한다. 벤야민이 '지금Jetzt'이라고 부르는 시간은 이러한 이미지들의 특정한 인식이 가능해지는 어느 순간을 지칭하는 것이다. '지금' 속에서, 폭발에 이르는 시간과 함께 진리가 장전된다. 그것은 역사적 이미지들이 우리에게 해석 가능한 것으로 드러난다는 점에서 진리의 계시(드러남)를 의미한다.

이처럼 어떤 특정한 각성의 순간에 과거의 이미지들이 해독 가

---

176 같은 책, p. 579.

능해지는 이유는 각성된 의식이 꿈을 관통해 왔기 때문이다. 각성된 의식은 꿈속에서 자신들이 보았던 과거의 이미지들을 해석할 수 있게 된다. 그 이미지들은 계급 없는 상태를 실현해야 한다는, 과거로부터 이어져 오는 소망을 나타낸다. 파사주의 화려한 장식은 군중의 감각을 사로잡는 환등상이면서, 동시에 그 안에는 유토피아적인 삶을 향한 이념 역시 담겨 있었다. 푸리에는 자신의 유토피아주의 사상에 등장하는 대안적 공동체 '팔랑스테르'의 건축 모델을 파사주에서 찾기도 했다. 이런 의미에서 파사주는 당대의 사람들이 가지고 있었던 열망을 나타낸 "소망 이미지"이기도 했다.

> "모든 시대의 꿈속에서 그 시대에 이어지는 시대가 이미지 속에서 모습을 드러낸다. 그러한 꿈속에서 이후 시대는 근원사Urgeschichte의 요소들, 즉 계급 없는 사회의 요소들과 결합되어 있다. 집단의 무의식 속에 보관되어 있는 그 계급 없는 사회의 경험들은 새로운 것과의 상호 침투 속에서 유토피아를 창출해 낸다. 이 유토피아는 오래 지속되는 건축물들에서 금방 사라지는 유행에 이르기까지 천 개의 삶의 형상들 속에서 그 흔적을 남겼다."[177]

각성된 의식이 이러한 꿈에 반영되어 있는 소망을 실현하기 위해서는 영원회귀의 동질적 시간의 흐름을 정지시켜야 한다. 그러한 정지의 순간에 과거의 이미지들이 인식 가능해질 것이며, 그 안

---

177 같은 책, p. 47.

에 담긴 소망들이 실현해야 할 근원적 목표로 상기될 것이다. 이렇게 근원을 상기함으로써 그에 담긴 진리를 인식하는 것이 벤야민에게는 변증법적 경험을 의미했다.

이처럼 벤야민은 역사적 연속성의 폭발, 정지상태의 발생, 꿈으로부터의 각성, 역사적 이미지들의 인식, 진리의 드러남 사이의 연관 관계를 드러낸다. 따라서 이 역사적 진행을 중단시키는 '사건'의 출현은 단지 특정 정치권력을 다른 누군가로 교체한다는 의미에서의 혁명만을 의미하는 것이 아니다. 정지상태를 이룸으로써 나타나는 '지금'은 인식이 가능해지는 순간이며 진리의 순간이기도 하다. 그것은 메시아적인 순간이다.

메시아는 언제 도래하는가? 유대 메시아주의에 따르면 우리가 그의 목소리를 들을 때, 우리가 메시아의 존재를 인식할 때 도래한다. 메시아의 도래는 인간의 인식 행위, 관조 행위와 무관한 것이 아니다. 인간의 태도 변화가 메시아 도래의 전제를 이루고 있다. 이러한 태도는 역사의 도도한 흐름을 따라간다는 사회민주주의자들의 수동적, 관조적 자세와 대립하는 것이다. 벤야민은 이와 같은 유대 메시아주의의 전통을 억눌린 집단의 역사적 도약이라는 방식으로 세속적 의미 속에서 재구성한다. 따라서 이러한 신학적 담론의 (세속적인) 수용은 억눌린 자들의 자기해방이라는 역사적 유물론의 본래 이념을 지향하는 것이었다.

6) 과거의 구원과 '지금시간': 억눌린 자들의 현재

"역사의 주체: 인류가 아니라 억압받는 자들."[178] 「역사의 개념에 관하여」의 준비 노트에서 벤야민은 이렇게 적는다. 인류라는 추상적 개념이 아니라 억눌린 사람들이 역사의 주체라는 언급을 통해 벤야민은 역사적 유물론이 역사에 관한 객관적인 법칙에 관한 이론이 아니라 억압받는 사람들의 자기해방에 관한 이론이라는 명확한 시선을 드러낸다. 이 문구는 「역사의 개념에 관하여」의 12번 테제에서 다음과 같이 정식화된다. "역사적 인식의 주체는 투쟁하는, 억압받는 계급 자신이다. 그것은 맑스에게서 쓰러져 간 세대들의 이름으로 해방의 과업을 완수할 최후의 노예화된 계급, 복수하는 계급으로 등장한다."[179]

사회민주주의자들은 노동자 계급을 미래 세대의 구원자로 묘사함으로써 이들 억압받는 집단의 강력한 힘의 원천을 차단해 버렸다. (먼 미래의) '해방된 자손'의 이미지는 노동자 계급이 역사의 시

---

178 GS I.3, p. 1244.

179 GS I.2, p. 700.

류를 타고 진보를 이룩할 계급이라는 사명감을 부여한다. 그러나 이는 곧 노동자 계급을 '산업역군'으로 만드는 이데올로기에 지나지 않는다는 것이 증명된다. 1875년 고타 당대회에서 발표된 독일 사회민주당 강령 이래로 사회민주주의자들이 명시해 온 '노동이 모든 부의 원천'이라는 생각은 프로테스탄트 노동윤리를 사회주의적으로 각색한 것에 지나지 않았다. "낡은 프로테스탄트 노동 도덕은 세속화된 형태로 독일 노동자들에게서 부활의 축제를 벌였다."[180]

여기서 벤야민이 노동에 관한 사회민주주의자들의 예찬을 프로테스탄트 노동윤리에 대한 '기호학적 반복'으로서의 세속화에 불과하다고 생각했다는 것은 자명하다. 이러한 사고는 기술 발전에 관한 낙관주의적 기대를 불러일으킬 뿐만 아니라, '노동'에 관한 역사철학적 과대포장으로 인해 '노동자 계급'의 역사적 역할을 특권화하기도 한다. 정설 맑스주의자들이 내세우는 이른바 '노동자 중심성'은 바로 이러한 (세속화된 프로테스탄트 노동윤리로서) 사회민주주의적 실증주의 노동관의 잔재인 것이다.

맑스 자신은 자신이 초기에 가지고 있었던 인간학적 노동관(노동은 인간 자신의 삶을 생산하며, 따라서 역사 발전의 원동력이다)을 철회하면서 노동에 대한 이러한 특권적 범주화 역시 거부했던 것으로 보인다. 『자본론』을 비롯한 정치경제학 비판 서술에서 노동은 가치를 생산하는 사회적 형식의 관점에서 고찰될 뿐, 그 역사철학

---

180 같은 책, p. 699.

적, 인간학적 의미가 강조되지 않는다. 벤야민도 지적하고 있듯이, '노동이 모든 부의 원천'이라고 선언한 고타강령을 비판하면서 맑스는 자연 역시 노동과 마찬가지로 부의 원천이라는 사실을 지적한다. 노동이 모든 부의 원천이 아니라는 지적은, 노동을 통한 물질적 생산의 '강압'에서 해방된 인간의 모습('자유의 왕국')을 사유하기 위한 이론적 근거 마련이라고 이해할 수 있을 것이다. 라쌀레와 사회민주주의자들이 노동과 기술 발전을 통한 산업의 진보를 역사의 필연적 과정으로 규정했다면, 성숙기의 맑스는 물질적 법칙의 필연성과 구분되는 의미에서의 '자유'의 실현을 코뮨주의의 궁극적 실현 과제로 생각했다. 그는 노동만이 부를 창조한다는 사고를 부르주아적인 것으로 치부한다.[181]

노동에 대한 예찬과 기술 진보에 대한 낙관주의는 불가분으로 엮여 있다. 그리고 이러한 실증주의적 노동관은 사회민주주의에 산업 중심주의적 사고를 주입한 핵심적 요소였다. 이러한 관점은 "기술적 진보의 과정 속에 있는 공장 노동이 정치적 성과를 표현한다는 환상"[182]을 낳는다. "속류 맑스주의적 노동 개념"은 "자연 지배의 진보만을 보려 할 뿐, 사회의 퇴보를 보려고 하지 않는다."[183]

역사적 유물론이 이러한 실증주의적, 기술 낙관주의적 전제에서 출발하는 한, 그것은 억압받는 사람들의 해방을 온전히 담아낼 수

---

181 Karl Marx, *Kritik des Gothaer Programms*, MEW 19, p. 15.

182 GS I.2, p. 698-699.

183 같은 책, p. 699.

가 없다는 것이 벤야민의 진단이었다. 그가 보기에 역사적 유물론이 달성될 해방된 미래의 이미지를 제시하면서 그러한 미래에 도달하는 역사적 과정의 법칙성을 제시하는 순간, 그것은 역설적으로 승리로부터 멀어질 것이다. 역사적 유물론은 해방된 미래 세대의 이미지가 아니라, 쓰러져 간 앞선 세대들의 이미지로부터 힘을 얻어야 했다. 쓰러져 간 이전 세대들과의 강한 연대감은 현재의 억압받는 사람들이 그들이 마주한 현재의 질서를 거부해야 할 동기를 부여하기 때문이다. 역사적 유물론의 실증주의적 경향을 극복하게 해 줄 신학의 역할은 바로 이러한 맥락에서 제기된다.

이러한 관점에서 우리는 벤야민을 '아나빔anawim' 사유 전통과의 연관성 속에서 이해할 수 있을 것이다. 아나빔이란 히브리어로 '하느님의 가난한 사람들'이라는 뜻으로 사용되는데, 이 단어는 '억압된', '고통을 겪는', '비천한' 사람들을 의미하는 히브리어 '아나브'의 복수형이다. 유대-기독교 전통에서 고통받는 사람들, 억눌린 자들을 지칭하는 이 단어는 메시아의 도래가 바로 이들을 구원하기 위한 것임을 강하게 시사한다. 예컨대 구약의 「시편」은 "이제 조금만 있으면 악인은 없어지리라. 그가 있던 자리를 살펴보아도 그는 이미 없으리라. 그러나 가난한 이들은 땅을 차지하고 큰 평화로 즐거움을 누리리라"(시편 37:10-11)라고 전하고 있는데, 여기 사용된 '가난한 이들'을 나타내는 히브리어가 바로 아나빔이다. 「이사야서」 역시 아나빔(가난한 자들)의 구원이라는 기쁜 소식을 전하고 있다. "주님께서 나를 보내시어 가난한 이들에게 기쁜 소식을 전하고 마음이 부서진 이들을 싸매어 주며 잡혀간 이들에게 해방을, 간힌 이들에게 석방을 선포하게 하셨다."(이사 61:1) 신약의 복음서 역시 이러한 전통을 이어받고 있다. 「루카복음」이 전하는 성모찬가는 "통치자들을 왕좌에서 끌어 내리시고 비천한 이들을 들어 높이셨으며 굶주린 이들을 좋은 것으로 배불리시고 부유한 자들을 빈손으로"(루카 1:52-53) 내치는 하느님을 예찬하고 있으며, 성모 마리아의 이 기도는 예수가 전파하는 다음의 설교 메시지에서 확인되고 있다. "행복하여라, 가난한 사람들! 하느님의 나라가 너희 것이다. 행복하여라, 지금 굶주리는 사람들! 너희는 배부르게 될 것이다. 행복하여라, 지금 우는 사람들! 너희는 웃게 될 것이다."(루카 6:20-21)

아마도 메시아인 그리스도가 유력한 가문의 성채에서 태어난 것이 아니라, 제국 군주의 호적 등록 명령 때문에 고향에 가던 길에 마구간에서 탄생했다는 사실이야말로 아나빔들이 거주하는 삶의 터전, '낮은 곳'에 임하는 메시아라는 사상을 온전히 보여주는 사례로 언급될 수 있을 것이다. 아일랜드 가톨릭계 노동계급 가정에서 태어난 맑시스트 문예비평가 테리 이글턴은 아나빔을 "사회에서 버림받은 인간쓰레기, 그러나 하느님의 나라로 알려진 새로운 형태의 인간 세계에서는 주춧돌 역할을 할 사람들"[184]로 묘사한다. 그는 예수를 바로 이 아나빔들과의 연대 때문에 로마에 의해 처형된 정치범으로 규정한다. 벤야민이 역사를 억압받는 사람들의 관

---

184 테리 이글턴, 『신을 옹호하다: 마르크스주의자의 무신론 비판』, 강주헌 옮김, 모멘토, 2009, 39쪽.

점에서 서술하려 했을 때, 우리는 그가 이러한 아나빔 전통을 이어받으면서, 유대-기독교 메시아주의 전통의 세속적 등가물로서 '억압받는 사람들'이 초월적 계기를 통한 구원이 아니라 세계 내에서 세속적인 방식으로 이룩할 자기해방의 서사를 그려내려고 했다는 것을 알 수 있다.

그러한 시선이 바로 파울 클레의 그림에 등장하는 새로운 천사 앙겔루스 노부스의 시선이다.

앙겔루스 노부스라고 불리는 파울 클레의 그림이 있다. 그림에는 한 천사가 묘사되어 있는데, 그는 그가 응시하는 것에서 멀어지려는 것처럼 보인다. 그의 눈은 찢어져 있고, 그의 입은 열려 있으며 그의 날개는 펼쳐져 있다. 역사의 천사는 그러한 모습을 하고 있음에 틀림없다. 그는 얼굴을 과거를 향해 돌린다. 사건들의 연쇄가 우리 앞에 나타나는 곳에서, 그는 폐허들로 뒤덮여 있으며 이 폐허들을 그의 발 앞에 쌓아 놓는 유일한 파국을 본다. 그는 그 자리에 머물러 죽은 자를 깨우고 파괴된 것을 모으고 싶어 한다. 그러나 천사의 날개를 사로잡은, 그가 날개를 닫을 수 없을 만큼 강한 폭풍이 천국으로부터 불어온다. 천사 앞에 있는 폐허의 더미가 하늘을 치솟을 정도로 쌓여가는 동안, 이 폭풍은 그의 등이 향하고 있는 미래로 그를 끝없이 몰아넣는다. 우리가 진보라고 부르는 것은 이러한 폭풍이다.[185]

---

185 GS I.2, p. 697-698.

벤야민은 이러한 천사의 알레고리를 통해, 역사를 목적을 향한 일직선상의 과정으로 묘사하는 기독교 종말론의 역사관과 구별되는 의미에서 유대-기독교 신학의 또 다른 전통인 아나빔의 구원이라는 관점을 유물론적 역사관과 연결시키고 있다. 이때 역사의 천사인 앙겔루스 노부스가 자신의 시선을 과거로 향하는 이유는 억압받는 사람들, 고통받고 지배당하는 사람들, 문명의 과정에서 희생된 사람들을 응시하기 위해서였다. 그는 바로 이들에게 역사가 진보의 과정이 아니라 쌓여가는 잔해들로 만들어진 파국의 과정이었음을 증언한다. 이처럼 희생된 자들의 과거를 구원하는 것, 즉 과거의 희생을 기억함으로써 현재를 극복할 힘을 얻어 나가는 것이 오늘날 억압받는 자들의 전통에서 역사를 바라보는 사람의 과제다. 『일방통행로』에서 벤야민은 다음과 같이 서술한다.

"자신의 과거를 강압과 궁핍에서 태어난 산물로 고찰할 줄 아는 자만이, 현재 순간에 과거를 자신을 위한 최고의 가치로 만들 수 있는 능력을 갖추고 있다 할 것이다. 왜냐하면 누군가가 살아간 과거는 아름다운 조각과 비교 가능하기 때문 이다. 이 조각은 운반 중에 팔과 다리가 잘려 나간 상태이며 이제 그것으로부터 미래의 형상이 조각될 수 있는 값비싼 석재로 주어져 있다."[186]

벤야민에게는 이렇게 과거에 잘려 나간 조각의 형상을 완성하는

---

186 GS IV.1, p. 18.

것이야말로 역사의 과제였다. 운반 중에 잘려 나간 조각은 역사의 과정 속에 희생된 자들을 나타낸다. 이러한 희생 과정을 하나의 전통 속에 위치시킴으로써 현재의 질서가 내세우는 종래의 전통과 대립하는 것이 바로 역사가의 비판적 시선이다. 그는 수집가 에두아르트 푹스와 마찬가지로, 역사가들에 의해 외면당하는 소박한 사람들의 풍습과 관습, 미시적인 현상의 주름들 속에서 하나의 역사적 서사를 구성해 낸다.

> "역사에 대한 모든 변증법적 서술은 역사주의의 특징인 관조적 태도를 포기하는 것을 통해 얻어진다. 역사적 유물론은 역사의 서사시적인 요소를 포기해야 한다. 역사적 유물론에게 역사는 구성의 대상이며, 그 장소는 공허한 시간이 아니라 특정한 시대, 특정한 삶, 특정한 작품을 형성한다."[187]

이러한 관점은 19세기 역사주의자들과 달리, 역사를 '있는 그대로' 복원하는 시선과 다르다. 오히려 변증법적 역사가는 역사의 복원은 불가능하다는 전제에서 출발한다. 역사의 복원이란 곧 현재의 지배 질서의 관점에서 역사가 구성되는 것을 뜻한다. 객관적이고 중립적으로 과거를 복원할 수 있다고 믿는 실증주의적 역사주의자들의 시도는 과거를 죽은 유물 정도로 치부하는 것이며, 과거에 희생된 사람들과 오늘날의 억압받는 사람들 사이의 연결고리를

---

187 GS II.2, p. 468.

차단할 뿐이다. 역사를 '과학'으로 바라보는 그러한 관점은 결국 "'비탄'의 목소리를 역사로부터 제거"할 뿐이다.[188]

역사는 결코 중립적이고 객관적인 사건들의 축적이 아니다. 역사적 전통은 언제나 지배하는 자, 승리자의 시선과 그에 저항하는 억압받는 자의 시선으로 분열되어 있다. 따라서 변증법적 역사가는 애초부터 불가능한 역사의 복원을 내세우지 않고, 역사를 구성의 대상으로 바라본다. "역사는 구성의 대상이며, 그 장소는 동질적이고 공허한 시간이 아니라 지금시간으로 충만한 시간을 형성한다."[189] 이러한 역사의 구성은 "몽타주의 원칙을 역사 속으로 도입"[190]함으로써 가능해진다. 이는 역사를 진보를 향해 나아가는 인류의 움직임으로 묘사함으로써 역사를 영웅시와 같은 웅장한 서사시로 만드는 것도 아니며, 실증주의적 역사주의자 랑케가 말하는 과거의 객관적 복원도 아니다. 그것은 억압받는 자들의 전통을 현재화하는 것을 말한다.

"역사적 유물론에 중요한 것은 위험의 순간에 부지불식간에 역사적 주체에게 모습을 드러내는 과거의 이미지를 붙잡는 것이다. 위험은 전통의 요소뿐 아니라 그 수용자들 역시 위협한다. 둘 모두에게 위험은 동일한 것이다. 즉 지배계급의 도구로 전락하는 것이다. 모든 시대에 추구되어야 할 것은 전승을 지배하려고 하는 타협주의로부터 전승을

---

188 GS I.3, p. 1231.

189 GS I.2, p. 701.

190 GS V, p. 575.

새로이 탈취하는 일이다."[191]

역사적 유물론은 과거의 사건들을 '복원'하는 것이 아니라, 지배자의 시선에서 벗어나 억압받는 사람들의 전통을 구원하기 위하여 그것을 '구성'해 내야 한다. 역사 서술에 (영화의 편집 기법인) '몽타주'의 원칙이 도입되어야 할 이유도 바로 여기 있다. 미시적인 요소들과 깨어진 파편들을 모아 그 안에서 불연속적이나마 하나의 전통을 만들어 내는 것이 그러한 서술의 과제인 것이다. 반면 이러한 전통을 만들어 낸다는 것은 지배자, 승리자의 관점에서 기술된 기존의 역사적 전통에 대립하는 것을 뜻한다. 따라서 역사의 서술이란 동시에 전승을 탈취하기 위한 투쟁을 의미한다. "역사적 유물론자는 역사를 결을 거슬러 솔질하는 것을 자신의 과제로 이해한다."[192]

억눌린 자들의 역사는 승자의 전승, 승자의 전통과 맞서서 전승을 둘러싼 싸움 속에서 서술될 수밖에 없다. 이때 이 억압받는 자들의 전승이 잊히지 않도록 만드는 것이 이 싸움의 과제라 할 수 있다. 이것은 딜타이의 정신과학적 역사주의가 랑케에 맞서 내세운 전통에 대한 '감정이입Einfühlung'의 자세와 동일한 것이 아니다. 딜타이는 전통 자체에 감정이입함으로써 현재를 과거의 지반 위에서 형성된 것으로 사유하였는데, 벤야민에게 이는 전통의 아우라 속에서 현재를 미화하려는 시도와 다르지 않았다. 즉 과거에 대한

---

191 GS I.2, p. 691.

192 같은 책, p. 697.

감정이입을 강조하면서 딜타이는 결과적으로는 현재를 지배하고 있는 사람들을 승리자로 만들어 낸 전통, 곧 승리자의 역사와 전통에 대한 감정이입을 주문하고 있는 셈이다.

반면 벤야민이 보기에, "동시에 야만의 기록이기도 하지 않은 문화의 기록은 존재하지 않는다."[193] 억압받는 자들의 전통을 구성해야 한다는 것은 거대한 승전비가 기록하고 있는 전쟁에서 희생된 병사들, 약탈된 성의 주민들, 거대한 토목공사를 벌이다 지쳐 쓰러진 노예들, 착취에 동원된 억눌린 사람들, 이 모든 야만으로부터 희생된 사람들을 기억하며 동시에 추모하는 것을 뜻한다. 이러한 의미에서 벤야민은 기억하되 객관적으로 고증하기 위한 것이 아니라 과거의 희생을 애도하기 위한 기억이라는 의미를 담아 회상Eingedenken이라고 불렀다. 이 책의 서문에서 언급되었지만, 이 단어는 벤야민이 새로 만들어낸 단어다. 그것은 대상의 내면에 들어가서ein 그 대상을 추모, 애도gedenken하는 행위를 말한다. 기억이라는 행위는 객관적, 중립적인 복원이 아니며, 승리자의 전통이 만들어 내는 아우라에 감정을 이입하는 것과도 다르다. 과거 세대의 희생을 회상함으로써, 기억하고 동시에 애도함으로써 '잘려 나간 동상'처럼 미완에 그친 해방을 향한 과거의 시도들로부터 하나의 전통을 형성하는 것이 오늘날 억압받는 사람들의 관점에서 역사를 서술하는 변증법적 역사가의 과제다.

이런 의미에서 억압받는 사람들의 전통 속에 역사를 바라보는

---

193 같은 책, p.696.

시선은 신학의 시선과 다시 조우한다. 그는 「역사의 개념에 관하여」의 준비 노트에서 이렇게 적는다.

"유대인들에게는 미래에 관해 질문하는 것이 명백히 금지되어 있었다. 우리가 역사에 관한 그들의 신학적 관념의 정수를 보아야 하는 것은 회상이다. 회상은 마법을 내포한 미래를 탈주술화entzaubert한다."[194]

신학은 회상의 계기를 역사에 도입함으로써 미래를 향한 진보라는 믿음의 신화적 환등상을 탈주술화/세속화한다. 신학이 세속화의 계기로서 도입된다는 것은 벤야민 이전까지의 철학의 흐름에서는 낯선 사고였다. 그러나 하나의 유사-종교적 체제로 성립된 근대 자본주의 사회가 진보라는 믿음을 강조하면서 군중을 시간의 지배에 예속시키는 한에서, 미래에 관한 환등상적 시선을 강조하면서 과거의 망각을 주문하는 한에서, 유대-기독교 신학 전통이 아나빔의 구원에 대해 가지고 있었던 전통은 과거에 대한 회상 Eingedenken이라는 측면에서 비판적 성찰의 계기를 만들어 낸다. 이처럼 신학이 현재의 신화적 힘을 비판하는 세속화와 계몽의 요소를 갖는다는 전복적인 사유는 벤야민 역사철학의 독창성을 보여준다.

　호르크하이머와의 서신 교환에서 벤야민은 왜 역사를 신학과의 연관성 속에서 파악해야 하는지 간명하게 서술한다.

---

194 GS I.3, p. 1252.

과학이 '확인'한 것을 회상은 변형시킬 수 있다. 회상은 종결되지 않은 것(행복)을 종결된 것으로 만들고 종결된 것(고통)을 종결되지 않은 것으로 만든다. 이것은 신학이다. 그러나 회상 속에서 우리는 역사를 근본적으로 반反신학적으로 파악하는 것을 금하는 경험을 한다. 마찬가지로 우리가 역사를 직접적인 신학적 개념으로 쓰고자 시도하는 것이 가능한 것도 아니지만 말이다.[195]

회상Eingedenken을 통한 과거의 희생된 자들의 구원이란 무엇을 뜻하는 것인가? 벤야민에게 이는 억압받는 자들이 일으킬 역사적 흐름의 정지상태 속에서, 과거에 희생된 앞선 세대들의 형상이 소환된다는 것을 의미한다. 억압받는 집단이 일으킬 정지된 시간은 과거와 결합된 현재가 미래를 향해 도약하는 순간이다. 이 순간은 일순간 거대한 빛을 뿜은 뒤 소멸해 가는 섬광과 같은 것이다.

독일 사회민주당의 역사적 배신을 경험하고 사회민주당에서 독립한 로자 룩셈부르크는 로마 시대 노예반란을 일으켰다가 (예수와 마찬가지로 정치범들에게 행해졌던) 십자가형을 받고 사망한 스파르타쿠스의 이름을 자신의 단체명(스파르타쿠스단)에 차용했다. 그러나 로자 룩셈부르크 역시 1919년 1월 극우 장교들에 의해 납치되어 살해당한 채 슈프레 강에 버려진다. 그녀가 버려진 장소는 벤야민이 유년시절 자주 산책했던, 그리고 그의 책『1900년경 베를린 유년기』에도 등장하는 티어가르텐Tiergarten의 란트베어 운하

---

195 GS V, p. 589.

Landwehrkanal였다. 억압받는 사람들이 이러한 폭력과 지배의 질서를 무너뜨리고 정지시키려는 순간마다 그들은 스파르타쿠스의 얼굴과 로자 룩셈부르크의 얼굴을 모두 자신의 것으로 인용 또는 소환하게 될 것이었다. 1968년의 시위대가 그랬다. 그들은 베를린 시내에서 네오나치 추종자의 총에 맞아 쓰러진 루디 두치케의 모습에서 로자 룩셈부르크를 보았던 것이다. 과거는 죽은 것, 사라진 것이 아니라 현재를 규정하는 힘이며, 현재의 인류가 전승의 반복과 순환의 굴레를 깨뜨릴 수 있는 원동력이 될 것이다. 잊힌 것처럼 보이는 억압받는 사람들의 과거의 전통은 역사를 정지시키는 그 순간에 되살아날 것이다. 그 순간은 이렇게 비유적으로 표현될 수 있을 것이다. "산 자들은 자신이 역사의 정오에 서 있다고 자각한다. 그들은 과거에 만찬을 제공해야 한다. 역사가는 이별한 자들을 탁자로 불러내는 전령이다."[196]

이렇게 과거와 현재가 서로 뒤얽혀 시간의 일직선적인 흐름을 깨버리면서 미래를 향해 도약하는 순간을 벤야민은 '지금시간 Jetztzeit'이라고 부른다. 지금시간이란 섬광처럼 등장하는 역사의 짜임 관계 속에 존재하는 모나드적 시간이다. 라이프니츠의 모나드론이 우주 전체의 형상을 담고 있는 형이상학적 실체로서 단자의 형상을 언급하고 있듯이, 지금시간 속에는 쓰러져 간 모든 과거의 전통이 현재와 결합되어 짜임 관계를 형성하고 있다. 지금시간은 구원 가능성의 시간이면서 동시에 예측 불가능한 시간, 어느 방

---

196 GS V, p. 603.

향으로든 열려 있는 우발적 시간이기도 하다. 따라서 그것이 언제 출현할지를 예측할 수 없으므로, 이 시간은 "사건의 메시아적 정지"라고 불러도 좋을 것이다. "억압받은 과거를 위한 투쟁 속에서의 혁명적 기회의 표징"[197]은 이처럼 예측할 수 없는 것, 기적과 같은 것으로 나타난다. 그러나 그것이 언제 도래할지 알 수 없다는 것은 달리 말하면 그것이 언제 어디서든 출현할 수 있다는 말과도 같다. 정지상태라는 사건의 출현이 법칙적으로 예측 가능한 것이 아니라는 것은 따라서 그것이 존재할 수 없다는 말로 이해될 수 없는 것이다.

"모든 시간은 메시아가 들어올 수 있는 작은 문"[198]이라는 문구는 객관적 정세와 무관하게 언제든 혁명과 같은 정치적 격변을 일으켜야 한다는 식의 모험주의를 정당화하는 문구가 아니다. 오히려 그것은 유대-기독교 메시아주의 신학이 강조하는 삶의 자세를 환기시킨다. 그것은 '깨어 있어라'는 가르침이다. 매 순간이 메시아가 관통할 수 있는 문이기에, 매 순간 기존 시간의 흐름이 지금시간의 짜임 관계로 응축될 수 있는 가능성을 잠재하고 있기에, 우리는 현재 당면하고 있는, 그러나 역사적 반복을 통해 축적되어 온 비극의 과제들을 '나중에' 해결될 것이라고 상정해선 안 된다. '나중에'는 현재의 과제를 먼 미래로 미뤄버림으로써 기존 질서의 흐름을 유지하려는 사고의 표현이다. 벤야민의 '지금시간'의 이념은 결국 억

---

197 GS I.2, p.703.

198 같은 책, p.704.

눌린 자들이 '지금 여기' 겪고 있는 고통의 구체적 형태들에 주목하라는 요구에 다름 아니다. 그래서 '지금'이라는 말이 사용된 것이다. '지금 여기' 발생하고 있는 억압과 폭력의 형태들은 현재의 억압받는 사람들이 과거와 이루고 있는 연결고리를 매개로, 그것의 흐름을 중단시키는 사건들로 폭발적으로 발전할 수 있는 가능성을 표현하고 있다. 이 순간과 가능성을 포착하는 시선이 바로 변증법적 역사가의 시선이다.

이렇게 '진보' 담론과 단절하면서 벤야민은 역사의 궁극 목적인 실현될 '미래'를 관조적으로 기다리는 방식의 역사관을 거부하고, 지금시간Jetztzeit에 저장되어 있는 메시아적 사건의 도래 가능성을 찾으려 시도한다. 이때 세속적인 의미로 사용되는 '메시아'는 현세를 초월한 절대적 존재자를 말하는 것이 아니다. 그것은 유물론적인 방식으로, 현세의 고통받는 자들이 이룩할 자기해방을 나타내는 이념이다. 그러나 파국을 향한 역사의 흐름을 중단시킬 사건은 유물론의 이론만으로 온전히 파악되거나 예측될 수 없기에, 벤야민은 그것에 '메시아적'이라는 이름을 붙인다. 이렇게 신학적 요소와 유물론적 해방서사를 교차하면서 벤야민은 도래할 미래의 구원을 근거로 현세의 고통과 불행을 정당화하는 변신론과 근본적으로 단절한다. 이제 벤야민은 지금, 여기 억눌린 자들의 메시아를 역사적 사유의 대상으로 삼는다.

그렇다면 이러한 시선이 벤야민 당대의 정치적 상황에서 차지하는 실천적 귀결은 무엇이었는가? 「역사의 개념에 관하여」의 8번 테제에서 그는 다음과 같이 쓴다.

"억압받는 자들의 전통은 우리가 살아가는 '예외상태'가 규칙이라는 점을 우리에게 가르쳐 준다. 우리는 이에 상응하는 역사 개념에 도달해야 한다."[199]

독일 나치즘의 집권은 영속적인 예외상태를 통한 지배였다. 총통은 바이마르 헌법을 중단시킴으로써 법을 초월해 있는 자신의 주권적 위치를 선포하면서, 그것이 미흡하게나마 담고 있었던 자유와 평등, 기본권의 정신을 전체주의 질서에 종속시켰다. 히틀러는 이러한 사태가 갖는 반복 불가능성, 즉 일회적 성격을 부각함으로써 자신의 권력에 아우라적 속성을 갖도록 만들었다.

"'이것은 오로지 한 번만 있을 뿐, 두 번 다시 반복되지 않는다.' 히틀러는 제국 대통령 칭호를 취하지 않았다. 그가 의도한 것은 사람들에게 자신의 출현의 일회성을 각인시키는 것이었다. 이 일회성은 주술적으로 세워진 그의 명성에 기여한다."[200]

그러나 억압받는 자들의 전통은 이러한 '일회성'의 아우라가 갖는 실체를 알고 있다. 역사의 천사 앙겔루스 노부스가 지켜보았듯

---

199 같은 책, p. 697.

200 GS VI, p. 104.

이, 그것은 역사의 폭력이 히틀러에 이르러 더욱 커다란 규모로, 그리고 새로운 논리를 더해 반복되는 것에 불과했다. 히틀러가 선언한 예외상태는 따라서 예외가 아니었다. 실은 그것은 반복되는 규칙이었던 셈이다. 지배적인 폭력과 억압은 언제나 스스로를 법의 효력을 중지시킬 수 있는 초월적 권력으로 내세우면서 자신이 새로운 메시아라고 선언한다. 그러나 그의 지배는 메시아를 참칭하는 적그리스도의 도래를 뜻할 뿐이었다. 반면 파시즘에 대항해야 할 세력들, 독일의 사회민주당과 러시아의 소비에트 정부는 '진보'라는 역사의 규범을 가지고 파시즘에 맞서고 있었다. 그들은 거스를 수 없는 진보를 향한 역사의 법칙이 있다고 믿었으며, 따라서 파시즘의 집권을 설명할 수 없는 '예외'로 이해할 뿐이었다. 그렇기 때문에 그들은 히틀러가 얻길 원했던 '일회성'의 아우라를 의도치 않게 그에게 부여해 주고 말았다. 반면 벤야민은 억압받는 자들이 파시즘의 지배에 맞서 일상적 규칙이 된 예외상태의 지배를 넘어서는 "진정한 예외상태"를 창출해야 한다고 보았다. 그것은 규칙이 된, 반복에 불과한 지배를 중단시키기 위한 비상 브레이크를 당기는 것을 뜻했다.

그러한 비상 브레이크를 당기는 행위는 실제로는 매우 간헐적으로 일어났을 뿐이고 그마저도 대부분 실패에 그치고 말았다. 우리가 알고 있다시피, 히틀러를 패배시킨 것은 억압받는 사람들의 집단적 저항이 아니라 연합국의 군대였다. 사실 벤야민이 「역사의 개념에 관하여」를 작성했을 시기에는 파시즘에 대한 그 어떤 형태의 저항도 불가능해 보였다. 역사적 유물론이 세계사적으로 패배한 것이다. 이미 진화론과 실증주의로 무장한 사회민주주의자들, 그리고 러시아에서 정권의 방어와 권력 유지에만 관심을 두었던 볼셰비키는 파시즘의 집권을 막지 못했을 뿐 아니라, 심지어 러시아의 경우 나치 정권과 수교를 맺고 폴란드를 분할 점령함으로써 나치의 전쟁범죄에 직접적으로 가담하기도 했다. 이러한 상황에서 작성된 「역사의 개념에 관하여」는 현실을 움직일 수 있는 이론적 실천의 테제들이 될 수 있는 기회를 처음부터 박탈당한 것이다.

벤야민 역시 이를 알고 있었다. 그는 자신의 역사철학에 관한 사유가 현실적으로 구속력 있는 이론이 될 것이라고 기대하지 않았고, 이 때문에 「역사의 개념에 관하여」를 소수의 지인들에게 보낸 뒤 그것을 출판하지 말아달라고 부탁한다. 얼마 후 그는 나치의 탄압을 피해 도주하다가 프랑스-스페인 국경도시인 포르부Portbou에서 스스로 목숨을 끊었다. 이 때문에 많은 학자들은 (이 글을 출판하지 말라는 그의 부탁에도 불구하고) 「역사의 개념에 관하여」를 벤야민이 남긴 미완의 철학적 유언으로 해석한다. 결국 벤야민의 역사에 관한 성찰들을 현재화하는 것, 그리고 그 안에서 유의미한 이념과 사유를 발견하고 확장하는 것은 온전히 후세대의 과제로 남아 있다. 그리고 오늘날의 억압받는 사람들에게 이러한 성찰은 무엇을 의미할 것인가를 고민하는 과제 역시 전적으로 현재를 사는 우리의 몫이다.

나가며

오늘날 세속화의 과제

1

1931년 파리 포르트 마이요Porte Maillot의 광장에는 거대한 '승리의 천사' 동상이 세워진다. 이 동상은 지난 전쟁에서 프랑스 군대의 눈부신 군사적 승리를 기념하는 것이었다. 그러나 그것은 누구의 관점에서의 '승리'였을까? 이 '승리'는 적군과 아군, 민간인들의 생명을 무차별적으로 앗아간 결과였다. 20세기의 인류는 처음으로 전쟁이 참전 군인들과 약탈당하는 민간인들의 생명뿐 아니라 전 인류를 절멸시킬 수 있다는 사실을 경험했다. 과학기술의 발전이 초래한 인류의 진보는 동시에 인간이 가져올 수 있는 파괴적 힘의 발전 과정이었던 것이다. 그것은 억압받는 사람들의 전통에 비추어 볼 때 결코 진보 또는 승리라고 부를 수 없는 것이었다.

벤야민이 파울 클레의 그림 〈앙겔루스 노부스〉를 차용해 전달하고자 한 것은 바로 '승리의 천사'라는 이러한 시대적 상징에 대항하는 이미지였다.[201] 그는 이를 통해 영광스런 기억으로 채색된 미

---

201 Caroline Heinrich, *Über den Anspruch der Vergangenheit und das Recht auf Gegenwart*, in: Schröder, Thomas/ Engelmann, Jonas (Hg.): *Vom Ende der Geschichte her. Walter Benjamins geschichtsphilosophische Thesen*, Mainz, 2017, p. 61.

화된 과거, 그리고 이로부터 과거를 자신의 아우라 이미지로 활용하는 승리자의 관점에서 기록된 역사의 전통을 극복하고자 했다.

오늘날 모든 국가는 자신의 역사적 승리를 나타내는 거대한 상징물을 대도시의 한복판에 전시하면서, 국가의 역사를 숭배해야 할 대상으로 나타내고 있다. 독일 수도 베를린의 한복판에 있는 브란덴부르크 문의 꼭대기에는 사두마차를 탄 여신상이 있다. 1806년 나폴레옹이 프로이센을 격파하고 베를린에 입성한 뒤 이 사두마차의 여신상은 프랑스군의 전리품이 되어 파리로 옮겨져 루브르박물관에 전시된다. 그것은 독일인들의 가슴에 남은 치욕이었다. 그 뒤 1814년 프로이센군이 나폴레옹 군대를 격파하고 파리를 다시 점령했을 때 프로이센 국왕은 여신상을 다시 베를린으로 가져오라고 명령한다.

독일인들은 다시 베를린으로 돌아온 여신상의 손에 프로이센 군국주의를 상징하는 철십자가와 독수리를 새겨 넣었다. 복수심에 불타던 프로이센은 수십 년 후 독일 전체를 통일하고 유럽의 최강자가 되어 프랑스를 다시 점령한다. 군국주의화는 세기를 넘겨 계속되었으며, 20세기 들어서는 두 차례 세계대전을 일으킨다. 나폴레옹군을 격파하고 여신상을 되찾은 프로이센은 이 여신상을 국가 재건과 군사적 팽창의 정당성을 선전하기 위한 수단으로 삼았다. 그러는 동안 역사적 상처와 고통의 기억은 망각된다. 남은 것은 치욕스런 상처를 이겨낼 수 있는 새로운 승리에 대한 집착이었다.

역사적 기억을 대하는 프로이센의 방식은 과거의 고통과 희생의 망각이 어떤 끔찍한 미래를 만들어 내는가를 보여준다. 반면 1차 세계대전의 끝 무렵인 1918년 11월 전쟁에 지친 독일 병사들과 노동자들이 일으킨 반란은 '억압받는 자들의 전통'이 역사를 대하는 방식을 나타내는 것이었다. 그들에게 독일 제국의 승리의 역사는 착취와 억압, 폭력과 야만의 끝없는 반복에 불과했다. 그들은 승리의 여신상 이미지를 통해 과거의 폭력을 국가의 영광이라는 이름으로 정당화하는 역사관을 거부했으며, 러시아와 프랑스에서 마찬가지로 국가의 영광을 위해 동원되어 희생될 뿐인 다른 나라의 억압받는 사람들과 전쟁을 지속해야 할 이유를 발견하지 못한 것이다. 이들에게 있어 전쟁을 멈추라는 요구는 국가의 승리와 영광을 향해 나아가는 역사의 흐름을 중단시키는 것이었다. 그리하여 전쟁을 멈추라는 요구는 전쟁을 일으킨 군국주의 프로이센 제국 황제의 퇴위와 사회 전체의 민주적 재편으로 이어졌다.

역사의 연속체를 폭파시키려는 이러한 움직임에 대항해 다시금 단절된 역사를 복원하여 '독일 제국의 영광'을 되찾으려 했던 것이 바로 히틀러와 나치즘 세력이었다. 그들은 독일인의 영광을 강조하기 위해 인종적 우수성을 예찬하는 방식을 택했다. 나치 정권이 일으킨 2차 대전 이후 동서독이 분단되었다가 다시 통일을 이루기까지, 독일 현대사의 모든 장면들은 그들이 역사를 다루는 각 순간의 선택이 어떠한 결과로 이어지는가를 적나라하게 보여준다. 그리고 오늘날 독일인들은 이 모든 폭력과 갈등으로 인한 역사적 고통과 상처를 미화하지 않고 그대로 보여주는 길을 택했다. 모든 역사적 비극의 장소들을 그대로 보존함으로써 베를린은 도시 전체가 독일이 겪은 현대사의 아픔을 전시하는 박물관의 역할을 하고 있다.

2

역사는 결코 객관적이고 중립적인 장소가 아니다. 오히려 역사는 다양한 형태의 사회적 갈등이 일어나는 무대이며, 역사 해석을 둘러싼 갈등은 언제나 현재를 해석하는 관점들 사이의 갈등을 의미한다. 한국에서 5·18 광주 민주화운동 기념식에서 '임을 위한 행진곡'이라는 노래를 제창할 것인가 말 것인가는 해마다 커다란 '정치적' 쟁점을 이룬다. 여기에는 자신을 어떠한 역사적 전통에 연결시킬까 하는 관점의 대립이 내포되어 있다. 8월 15일을 광복절로 부를 것인가 아니면 건국절로 부를 것인가 하는 논쟁도 순수한 학술적 역사관의 대립이 아니다. 그 안에는 현대사를 이해하는 근본적 관점이 충돌하고 있으며, 그 근저에는 일본 식민 지배로부터의 해방 운동 과정과 현재의 공적 질서 사이의 연결성을 인정할 것인가 말 것인가를 둘러싼 양보 없는 힘의 다툼이 존재한다. 1970년대를 전태일과 동일방직 노동자들의 전통 속에서 기억할 것인가, 새마을운동과 경제개발 5개년계획의 관점에서 기억할 것인가 하는 문제는 역사의 전승을 둘러싼 현재의 갈등을 반영한다.

과거사뿐 아니라, 미래를 이해하는 방식 역시 현재를 규정한다. 경제가 위기를 맞이할 때마다 언론과 정치권, 경제계는 한 목소리로 구조조정의 정당성을 설파한다. 그 논리는 결국 '미래'를 위해 현재를 희생해야 한다는 것이다. 사회 최약층에게 돌아가야 할 기본적인 복지예산을 삭감하는 논리도 마찬가지다. '지금 당장' 가난한 자들을 위해 세금을 투자하면, 장기적으로는 모두가 게을러질 것이며 경제가 어려워질 것이라는 식이다. '미래'의 경제성장을 위해 현재의 빈곤, 양극화, 불안정 노동은 불가피한 것이라고 이해된다.

오늘날 역사를 둘러싼 갈등 속에서 어떠한 과거의 전통이 드러나도록 할 것인가? 결국 이것은 단지 과거를 둘러싼 물음이 아니라 오늘날 존재하는 고통과 억압을 대하는 방식에 관한 물음이기도 하다. 오늘날 사회가 '과거'를 다루는 논리는 이를 그대로 보여준다. 역사를 둘러싼 갈등이 첨예화될 때마다 언론은 '아직도 과거 타령인가?' 하고 비난조의 질문을 던지면서, 미래를 위해 지나간 일들을 '잊으라'고 주문한다. '화해'를 이루기 위해서는 과거가 아닌 미래를 보라는 말들을 어디서나 쉽게 들을 수 있다. 나는 미래를 위해 현재를, 그리고 과거를 희생하라는 이 모든 담론들을 21세기적 형태의 '변신론'으로 이해한다.

역사를 변신론의 관점에서 이해하는 시각은 예정조화의 섭리에 대한 믿음에 입각해, 행복으로 귀결될 미래라는 이름으로 과거에 일어난, 그리고 오늘날의 세대가 겪고 있는 고통과 억압을 정당화

하는 시선이다. 이제 반해 '앙겔루스 노부스의 시선'이 전달하고자
하는 것은 억압받는 사람들의 전통이라는 관점으로 역사를 이해해
야 한다는 전언이다. 즉 과거의 불의와 폭력에 의한 희생들을 망각
해선 안 되며, 오늘날의 고통과 억압을 낳는 현실은 중단되어야 한
다는 것이다.

3

"한숨과 울음과 고통의 비명들이
별 하나 없는 어두운 하늘에 울려 퍼졌다.
그 소리를 처음 들은 나는 울음을 터뜨렸다."[202]

'헬조선'이라는 단어가 한창 유행하던 시절이 있었다. 이 단어는 오늘날 청년세대가 사회적 현실을 어떻게 인식하는지를 단적으로 보여준다. 헬, 즉 지옥이라는 것이다. 이것은 단지 하나의 현상만을 일컫는 것이 아니다. 사회 전체의 구조와 논리가 지옥을 나타내고 있다는 뜻이다. 청년에서 노인에 이르기까지 전 연령대 자살률이 OECD 국가 중 1위를 달리는 나라에서 사회적 고통은 특정한 세대에게만 존재하는 것이 아니다. 다수의 청년들은 저임금과 불안정 노동으로 고통받으며 '미래가 없는' 삶을 살아가는 반면, 또 다른 편에서는 쉴 틈을 주지 않는 장시간 노동으로 고통을 받는다. 청

---

202 단테 알리기에리, 『신곡―지옥편』, 박상진 옮김, 민음사, 2007, 27쪽.

춘을 '조국 발전'에 바쳤다고 자부하는 노인들은 극심한 노년 빈곤 속에서 박탈감과 분노 속에 살아간다. 그들이 그러한 분노를 해소할 수 있는 길은 젊은이들을 향한 꼰대짓과 폭력적인 발언, 극우집회 참여 외에 없어 보인다. 반면 대학입시 경쟁을 치러야 하는 10대 청소년들은 벌써부터 자신의 인생이 '글렀다'는 자조 섞인 농담을 내뱉는다.

영세 자영업자들은 치솟는 임대료와 건물주의 횡포에 시달리며, 싼 값을 찾아 이동하는 동네마다 젠트리피케이션으로 거주지를 다시 옮겨야 하는 사람들 역시 늘어나고 있다. 여성들은 곳곳에서 들려오는 여성 살해와 혐오 범죄 소식에 두려움에 떨어야 할 뿐만 아니라 성폭력과 데이트폭력에 노출되어 있으며, 성별 임금격차와 유리천장 속에서 차별을 겪어야 한다. 외국인 노동자들은 아직도 사장의 욕설과 구타에 시달리며, 마음대로 직장을 바꾸지 못하는 고용허가제 때문에 자신의 권리를 주장하지도 못하고 있다. 모든 사람들을 '만인의 만인에 대한 투쟁'으로 내모는 정글형 자본주의 속에서 각자는 생존하기 위해 타자를 무너뜨려야 한다. 그러한 습관화된 문화는 전 국민이 전 국민에 대해, 자기보다 약한 위치에 있는 사람이면 누구에게나 '갑질'을 하는 기이한 상황을 낳았다. '연대'가 존재하지 않는 사회, 공동체성이 총체적으로 붕괴하고 원자화된 개인들 간의 생존투쟁만 남아 있는 사회에서 '지옥'이라는 표현 외에 어떤 수식어를 붙일 수 있을까.

구의역에서 청년 비정규직 노동자가 사고로 사망했을 때, 강남

역에서 여성 살해가 벌어졌을 때, 시위 중이던 농민운동가가 경찰 진압 과정에서 사망하고 제대로 장례조차 치르지 못하는 광경이 벌어졌을 때, 사람들은 '지옥'이라는 단어를 자연스레 입에 올렸다. 지옥은 어느덧 일상적으로 현재를 표현하는 단어가 되었다. 만원 지하철은 '지옥철'이라 불리고, 한여름 무더위는 '지옥 같은' 불볕 더위라는 수식어가 붙는다. 모두가 '지옥'이라는 단어 없이는 현실을 설명하지 못하는 상황이 된 것이다. 미세먼지가 창궐해서 마스크를 쓰고 출근할 때에도, 기후이변으로 기록적인 가뭄이 오거나 폭염이 발생하거나 폭우 속에 침수 피해가 발생할 때에도, 상류층의 갑질에 관한 보도들이 나올 때에도, 치솟는 부동산 가격과 오르지 않는 실질임금에 관한 기사가 나올 때에도 모두가 현 상황을 지옥으로 묘사한다.

이러한 경향이 본격화된 것은 아마도 2014년 세월호 침몰 이후로 보인다. 수백 명의 승객을 태운 선박이 침몰하는 동안 국가가 보여준 무능력, 아니 무관심과 죽음의 방조는 많은 사람들에게 충격을 주었다. 처음에는 수백 명의 승객이, 그것도 수학여행 중이던 청소년들이 대부분인 사람들이 물속에 가라앉았다는 사실이 커다란 충격과 슬픔을 주었고, 이어 국가가 사실상 국민의 생명을 지키기 위해 아무런 일도 하지 않았다는 사실은 분노를 낳았으며, 자식을 잃은 슬픔도 채 추스르지 못하고 한여름 땡볕에서 청와대에 진상조사와 재발방지 대책을 요구하며 단식농성을 벌이던 유가족들 앞에서 폭식 투쟁을 벌이는 극우단체 젊은이들의 모습은 분노를 넘어 허탈함과 절망을 주었다. 가라앉은 배의 형상 속에서, 국민의 기본적인 생명조차 지키지 못하는 국가 앞에서, 유가족들을 냉대하고 그들에게 돌을 던지는 야박함 속에서 이 사회가 총체적으로 붕괴하고 있다는 파국의 느낌을 받은 사람이 적지 않았을 것이다. 그로부터 얼마 지나지 않아 젊은 세대들은 이 사회를 지옥으로 부르기 시작했다. 아마도 그것은 사회 전체가 출렁이는 바다 속으로 가라앉고 있다는 현기증 속에 생겨나는 자연스러운 느낌이었을 것이다. 그렇다. 그날 이후 많은 사람들은 지옥이라는 수식어를 빼고는 현재를 설명할 능력을 잃어버렸다. 모두가 정말로 지옥처럼 느껴지는 삶을, 파국의 현재를 살고 있다는 감각 때문이다.

　지옥은 신학적 개념이다. 어쩌면 지옥으로부터의 '탈출'에 관한 모든 개념들 역시 이 때문에 신학적 함축을 지닐 수밖에 없다고 할 수 있을지도 모른다. 만일 오늘날 우리가 현재를 이해할 때 여전히 신학으로부터 어떠한 도움을 받을 필요가 있다면, 그것은 '신'을 증명하는 신학이 아니라, 현재라는 '지옥'을 설명하고 그것으로부터의 벗어남(구원)을 사유하기 위한 신학일 것이다.

4

서구 역사철학은 아우구스티누스의 교부 시대 기독교 신학에서 20세기 발터 벤야민에 이르기까지 언제나 신학과의 조우 또는 논쟁 과정에서 전개되었다. 우리가 보았듯이, 신학의 요소들은 역사에 이중적인 방식으로 영향을 미쳤다. 신학은 오늘날 고통과 억압속에 살아가는 사람들이 더 나은 세계를 상상하도록 하는 원천이기도 했다. 역사가 목적을 향해 나아가는 과정이며 그 끝에는 구원이 기다리고 있다는 믿음은 많은 사람들에게 현재의 고통이 소멸할 상태, 도래할 구원의 사건에 대한 기다림을 통해 현재를 이겨낼수 있는 힘을 주었을 것이다. 아우구스티누스 역시 이민족의 침략이후 공포와 절망 속에 살아가던 로마인들을 위해 『신국론』을 집필했다.

동시에 이러한 종말론적 역사신학의 논의 구조는 변신론적 요소를 내포함으로써 역사적 과정 속에 존재하는 폭력과 야만, 그리고 그로 인해 발생하는 고통과 억압이 불가피한 것임을 주장한다. 결국 기독교적 종말론 신학은 초월적인 힘에 의해 역사가 종말을 맞아야만 구원이 얻어질 것이라고 설파하며, 계몽주의적, 고전주의적 역사철학은 역사의 진보가 완수될 미래에 이르러 역사의 최종목적이 실현됨으로써 현재의 상태가 극복될 것이라고 논증한다. 한편에서는 인간의 고통과 억압을 역사의 주제로 포함시킴으로써 '억압받는 자들의 구원'을 역사의 목적으로 고양시키면서도, 다른 한편으로는 이러한 고통과 악, 역사의 부정성을 역사의 궁극적 목적의 달성을 위한 불가피한 과정이라면서 정당화하는 이중성은 맑스의 유물론적 역사관이 억압받는 자들의 자기해방이라는 서사를 도입하기 전까지 서구 역사철학에 공통된 것이었다.

어째서 역사철학의 전개 과정에서 신학은 불가결한 요소였던 것일까? 이것은 단지 계몽주의자들이 생각하듯 (또는 정설 맑스주의자들이 생각하듯) 종교라는 '미신'을 극복하지 못한 한계 때문이었을까? 역사에 관한 성찰들이 억압으로부터의 해방과 구원의 과정을 다루고 있는 한, 그것이 신학적 논증 구조를 닮아 있는 것은 어찌 보면 당연한 일일 수도 있다. 기독교 신학에서 말하는 다시는 죽음도, 슬픔도, 울부짖음도, 괴로움도 없는 구원된 상태(묵시록), 곧 공동체의 모든 구성원에게 완벽한 정의가 이루어지는 상태(아우구스티누스), 나아가 세계시민사회를 통한 '영원한 평화'와 그 안에서의 '목적의 왕국'(칸트), 이성적 정치 질서를 통한 자유의 실현(헤겔), 그리고 계급 없는 사회로서 코뮌주의와 '자유의 왕국'(맑스)과 같은 범주들은 그것의 실현이 단순한 절차적 합리성을 통해 논증될 수는 없는, 그러나 현재를 넘어선 상태에 관한 소망을 담고 있는 한에서 (이들 각각의 사상가들이 종교에 대해 어떤 입장을 가졌던가와 무관하게) 불가피하게 '신학적' 구조를 차용할 수밖에 없다. 그것들은 모두 억압받는 사람들이 꿈꾸는 이상적 상태에 대해 묘사하고 있으며, 그것의 실현이라는 유토피아적 상상은 현재를 움직이게 하는 힘으로 작동한다. 벤야민이 지적했듯이, 해방의 이념은 언제나 구원에 대한 관념과 결부되어 있었던 것이다.

반면 기독교의 종말론적 역사신학의 논의 구조에서 비롯한 목적론적, 변신론적 요소는 이러한 초월(현재를 벗어남)에 대한 소망이 갖는 소박한 염원을 근거로 현재의 질서를 불가피하고 필연적인 것으로 정당화하는 위험을 지니고 있다. 나아가 자연목적, 이성의 간지, 생산력의 발전 등 이 목적론을 증명하기 위해 역사의 종말이라는 사고를 세속화하여 동원된 범주들은 벤야민이 지적한 대로 '공허하고 동질적인' 시간을 상정하고 있으며, 그러한 시간을 관통해 최종 상태에 이르는 과정이 일직선상의 운동을 할 것이라는 그릇된 믿음을 퍼뜨린다. 거스를 수 없는 역사의 진보에 대한 믿음은 목전에 놓인 파국을 사유하지 못하는 원인이었다. 20세기에 이르러 진보라는 근대인들의 믿음은 히틀러와 스탈린의 전체주의 체제, 인종청소와 대량학살, 핵무기의 개발과 사용, 지구 생태계 전반의 파괴를 겪으며 깨져버렸다.

그럼에도 이러한 연속적인 파국에 대한 경험 이후 철학은 그것을 벗어난 상태에 관한 소망을 표현할 수밖에 없다. 그러나 그러한 소망이 또다시 진보의 언어로, 필연적 법칙의 언어로 발화된다면 그것은 어떤 의미가 있겠는가? 진보사관의 관점에서 맹목적인 미래에 대한 낙관을 강요하지 않으면서, 하나의 법칙성으로 역사의 모든 과정을 설명하려는 강압적 체계를 만들지 않으면서, 장밋빛 미래에 관한 청사진을 제시하여 이루어질 수 없는 환상을 불러일으키지 않으면서 현재의 부정성을 표현하는 가운데, 동시에 그 왜곡되고 뒤집혀진, 일그러진 형상 속에서 구원의 관점을 숨기지 않는 철학적 사유가 가능할 것인가? 아도르노는 『미니마 모랄리아』의 마지막 부분에서 그것이 아우슈비츠 이후 철학의 과제라고 말한다.

"절망에 직면하여 여전히 책임을 지고자 하는 철학은 모든 사물을 그것이 구원의 관점으로부터 서술되도록 고찰하는 시도일 것이다. 인식은 구원으로부터 세계를 비추는 빛 이외에 아무런 빛도 가지고 있지 않다. [……] 세계는 언젠가 궁핍하고 일그러진 채로 메시아적인 빛 속에 놓여 있게 될 것이며, 세계가 그와 유사하게 전도되고 소외된 채 자신의 균열과 틈을 계시하도록 해 주는 관점이 만들어져야 한다. 자의와 폭력 없이 온전히 대상과의 마주침으로부터 그러한 관점을 획득하는 것만이 사유의 관건이다."[203]

아도르노에 따르면 전통적인 신학과 형이상학은 존재의 현재 상태를 미화하여 허위적인 화해를 강요하는 한에서 이데올로기라고

---

203 Theodor W. Adorno, *Minima Moralia*, in: Adorno, T. W.: Gesammelte Schriften Bd.6, Frankfurt/M, 1997, p. 283.

부를 수 있다. 그에 반해 오늘날 철학이 해야 할 과제는 존재의 부정성을 드러내는 것, 모든 존재의 상태를 고통의 관점에서 인식하는 것이다. 그것이야말로 모든 형태의 사변적 변신론을 거부하면서 고통받는 존재들과 연대할 수 있는 시선이기 때문이다. 그러한 인식은 이러한 현존의 부정성과 대결하려는 철학적 의식의 표현이어야 한다. 즉 부정성에 대한 응시는 그 부정성을 극복하기 위한 철학적 인식의 시선이며, 철학이 일관되게 지녀야 할 이러한 비판적 의식은 현재를 변형시키는 데 이바지할 것이다. 이런 의미에서 철학은 현실에 개입하는 이론적 실천이다. 그런데 여기서 이러한 부정성의 응시는 현존을 '넘어서는' 상태에 관한 소망을 담고 있다는 점에서 동시에 '초월성'에 대한 신학과 형이상학의 관심을 (세속화된 형태로) 이어받고 있다.

이렇듯 긍정적인 미래가 무엇인지를 말하는 것이 아니라, 부정성을 응시함으로써 그것의 구원을 도모해야 한다는 아도르노 철학의 논리는 억압받는 자들의 관점에서 역사를 사고하려 했던 벤야민의 가르침을 이어받은 것이다. 그는 호르크하이머와의 대화 중에 이러한 자신의 철학적 입장이 '부정신학'의 한 형태라는 점을 숨기지 않는다. "나는 진리 개념의 정식화는 부정신학의 특수한 개념이 없이는 불가능하다는 나의 생각을 숨길 수가 없습니다."[204]

그것은 구원의 관점을 가지고 역사를 바라보되, 섭리의 믿음이

---

204 Theodor W. Adorno, Max Horkheimer, *Diskussionen über die Differenz zwischen Positivismus und materialistischer Dialektik*(1939), in: Horkheimer, Max: Gesammelte Schriften Bd. 12, Frankfurt/M, 1985, p. 92.

아니라 역사적 고통의 극복을 위한 현재의 노력이라는 관점에서 메시아를 바라보는 시선을 뜻한다. 중세 부정신학이 신이 부재한 상태의 성립 불가능성을 증명하면서 신의 존재를 역逆증명하는 논증을 전개했다면, '세속화된 부정신학'으로서의 비판적 철학은 구원된 상태에 대해 말하지 않으면서(벤야민은 미래에 관해 말하지 말라는 것이 유대 메시아주의 전통의 핵심이라고 말했으며, 아도르노는 미래에 대한 청사진을 그리지 말라는 의미에서 유대교적 우상숭배 금지 원칙을 철학의 원리로 설정한다), 구원의 희망을 보존하려는 시도로 이해될 수 있다.

5

역사철학을 다루면서 우리는 유물론, 세속화, 신학 등의 범주들이 이루고 있는 복잡한 짜임 관계를 살펴보았다. 이들의 관계는 단순하지가 않아서, 어떤 독자들에게는 이 책의 논의 전개가 혼란스럽게 느껴졌을 지도 모른다. 이 책은 유물론과 신학 가운데 어느 쪽을 지지하는 것인가? 세속화는 긍정해야 할 대상인가 부정해야 할 대상인가? 이러한 질문들에 대해 하나의 답을 내릴 수 없으며, 각각의 범주들은 서로와의 관계 속에서 자신의 의미를 발견한다는 것이 필자의 답변이다. 또 하나 분명한 사실은 유물론과 신학, 세속화의 범주는 단순히 상호 적대하는 관계에 놓여 있지 않으며, 복잡한 상호 간의 짜임 관계 속에 서 있다는 것이다. 이것이 이 책이 주장하는 바였다. 그리고 우리는 벤야민의 역사철학을 살펴보는 가운데 이것을 확인했다.

벤야민에 따르면 역사적 유물론은 그 자체로는 기계론적 실증주의로 전락할 위험에서 벗어날 수 없다. 반면 신학의 요소들을 차용한 유물론은 진보사관의 환등상을 넘어 메시아적 시간을 파악할 수 있다. 이것은 근대 세계가 추구한 세속화 방식이 드러내는 문제를 극복하고, 다른 방식의 세속화가 도입되어야 함을 뜻한다. 그러한 급진적 세속화는 근대 세계의 초월적인 지배 방식을 비판한다는 의미에서 또한 비판적 신학의 요소를 필요로 한다. 유물론-신학-세속화라는 범주들은 서로 맞물리면서 의미의 짜임 관계를 드러낸다. 이들 범주들은 독자적으로 이해될 수 없으며 각자가 다른 범주들을 규제하는 가운데 상호 보완하는 효과를 산출한다. 이러한 벤야민의 논의는 오늘날의 정치와 관련해서 어떤 관점을 제공해 줄 수 있을 것인가?

오늘날 정치는 세속화라는 과제를 수행해야 한다. 물론 우리는 세속화된 세계에 살고 있다. 근대 사회는 이미 기독교 신학의 세속화 과정에서 형성되었다. 그러나 앞서 살펴봤듯이, 여기서 세속화는 기존 대상의 논의 구조와 체계를 그대로 반복하는 방식에 불과했다. 세속화된 근대는 오히려 기독교의 섭리신학을 세속적 영역으로 끌어와 버렸고, 결국 세속적인, 물질적인 영역에 초월성을 부여했다.

맑스는 '전도된 관계'라는 표현을 통해 이러한 현실을 고발한다. '보이지 않는 손'이라는 섭리 신학적 관념에 기반을 둔 근대 자유주의 경제학은 시장에 대한 인간의 의식적 통제와 개입이 오히려 자율적인 영역이어야 할 시장을 교란시키는 무질서를 낳을 것이라고 경고한다. 이러한 사고는 결과적으로 시장(즉 자본의 세계)을 '인간의 통제를 넘어선' 초월적 영역으로 고양시켰다. 맑스가 말했듯이, 근대 자본주의는 세속적인 것(상품, 화폐, 자본)이 '감각적이며 초감각적인' 성격을 얻어 '신성한' 힘으로 인간을 지배하는 체제다. '가치의 자기증식'이라는 신비로운 현상 속에서 이러한 가치증식의 원인인 인간의 실제적 사회관계는 망각된다. 감각적으로 실재하지 않는 것(상품의 '사용가치'는 감각적으로 경험할 수 있지만, '가치'는 소재적 성질을 갖지 않는 초감각적인 것이다), 보이지 않는 것이 사회적 관계를 결정하고 지배한다.

초월적인 것이 인간을 지배한다는 명제는 초자연적 현상이 실제로 존재한다는 의미가 아니다. 예컨대 초능력자들이 있다거나, UFO가 있다거나, 미래에서 온 기계가 인간을 지배하려 한다는 의미가 아니다. 자본이 불멸의 존재라는 의미도 아니다. 그것은 인간들의 사회적 관계가 인간으로부터 자립화되어 인간을 지배할 때, 그러한 자립화된 관계는 인간들 자신의 통제를 벗어났다는 의미에서 초월성을 획득한다는 의미다. 신자유주의 시대에 다시 부활한 시장주의 논리는 시장에서의 경쟁, 화폐와 금융의 이동을 막을 수 없으며 막아서도 안 된다고 주장함으로써 시장의 신성불가침을 주장한다. 시장은 건드릴 수 없는, 범접할 수 없는 신성한 영역인 것이다. '신성한 것'은 이러한 의미에서 초월성의 외관을 지닌 사회적 지배의 논리를 말한다.

오늘날의 세속화는 이 전도된 관계를 극복하는 과제로 이해된다. 사회 구성원들의 의식적, 정치적 힘을 통해 자본의 무제약적 자율성을 통제하는 것, 즉 경제의 자립화된, 초월적 힘을 정치적으로 제압하고 통제하는 것은 '신성한 것'으로 고양된 시장의 영역을 '세속화'하는 것을 의미한다. 사회 구성원들의 의식적 통제로부터 벗어나 있는 초월적 영역을 사회 내부로 '내재화'하는 일, 이를 통해 신성시된 그 권력을 '세속화'하는 것은 오늘날 신자유주의화된 극단적 자본주의 논리의 신화에 대항하는 정치의 과제다.

유물론적 정치신학에 관한 논의들은 그러한 세속화의 과제에 도움을 줄 수 있을 것이다. 그러한 논의들은 물질적 관계 속에 작동하는 지배의 법칙이 갖는 초월성의 구조와 논리를 드러내는 비판적인 이론적 실천의 역할을 할 수 있기 때문이다. 따라서 오늘날 유물론과 신학의 결합이 갖는 의미 내지 역할은 이렇게 초월적인, 신성한 것의 지배 구조를 드러내는 '비판'에 있는 것이다. 비판이란 현재의 흐름에 자그마한 파열음을 내는 것, 굳어진 질서와 화석화된 관계가 실은 취약하다는 것을 발견하는 것이며, 동시에 새로운 흐름의 창출이기도 한 것이다.

역사철학과 세속화에 관한 우리의 고찰은 이렇게 오늘날 정치의 과제와 마주한다. 역사를 이해하는 방식들 속에서, 세속화를 이해하는 방식들 속에서 우리는 현재를 규정짓는 여러 시선들이 교차하는 것을 보았다. 많은 이들이 '지옥'으로 묘사하는 현재의 시간 속에서 그로부터 벗어나기 위한 세속화 과정으로서의 정치를 추구하며, '미래'라는 이름으로 이루어지는 '현재'에 대한 착취를 거부하면서 '과거'와의 연대를 통해 일어날 사건을 사유하는 것. 그 안에서 배제와 폭력이 없는 공동체적 관계를 꿈꾸어 보는 것. 앙겔루스 노부스의 시선으로 역사를 바라보는 관점이 오늘날 의미하는 것은 그러한 일일 것이다.